专家推荐读本

全脑开发与智能培养百科全书

东方知语早教育儿中心◎编著

中国人口出版社
China Population Publishing House
全国百佳出版单位

每一个家庭对宝宝都寄予了非常高的希望，每一位父母都盼望能拥有一个聪明可爱的宝宝。从父母打算生宝宝之前很长一段时间就开始有计划地为宝宝的到来做准备，都在千方百计地想办法为宝宝创造良好的条件。

事实上，每一个宝宝在母体内就已经为学习和探索这个纷繁的世界做好了充分的准备。所以，要想让宝宝将来能够聪明、出人头地，父母就应该为宝宝的降临和健康成长做足充分准备。

虽然每位父母都望子成龙、望女成凤，甚至是在子女的早教问题上不惜一切代价，但是对于宝宝几岁时是脑发育的黄金阶段，宝宝是左脑占优势还是右脑占优势以及该如何均衡刺激宝宝左右脑的发展等一系列问题上，想必很多父母都不是非常清楚。由于很多年轻的父母在对宝宝脑潜能开发的教育问题上存在误区，经常毫不犹豫地选择填鸭式的方式给宝宝灌输知识，这样不仅限制了宝宝的天性，同时也贻误了宝宝全脑开发的最好时机。

其实，如果想让宝宝在未来激烈竞争的环境中胜出，关键是宝宝左右脑功能开发的早晚以及是否采用了科学合理的方法。因为人的基础学习能力的优劣与婴幼儿时期脑力的开发程度有着非常重大的关系。虽然左右脑各有不同的任务，但是在实际运作的时候，两边的功能却是不能一分为二，各自发展，而是需要密切的合作，才能让身体和潜能得到充分的发挥。

我们知道婴幼儿的脑力开发主要包括左脑开发和右脑开发，但是婴幼儿的左右脑能否得到均衡发展，对其健康成长具有很大的意义。

首先，人们的所有学习过程都是通过右脑的感觉输入，到左脑的思考整理。左脑再把整理的结果反馈给右脑，从而引导右脑发挥观察力和想象力，对更多、更实用的信息不断吸收，然后再通过左脑进行推理、思考，经过这样不断的反复，人们才能够获得越来越多的知识和经验。所以，加强对婴幼儿左脑和右脑的全面开发，使其得到均衡发展，是提高婴幼儿智力的根源。其次，婴幼儿语言能力的开发、身体运作的协调发展、生活适应能力的培养、数学概念和科学认知的形成都和左右脑的平衡发展分不开。另外，婴幼儿情绪、个性以及人格的养成，也都和左右脑的平衡发展有着非常大的关系。

有研究表明，人的一生之中，大脑发育速度最高的阶段就是0~3岁这个阶段，而这个阶段能够获取人的智力的60%。由此可见，开发0~3岁这个时期宝宝的智能是相当重要的。此外，宝宝这时大脑的可塑性也是最强的，父母只要掌握了左右脑同时开发的技巧和方法，根据宝宝的需求来设计学习内容，就能帮助宝宝的大脑得到全面开发。因此，父母应该根据宝宝不同时期的发展规律和特点，进行科学开发，让宝宝的智力得到充分发展，从而对宝宝的一生产生决定性的影响。

虽然0~3岁是宝宝大脑发育的重要时期，但是人的大脑不是一个要被填满的容器，而是一支需要被点燃的火把。在宝宝的教育过程中，父母一定要多和宝宝进行交流，给他们一个充满快乐的富于想象的自由空间，让宝宝大脑的综合能力得到最大程度的发挥。

那么该如何具体科学地对0~3岁宝宝的智力进行开发，为宝宝的光明未来奠定坚实的基础呢？本书对宝宝的0~3岁进行了详细的分类，根据每个阶段的智能发育特点，精心制定了有利于宝宝大脑发育的养育方案，同时还根据宝宝左右脑的特点有针对性地设置了能够促进左、右脑开发的训练方案。书中为宝宝精心准备的每个训练项目都能够使宝宝不但体会到快乐和愉悦，还能够从游戏中得到诸如语言表达与理解能力、思维能力、人际交往能力、大动作能力与精细动作能力等多方面的锻炼和发展。

寓教于乐是本书的编写宗旨，相信宝宝们在轻松的训练中不仅能够健康快乐地成长，而且会使右脑的潜力得到开发，左脑的技能得到训练，最终成为21世纪充满智慧的佼佼者。

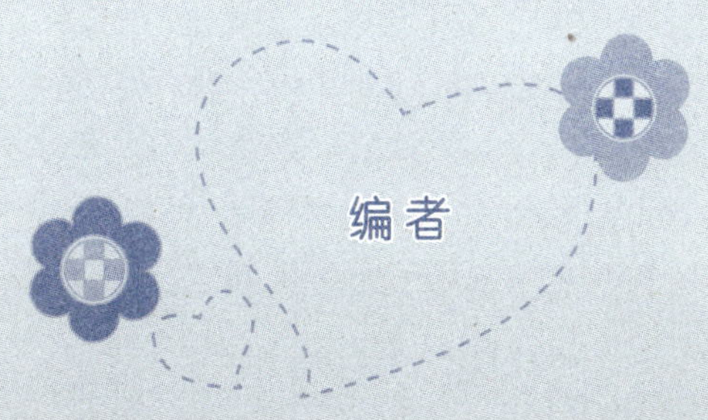

编 者

目录 CONTENTS

Part 1 左右脑——宝宝智慧的源泉

第1节 大脑——宝宝智力开发的基础

第2节 极具可塑性的大脑

第3节　胎儿在“宫”中的脑部成长

第4节　促进宝宝大脑发育需注意的问题

Part 2 给宝宝一个良好的智力开发环境

第1节　智力知多少

第2节　宝宝需要开发哪些智力

第 4 节　影响宝宝智力的因素有哪些

第 5 节　父母对宝宝智力的影响

Part 3 宝宝智力开发的重要环节——早教

第1节 什么是早教

第2节 要根据宝宝的特点进行早教

第3节　早教的注意事项

第4节　早期教育不等于教育训练

第5节　早教的12个误区

Part 4 0~1岁宝宝的全脑开发方案

第1节 0~1个月的宝宝

第2节 1~2个月的宝宝

第 3 节　2~3 个月的宝宝

第4节　3~4个月的宝宝

第5节　4~5个月的宝宝

第 6 节 5~6 个月的宝宝

第7节　6~7个月的宝宝

第8节　7~8个月的宝宝

第 9 节　8~9 个月的宝宝

第 10 节 9~10 个月的宝宝

第 11 节 10~11 个月的宝宝

第 12 节　11~12 个月的宝宝

Part 5 1~2岁宝宝的全脑开发方案

第1节 12~14个月的宝宝

第 2 节　14~16 个月的宝宝

第 3 节　16~18 个月的宝宝

第 4 节　18~20 个月的宝宝

第5节 20~22个月的宝宝

第6节 22~24个月的宝宝

Part 6 2~3岁宝宝的全脑开发方案

第1节 24~27个月的宝宝

第 2 节　27~30 个月的宝宝

第 3 节　30~33 个月的宝宝

第 4 节　33~36 个月的宝宝

Part 1

左右脑——宝宝智慧的源泉

对于宝宝左右脑的协调开发，越来越受到广大父母的关注。进入21世纪之后，也就进入了一个“全脑开发”的时代。宝宝将来能否成功，与婴幼儿时期是否进行全脑开发有非常大的关系。

人类的大脑蕴藏着无限的潜力，是人类智慧的源泉。一个人从出生到长大成人，一般情况下，大脑中被开发利用的部分不到10%，而其他的部分都处于沉睡状态。甚至有研究统计出来的数据显示，人的大脑中绝大部分细胞都处于休眠状态。即便是爱因斯坦这样的科学精英，其大脑的开发利用也只有一少部分。这就告诉我们，要想让自己的宝宝变得更加聪明就必须将其大脑的潜能开发出来。

第1节 大脑——宝宝智力开发的基础

1. 大脑有哪些功能

人的中枢神经系统最高级的部分就是人的大脑，大脑也是脑的主要构成部分。大脑又分为左脑和右脑，这两个半脑是不对称的，并且所拥有的功能也是完全不同的，从总体上来看，左半脑控制右侧身体，而右半脑则控制左侧身体。

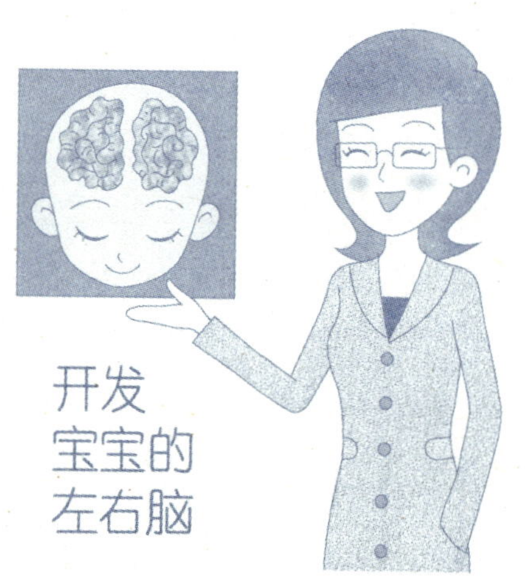

左右脑的运作流程，是由左脑收集资讯，把看到、听到、摸到、闻到、尝到，也就是视觉、听觉、触觉、味觉、嗅觉这五感接收到的信息转换成信号，再传到右脑加以印象化（类推），接着传回给左脑逻辑处理，再由右脑显现创意或灵感，最后交给左脑进行语言处理。

2. 知性脑——左脑

人脑的左半球是负责人体右边的一切活动的。

1 左脑和右半身的神经系统相连，负责掌管人体的运动、知觉。因此，左脑是右耳、右视野的主宰。

2 比较偏向理性思考。

3 能够把复杂的事物分析为单纯的要素。

4 最大的特征在于具有语言中枢，掌管说话、领会文字、数字、作文、逻辑、判断、分析、直线，因此被称为“知性脑”。

3. 艺术脑——右脑

右脑控制着人的空间思维能力、艺术表达能力、创造性思维能力。

1 右脑和左半身的神经系统相连，掌管其运动、知觉。因此，右脑是左耳、左视野的主宰。

2 比较偏向直觉思考。

3 具有韵律、想象、颜色、大小、形态、空间、创造等能力。

4 负担较多情绪处理。

5 右脑掌管图像、感觉，具有鉴赏绘画、音乐等能力，被称为“艺术脑”。

4. 父母应适度开发宝宝的左右脑

有很多年轻的妈妈都希望自己的宝宝比别的宝宝聪明，因此刻意去开发他的左脑功能，例如从小就不断地给宝宝讲故事、听音乐等，这样做虽然有一定的作用，然而也存在着一定的片面性。因为，左右脑应该均衡发展。掌握适当的时期，对宝宝的左右脑进行以下三步骤的开发，才能达到事半功倍的作用。

第一，保证营养均衡。

宝宝的大脑从出生开始就需要不断地吸收各种帮助大脑发育的营养元素，尤其是二十碳四烯酸（ARA）和二十二碳六烯酸（DHA）等营养元素，它们对宝宝脑部和视觉的发育特别重要。

第二，开展益智游戏。

益智游戏是通过游戏和玩具等科学的训练和学习方法，向宝宝输送精神营养，最大限度地开发宝宝的脑部潜能。

第三，妈妈参与。

在宝宝玩游戏的时候，妈妈的参与是非常重要的，因为如果妈妈和宝宝一起游戏，她的爱心和耐心就能够很好地诱导宝宝，把精神营养和物质营养有机地联系起来，给予宝宝最大的安全感和最好的心灵沟通。

通常情况下，人们都惯用右手，宝宝从小也都被训练使用右手。由此，宝宝的左脑被操练的就比较多了。另外，目前的幼儿教育模式，对认知能力的培养又非常重视，所以就进一步提升了宝宝的左脑功能，最终导致大脑两半球的发展不均衡，这对于智力的全面发展实在是一种巨大的损失。

两岁之前的宝宝对于事物的理解只是靠映象，沉浸于“右脑世界”之中，对外部信息的体会只能靠音响，

并不明白其中的意思。直到3岁左右的时候，宝宝才开始自由使用言语，不过仍然是以直观映象为主，右脑依然是中心的世界。直到上小学，才开始以左脑为中心来学习文字和数字。这个时候脑的活动从右脑转到了左脑。因此，倘若在宝宝上学之前，右脑的智能没有得到充分开发，那么以后再想对右脑进行开发就变得非常困难了。所以说开发宝宝右脑的黄金时期是在学前期，应该随时给宝宝右脑进行开发。

✲ 手指训练

人的双手其实就像是大脑的“老师”。由于人体的每一块肌肉在大脑皮质中都有相对应的区域，手指的运动中枢在大脑皮质中所占的区域是最广泛的，因此手的动作，尤其是手指的动作越复杂、越精巧、越娴熟，那么它在大脑皮质中建立的神经联系就会越多，从而就会使大脑变得更聪明。因此，训练宝宝手的技能，有利于其智力的开发。

父母经常给宝宝玩玩沙子、石子和豆豆等，就能够锻炼宝宝手的神经反射，促进大脑的发育；伸、屈手指，闭上眼扣扣，练习写字绘画，能够增强宝宝手指的柔韧性，提高

大脑的活动效率；摆弄一些智力玩具、拍球投篮、学打算盘、做手指操等精细的活动，能够锻炼手指的灵活性，增强大脑和手指间的信息传递；玩积木、捏橡皮泥等都有利于动手能力的培养；经常让宝宝交替使用左、右手，就能够更好地开发大脑两半球的智力。

✲ 多爬行

许多年轻的妈妈都不喜欢宝宝在地上爬，生怕宝宝把衣服弄脏。其实要刺激宝宝右脑的发育，从小就训练他爬行是最好的方式，将来对宝宝的平衡感及运动细胞都有帮助。

✲ 学音乐

心理学家发现：音乐能够开发

人的右脑。尤其是弹琴是一种非常好的指尖运动。此外，父母还可以在宝宝做其他事情的时候，放些宝宝喜欢的音乐。因为对于音乐的感知靠的是右脑，左脑并不会受到影响，依然能够独立工作，于是宝宝的右脑就会在不知不觉中得到锻炼。

✲体育运动

右脑在运动中随之而来的鲜明形象和细胞激发比静止时来得快，在宝宝做一些体育运动如打拳或做操时可以让其左右手有意识地多重复几个动作，能够刺激宝宝右脑的开发，激发灵感。

5. 如何帮助宝宝构筑聪明的大脑

世界上所有的父母都希望自己的宝宝聪明、智商高，这颗希望的种子早在父母孕育新生命的时候就已经被埋下了。但是应该如何让这颗希望的种子生根、发芽、结果呢？这就需要父母为宝宝打造一个发达的大脑，为宝宝的聪明打好基础。

事实上，帮助宝宝构筑一个聪明的大脑并不是一件很困难的事情，所有的父母只要通过仔细观察自己的宝宝，利用耐心和恒心就能帮助宝宝走好人生的第一步。

人的大脑虽然结构很复杂，但是发育十分迅速。卵子受精后 1 周内，人的大脑就开始发育了。这一时期，受精卵会不断地分裂，其中一部分会形成人的大脑神经系统。在妈妈尚未意识到自己已经怀孕的时候，胚胎的大脑就已经分成了 3 部分。胎儿大概在胚胎的第 18 天就会出现神经板。妊娠第 20 天左右，大脑原基就已经存在于胚胎中了。第 2 个月的时候，大脑里已经有沟回轮廓了。第 3 个月的时候，就到了脑细胞发育的第一个高峰时期。通常情况下，第 15 周的时候，大脑会明显地分成6个区：2个区在前脑，1个区在中脑，3个区在后脑。这样大脑的基本框架就形成了，大脑还会分化出各种结构：脑膜、神经等。妊娠第4~5个月的时候，胎儿的脑细胞仍然处于高峰阶段，并且会偶尔出现记忆痕迹。第6个月的时候，胎儿大脑表面开始出现沟回，大脑皮层的层次结构基本定形。这时，胎儿的大脑已经具有140亿个脑细胞了，已经具备了宝宝一生中所具有的脑细胞数量。第7个月的时候，胎儿大脑中主持知觉和运动的神经就已经变得比较发达了，开始具有思维和记忆的能力。而且在这时期，胎儿的脑电已经很明显，标志着胎儿大脑开始成熟。第8个月的时候，胎儿的大脑皮层更为发达，表面的主要沟回也已经完全形成。这时期，胎儿不仅有脑电，而且已经能听到并在大脑感觉到母体内外的声音。

如果在胎儿期尤其是妊娠早期营养不良，就会使宝宝的脑细胞数量少于正常婴儿，即便宝宝出生后喂养得再好，智力的恢复依然会很慢或难以恢复。由此可见，妈妈怀孕期间的营养供给充足，在胎儿大脑发育过程中至关重要。

促进胎儿大脑的发育，要“内外兼修”。“内”是补充充足的营养成分，保证胎儿健康的成长。“外”是要科学、全面地对胎儿进行胎教，刺激胎儿大脑的全面正常发育。

✻蛋白质——胎儿大脑发育的基础物质

“蛋白质”这个名称最早是由荷兰化学家马尔德1938年开始使用的。因为它对生命体的物质结构、功能和大脑发育起着很重要的作用，所以把它的希腊名字翻译成中文为“头等质量”。顾名思义，我们就可以知道蛋白质对人体的重要性。

胎儿的大脑发育需要蛋白质，以维持和发展大脑功能、增强大脑的分析理解及思维能力。蛋白质的补充要在热量及碳水化合物供给充分的前提下进行。一般情况下，机体对蛋白质的需求是随着妊娠期的延长而增加的，在怀孕的早、中、晚

期，准妈妈每天应分别额外增加优质蛋白质的摄入量，即多吃鱼、蛋、奶及豆类制品。准妈妈还要尽可能保证动物食物的摄入，因为无论是氨基酸构成还是生物利用率，动物性蛋白质都远远高于植物蛋白，是胎儿大脑健康发育的重要保障。动物性食物如猪肉、牛肉、羊肉、肝、腰子及鸡、鸭、鱼、虾、蟹、鸡蛋、鸭蛋、牛奶、羊奶等；植物性食物如黄豆、青豆、黑豆、豆腐、豆浆、米、面、玉米、花生、核桃、榛子、瓜子等都富含蛋白质。

✼脂肪酸——宝宝聪慧过人的秘密武器

脂肪是构成脑组织的极其重要的营养物质，在大脑活动中起着不可替代的作用。优质足量的脂肪，特别是卵磷脂和多不饱和脂肪酸，能够保证宝宝成长过程中大脑的发育，尤其要注意3岁以下儿童脂肪酸的补充，因为这是大脑发育的关键时期。单、多不饱和脂肪酸的良好来源，是帮助宝宝聪慧过人的秘密武器。山茶油、玉米油、橄榄油、大豆油、亚麻籽油、芝麻油、植物油、大豆、坚果（如核桃、杏仁）等，以及深海鱼、虾等都含优质脂肪。

✼DHA和胆碱——优化及促进宝宝脑细胞快速发育

DHA，二十二碳六烯酸，俗称“脑黄金”，是对人体非常重要的一种多不饱和脂肪酸。DHA是神经系统细胞生长及功能维持的一种主要元素，是大脑和视网膜的重要构成成分，对胎儿的智力和视力发育至关重要。海鱼虾特别是深海鱼类脂肪中DHA的含量是最高的。不吃鱼虾的准妈妈，可以使用正规品牌的含DHA的营养品来帮助胎儿大脑的发育，并且应在吃牛奶、豆浆、蛋、鱼、豆腐等富含蛋白质的食物时服用，以帮助其吸收。

胆碱也是人体必需的营养素，具有增强记忆力的功能，体内合成的量难以满足准妈妈的需求。因此，适量增加动物肝脏、鸡蛋、红肉、奶制品、大豆、花生、柑橘、马铃薯等食物的摄入量，可以帮助准妈妈提高体内的胆碱储备水平，进而促进宝宝的脑细胞快速发育。

✲维生素、钙、碘、糖——宝宝大脑发育不可缺少的营养素

维生素C：维生素C在胎儿脑发育期起到提高脑功能的作用。富含维生素C的食物包括樱桃、番石榴、猕猴桃、西蓝花、草莓、柿子、柠檬、番茄、苦瓜等。

B族维生素：B族维生素对大脑的功能起着间接的作用，B族维生素包括维生素B_1、维生素B_2、维生素B_6、烟酸、维生素B_{12}等物质，它们对人体有着非常广泛的作用，而对脑的作用则是通过帮助蛋白质代谢而促进脑的活动，也就是说B族维生素对脑的作用是它和蛋白质共同作用的结果。富含B族维生素的食物有芦笋、杏仁、瘦肉、蛋、鸡肉、花生、牛奶、动物肝脏等。麦片、燕麦、玉米等五谷杂粮，绿叶蔬菜如菠菜等均含有丰富的B族维生素。其他如洋葱、大蒜等不但含有丰富B族维生素，也含有矿物质，又有良好的降脂作用，可多吃。

维生素A：维生素A能够促进脑的发育，如果维生素A缺乏就会导致智力低下。富含维生素A的食物主要有动物的肝脏、鱼类、海产品、奶油和鸡蛋等动物性食物。另外，带鱼、鲫鱼、白鲢、鳝鱼、鱿鱼、蛤蜊、奶油、母乳、牛奶等也都含有维生素A。

维生素E：维生素E不仅具有保护细胞膜的作用，还可以防止不饱和脂肪酸的过氧化。富含维生素

E 的食物主要包括坚果类食品、植物油、谷物、新鲜绿叶蔬菜、动物内脏、豆类、蛋黄、瓜果、瘦肉等。

钙：钙能够保证大脑工作以及对脑部异常兴奋进行抑制，可以使脑细胞避免有害刺激，因此准妈妈怀孕期间对钙的摄取也是很重要的。其实在许多食物当中，都含有丰富的钙质，如牛奶、乳酪、绿色蔬菜、大豆、小鱼干、发菜、芝麻等。

糖：大脑是一个消耗能量的器官，即便脑重只占体重的 2% 左右，但是脑的耗能量却占全身总热量的 20%。大脑活动的能量来源于糖，糖能够刺激大脑的活动能力，这是因为大量的糖能够刺激胰岛素分泌，从而使血液中色氨酸的含量提高。而色氨酸又能够刺激 5- 羟色胺的产生进而增强大脑神经源的活动，从而使智力提高。富含糖的食物如白糖、红糖、蜂蜜、甘蔗、萝卜、大米、面粉、红薯、大枣、甜菜及水果等。

碘：人体生成甲状腺素的主要原料是碘，碘也是胎儿神经系统发育的必要原料，胎儿脑的发育离不开碘。海产品的含碘量最高，尤其是海带、海蜇、紫菜、苔条和淡菜等。

极具可塑性的大脑

1. 大脑发育的关键时期

在大脑的整个发育过程中，有一段时间对大脑的发育是最重要的，称为关键期，这一时期也是脑重量增长最快的时期。如果在这段时期内，大脑受到不利影响而严重阻碍其发育，将会产生不可逆的后果，直接影响到宝宝的智力，甚至导致宝宝智力低下。

✻ “印刻现象”

大脑发育在每个时期的侧重点都不同，因此宝宝各项智能的发展都有不同的关键期，在这些时期内，如果宝宝学习某种内容就会变得更加简单。然而如果错过，学习就会变得十分困难。对于一些动物刚生下来后短时间内的“印刻现象”大家可能都比较熟悉，例如小鸭、小鸡这类动物，它们能够通过特殊的学习环境记住一些东西，或形成条件反射。假如小鸭子刚出生就总是围着宝宝团团转，那它就是把宝宝当成了自己的妈妈，时间长了，它对宝宝的依恋就会很深。而当小鸡出生 12~16 小时的时候，它也会发生“印刻现象”，不过 24 小时后就可能不会出现“印刻”现象了，这些都是由小鸡的大脑结构决定的。

再比如说，假如小羊刚出生后的几天没有妈妈在身边，那么以后它就会变得不合群甚至是经常乱跑。而如果小鸟在出生后的头几周没有在鸟群生活，那么它可能永远都不能唱出动听的“歌声”。“我们也像小鸭子一样，在生命的早期就开始学习了……而且早期学习比我们以前想象的更重要。” 芝加哥大学前任校长、诺贝尔奖获得者、遗传学家乔治.W. 比德尔博士如是说。

✲ 大脑发育的阶段性

大脑在婴幼儿早期确实存在着某种机制，会使宝宝在一定时间内完成某种形式的学习变得比较容易。倘若在这段时间内没有用相应的刺激任务来对宝宝进行激发，以后即使有同样的刺激任务，要想再进行这一学习也会变得很困难了。

如在胎儿发育期有一个关键阶段，若此时外界存在有毒物质和疾病就会严重地伤害到正在发育的胎儿。如果准妈妈在怀孕的头3个月内患有风疹，胎儿就可能会受损，严重的还会导致畸形。不过如果过了怀孕的最初3个月之后，准妈妈再得同样的病，对胎儿的影响就不是非常大了。

宝宝在出生后的6~12个月内，是和父母建立依恋关系最关键的时期。在这个时期内，如果把宝宝送到托儿所，或照看他的保姆经常变换，或者父母经常外出，都将会影响父母与宝宝的关系。

✲ 宝宝的大脑在胎儿时期就已形成

宝宝出生时大脑皮层的基本结构已经具备了，只不过皮质还比较浅薄，分化不全，发育也还不完善。同时，大脑的神经细胞则具有“一次性完成”的特点，宝宝出生的时候其大脑就已经具有130亿～180亿个神经细胞，只是还没有形成大脑各区间错综复杂的联系。

✲ 宝宝刚出生时脑的重量相当于成人脑重的25%

宝宝出生时脑的重量为350～400克，相当于成人脑重的25%；当宝宝6个月的时候，其脑的重量为600～700克，相当于成人脑重的50%；等到宝宝1岁的时候，其脑的重量为800克，相当于成人脑重的60%；而当宝宝两岁的时候，其大脑的重量为900～1 000克，已经相当于成人大脑重量的75%。

✲ 宝宝大脑发育的关键期是0～3岁

随着宝宝年龄的增加以及周围环境的良性刺激，宝宝的大脑发育就会逐渐成熟起来。这一过程大约在宝宝1岁之内就会完成，而当宝宝6岁的时候，大脑发育就基本上和成人一样了。所以，宝宝大脑发育的关键期是0～3岁，而1岁以内更为关键，它是宝宝大脑发育的飞速时期，也是宝宝大脑可塑性最强的时期。

2. 极具可塑性的大脑

我们都知道，宝宝大脑的可塑性是非常强的。早期学习的知识，即使他以后不能很清楚地回忆起来，这些知识也会永远保存在他的脑海中而不会消失。如果一个宝宝大脑的语言中枢不幸受到了某些损害，那么他还可以重新学会说话，因为在几个月内，他的大脑还能够发育出另一个语言中枢。但是如果是成年人的语言中枢也受到同样的伤害，要想恢复就会变得非常困难，因为成年人的大脑已经很大程度上失去了可塑性。

人类大脑的可塑性是一种潜在的适应能力，是人类一生都具有的特征。人过了关键期还能学习，就是因为大脑具有一定可塑性。人类在学习的过程中，能够促进新突触连接的形成，这就是为什么80多岁高龄的老人，还能学习电脑，还能学习多国语言等。不过大脑可塑性最大的时期还是在脑功能发育的关键期内。这一阶段大约是在从宝宝出生到 10~12 岁之间，是功能区定位时期，也是突触超速发育和持续高峰阶段。大脑的可塑性主要表现在两个方面：

一方面是许多神经元在发育的关键期内尚未被确定今后负责控制什么，大脑两半球的功能中枢也未定型。外部的适宜刺激使大脑在众多的神经连接中进行有选择的删除或保留，形成根据社会需要和遗传禀赋达到最佳结合的大脑结构和功能模式而影响终身。如果从 0 岁起就反复给予婴幼儿刺激，宝宝就会把它作为模式而编入脑细胞的网络之中，不知不觉就发展成能够毫无困难、毫无抗拒地接受这种刺激的大脑。这一时期作为模式而印进大脑的东西，既不是根据道理领会的，也不是通过记忆硬背的。

另一方面还表现在发育关键期内大脑的恢复功能特别强，宝宝早期大脑的有关部位受损伤，其他部位可以取代受损的细胞而使有关功能恢复。以语言为例，如早期丧失听力的宝宝，尽早利用宝宝的残余听力就能够唤醒其大脑听觉细胞的活动，可以改善宝宝的听力或者是可以达到聋而不哑的效果。

大脑的可塑性是人类学习和记忆的生理基础，人们有可能通过不断地刺激强化，不断地学习使脑结构通过获得经验的唤醒而使功能恢复，或者使功能重新定位。

胎儿在“宫”中的脑部成长

1. 脑细胞的第一增殖阶段

妊娠3～6个月，是脑细胞生长发育的第一个高峰期。这个时候胎儿需要大量的营养来促进脑细胞生成，如果营养不良，就会造成细胞分裂减慢，表现出生成脑细胞数量减少，造成脑细胞数量不足，出生后，宝宝的智力水平就低。

2. 脑细胞的第二增殖阶段

胎儿脑部发育的第二个增殖阶段是妊娠7~9个月。在这个阶段，一方面是脑细胞数量持续增加，另一方面是脑细胞体积开始增大。脑细胞树突分枝增加，突触开始结合。对于宝宝的智力来说，第二阶段神经细胞树突的增加和突触的形成，比神经细胞的数目重要很多。也就是说，对宝宝智商影响最大的时期就是从妊娠第7个月到出生那一刻。这个时期，可以适当弥补妊娠3~6个月胎儿脑细胞数量的不足。倘若胎儿此时不能够得到充足的脑营养补充，就会表现为细胞增大成熟减慢，细胞平均体积减小而数量不变，神经母细胞数目、神经细胞接触数量等改变，宝宝出生后就会表现为神经功能缺陷和智力低下。

由胎儿在母体中的发育情况来看，从本阶段开始进行系统科学的胎教是非常有必要的。不过，因为胎儿的脑发育还不是十分成熟，特别是起重要作用的脑神经鞘还没有全部形成。因此，未来的父母在胎教的过程当中还应该注意这一问题，千万不可急于求成，否则只能是欲速则不达。

第4节 促进宝宝大脑发育需注意的问题

1. 容易伤害宝宝大脑的5类食物

很多年轻的妈妈都非常热衷于给宝宝补充营养食品，如果能合理地给宝宝补充一些营养食物就能够起到健脑益智的作用。但是如果选择食物的时候不注意，完全凭着宝宝的兴趣，宝宝爱吃什么就让他吃什么，对于宝宝大脑的发育不但没有好处反而会有损发育。那么哪些食物对于宝宝大脑的发育是有危害的呢？

✻ 过咸食物

过咸食物一方面会引起人的高血压、动脉硬化等疾病，另一方面还会损伤动脉血管，影响脑组织的血液供应，导致脑细胞的缺血缺氧，从而使记忆力下降、智力迟钝。平时，父母给宝宝选择食物的时候，应该尽量避免给宝宝吃含盐较多的食物，如咸菜、榨菜、咸肉、豆瓣酱等。

✻ 含味精多的食物

准妈妈如果在妊娠后期经常吃味精会造成胎儿缺锌；周岁以内的宝宝食用味精过多有引起脑细胞坏死

的可能。即使宝宝大了也应尽量少给宝宝吃含味精多的食物。

※含过氧化脂质的食物

过氧化脂质会导致大脑的早衰或痴呆，会直接损害大脑的发育。例如，像腊肉、熏鱼等食物都曾在过高温度的油中煎炸或长时间暴晒，其中都含有较多的过氧化脂质，因此，父母应该少给宝宝吃这些食物。

※含铅食物

铅会杀死脑细胞，损伤大脑。铅能够造成人的神经递质传导阻滞，导致记忆力衰退、痴呆症、智力发育障碍等症。人体如果摄入的铅太多，就会直接破坏神经细胞内遗传物质脱氧核糖核酸的功能，从而使人患上痴呆症。一些食物中含铅较多，如爆米花、松花蛋、油炸食品、罐头食品、近海的海产品等，所以父母要尽量少给宝宝吃这些食物。

※含铝食物

不要经常给宝宝吃含铝量高的食物，因为这些食物会造成宝宝的记忆力下降、反应迟钝，严重者还会导致智障。因此，父母最好不要给宝宝经常吃油条、油饼等含铝量高的食物。

2. “营养”宝宝大脑的食物

我们知道人的大脑发育的关键期是在婴幼儿时期，补充多种营养成分会使脑神经细胞变得活跃，思考及记忆力增强，为宝宝的智能发展奠定良好的基础。然而在众多营养丰富的食物中到底该选哪些能够“营养”宝宝大脑的食物呢？

※脂质

脂质是宝宝大脑发育需要的第一重要的营养素。因为脂质在人的大脑构成中约有60%的比重，是形成脑细胞和脑神经纤维必不可少的营养成分。

脂质包括卵磷脂、胆固醇、神经磷脂等，其中含量最多、需求量最大的是卵磷脂。脂质能够维持人的神经细胞的正常生理活动，同时还参与大脑思维与记忆等智力活动，对脑细胞和神经的发育有着非常重要的作用。

参考食物

各种海鲜，尤其是牡蛎、海螺、乌贼、章鱼、虾等脂质含量非常高。此外还有各种肉类，如牛肉、猪肉、羊肉、鸡肉、鸭肉、鹌鹑肉及野兔肉等，以及各种坚果和果实类，如核桃、芝麻、松子、葵花子、南瓜子、西瓜子、杏仁、花生、芒果等。

✼蛋白质

蛋白质在人脑细胞中的比重大概有35%，仅次于脂质。蛋白质的成分主要是多种氨基酸。其中色氨酸、酪氨酸对人脑思维活动的作用非常重要；谷氨酸能够增强人脑记忆；尤其是牛磺酸，能够使脑神经细胞的总数增加，并能够促进神经细胞网络的形成，使脑功能更加健全，对于胎儿及婴幼儿的脑细胞发育、增殖和成熟非常有利，在婴儿脑发育过程中发挥着重要的作用。

参考食物

各种乳类和肉蛋类，如母乳、牛奶、蛋类及牛肉、羊肉、鸡肉、猪肉；各种动物脑，尤其是猪脑、牛脑以及羊脑所含的氨基酸比例，和人的大脑细胞氨基酸的比例非常近似，在促进大脑发育方面是非常好的食品；大豆及大豆制品，如豆腐、豆浆、豆奶、腐竹及大豆油等，都含有优质的植物蛋白以及丰富的不饱和脂肪酸和磷脂，它们对大脑的发育非常有益。此外，还有各种鱼和虾，尤其是非养殖性鱼虾的蛋白质含量更高。

✲ 糖类

糖类也被称为碳水化合物，虽然它不是组成脑细胞的成分，却是大脑细胞活动的唯一能源。由于脑细胞活动需要消耗大量的葡萄糖，而脑组织本身并不能储存葡萄糖，只能利用血液提供的葡萄糖产生能量。如果饮食中糖类摄入不足，就会使脑细胞活动受到很大影响，从而阻碍大脑发育。

参考食物

各种谷类杂粮，如小米、玉米、黑米、香米、大米、面食；红枣、桂圆、蜂蜜及马铃薯等。

✲ 维生素C、维生素D、维生素E及B族维生素

维生素是宝宝大脑发育必不可少的重要营养素，尤其是蔬菜和水果中富含的维生素 C、维生素 E 及 B 族维生素。这些维生素质量高，容易吸收，被称为“儿童智慧能源”。

维生素 C 能够促进神经传导物质的合成，使脑细胞结构更坚固，帮助脑神经正常运转，使脑功能更灵活、敏锐；维生素 D 可使脑和神经细胞反应敏

捷，让宝宝变得果断而机智；维生素E具有抗老化功能，可预防血中氧化脂质的形成，使脑部血管血流畅通，让脑筋灵活、清醒；B族维生素有助于大脑对糖类的利用及维持髓鞘的完整性，叶酸及维生素B_{12}是重要的造血元素，如果严重缺乏会产生恶性贫血，造成神经系统的严重损害，进而影响大脑功能的正常运作。

参考食物

富含维生素C的健脑食物：梨、红果、山楂、草莓、橘子、苹果、凤梨、红枣及菠菜、龙须菜、菜花、香菜、花椰菜、甘蓝、绿茶等。

富含维生素D的健脑食物：主要是鱼类，特别是鱼肝油。

富含维生素E的健脑食物：苹果、芹菜、莴笋、青豌豆、胡萝卜、圆白菜、蛋类、橄榄油、燕麦、大豆、花生、芝麻、牛肉、鸡肉、猪肉等。

富含B族维生素的健脑食物：糙米、玉米、花生、小豆、蚕豆及核桃、芝麻、鹌鹑肉、鳝鱼、水果及蔬菜中的金针菜和蘑菇等。

钙质

钙质不但对人体的骨骼生长、牙齿坚固及心脏调节有重要作用，而且还能对脑和神经细胞的信息传达产生重大的影响。钙质是大脑组织的“稳定剂”，能够有效抑制脑神经细胞的异常兴奋，使之保持正常状态。如果宝宝大脑中缺钙，通常就会表现出注意力不集中、记忆力较差、易疲惫等表现。因此，钙质是宝宝生长发育中一种非常重要的营养素。

参考食物

荠菜、橄榄、扁豆、杏仁、花椰菜、金针菜、海藻及其他海草等，牛奶、奶粉、乳酪、乳酸菌、沙丁鱼、蛤、虾、芝麻等。

3. 宝宝的科学饮食

科学的饮食对于宝宝的身体发育是非常重要的。那么应该给宝宝吃什么？怎么吃？是许多妈妈每天的头等大事，很多妈妈更是不惜一切代价什么菜贵就吃什么，其实普普通通的常见蔬菜中就蕴涵着很多的学问。

❋ 营养平衡

碳水化合物、蛋白质、维生素、矿物质、脂质这 5 大营养素在大脑的成长和发育中起着非常重要的作用。在整个成长的过程中，经常摄取这 5 种营养成分有利于宝宝的成长。人脑的发育成长与维生素和矿物质等营养成分是密不可分的，因此，父母平时要多喂宝宝含有各种成分的食材。

❋ 喂食米饭或米粥

大脑所需的能量只能从消化吸收的糖类中转化。然而，在宝宝出生后的最初几个月，所有能量消费量的半数以上都被大脑使用，加之大脑不能够保存葡萄糖，因此为补充葡萄糖，建议选择米饭和米粥。因为米饭和米粥的消化吸收非常缓慢，同时还能给大脑提供足够的能量。

❋ 多食用鱼肉

大脑所需要的许多营养素都含在鱼肉里面。鱼肉纤维短且软，容易消化，适合宝宝食用。另外，大脑有很多脂肪酸，这种脂肪酸大多在鱼肉里，最具代表性的是二十二碳六烯酸（DHA）和二十碳五烯酸（EPA）。DHA 能促进大脑功能，作为脂质使用率非常高。此外，优质的蛋白质和对大脑不可缺少的营养素都含在鱼肉里。

✲ 适当食海带

海带含有丰富的碘、钙、磷、硒等多种人体必需的微量元素，尤其是钙的含量是牛奶的10倍，磷的含量比所有的蔬菜都高。除此之外，海带还含有丰富的胡萝卜素、维生素B_1等，对于美发、防治肥胖症、高血压、水肿以及动脉硬化等都有很好的功效，因此被称为“长寿菜”。

怀孕时期的准妈妈如果缺碘就会使体内的甲状腺素合成受影响，胎宝宝如果不能获得必需的甲状腺素，就会导致宝宝先天性脑发育不良，智商低下。即使出生后补充足够碘，也难以纠正先天造成的智力低下。所以怀孕期间准妈妈一定要注意补碘。海带的含碘量最丰富，是准妈妈最理想的补碘食物。

✲ 避免铁缺乏

宝宝牙床咀嚼期以后，最容易缺的营养素就是铁。铁参与制造血液中的某种成分，如果体内缺铁就容易引起贫血；还有可能影响大脑的营养摄取。另外，铁也关系到神经系统传递信息的效率，学习能力也会随之受到影响。如果长期缺铁，有可能出现智力下降，导致严重后果。

4. 帮助宝宝培养有规律的生活习惯

有规律的生活习惯对于人大脑的健康发育有重要的作用。实验证明，睡眠时间不规则的宝宝与生活习惯有规律的宝宝相比其大脑发育相对比较缓慢，生活习惯没有规律的宝宝会做的事情远没有生活有规律的宝宝多。

Part 2

给宝宝一个良好的智力开发环境

在科学技术高速发展的今天，父母们对于宝宝智力的训练开发越来越重视。人和人之间本身就存在着很大的智力差异，有的人生性活泼好动，热情机敏，对于新鲜的事物善于学习和模仿；有的人却天生胆小内向，缺乏探索精神，对于新事物、新技能接受和掌握得非常慢。对人的智力开发环境了解得越多，越可以有针对性地对宝宝进行训练培养，从而全面开发宝宝大脑的智力能力。

智力知多少

1. 宝宝智力及智力开发

智力是指生物一般性的精神能力；是人认识、理解客观事物并运用知识、经验等解决问题的能力；是人顺利从事多种活动所必需的各种认知能力的有机结合；由记忆力、观察力、想象力、思维力、判断力等构成。智力能力包括：理解、计划、解决问题；抽象思维；表达意念；语言和学习的能力等。考虑到智力不仅仅是人类所拥有的能力，动物同样也拥有智力能力，“智力”的定义也可概括为：通过改变自身、改变环境或找到一个新的环境去有效地适应环境的能力。

智力开发，是通过训练开发人的智力从而使人类的素质得以提高的一种活动。智力开发的基本内容是提高人的记忆力、观察力、想象力、思维力和判断力等。开发智力的主要途径是教育。

人类之所以能够繁衍生息，生存至今，就是因为人类能够根据环境不断改造自己、进化自己，能够探索世界未知的领域，能够解决生活中存在的各种各样的问题，从而培养了自己各方面的能力。所以，宝宝智力的开发不是只训练其读、写、算等方面的能力，还应该包括培养其解决生活中各种问题的能力、与其他人友好相处的能力等。

真正的智力开发，是要针对宝宝的年龄特点，按照规律，通过环境和教育的双重作用，使宝宝成功地完成其在婴幼儿时期每一个年龄阶段所需要完成的发展任务，使其在智能、性格等各个方面协调发展，促使他具备较高的认知能力和健康的人格。

2. 智力的主要构成要素有哪些

恩格斯曾说过“思维着的精神是地球上最美的花朵”，简洁描述了人类大脑奇妙的思维能力。思维能力是人类大脑智力的核心要素。记忆能力、观察能力、想象能力、思维能力、判断能力是构成智力的5种主要因素。这5种主要构成因素不是孤立存在的，它们联系紧密、不可分割。一种能力的缺失会阻碍其他能力的发展，一种能力的增强也会促进其他能力的增强。

✲ 记忆力

记忆力俗称“记性”，是智力的一个重要方面。它是识记、保持、再认识和重现客观事物所反映的内容和经验的能力。记忆力好，学过的东西都会深刻记在大脑中，等到需要的时候，可随时提取出来；反之，学过的东西，转眼就忘，没有储存在大脑中。如父母教给宝宝，并使宝宝深刻记住圆形是什么样子的，等他看见小皮球、拨浪鼓等圆形物品的时候，自然就会联想到深刻记在大脑中的圆形概念；如果父母没有教给宝宝，或没有使宝宝记

住长方形是什么样子，等他看到桌子、小床等长方形物体时，大脑中就不会出现有关长方形的概念。

✲观察力

观察力是指大脑对事物的观察能力，如通过观察，发现新鲜、奇特的事物等。在观察过程中，人对声音、气味、温度等会有一个新的认识，并通过对现象的观察，提高人认识事物本质的能力。人最初都是通过感知来认识世界、获取知识的。父母可以适当地与宝宝做一些游戏，如问宝宝鼻子在哪、嘴在哪、手脚在哪等，训练开发宝宝的观察能力。

✲注意力

注意力是指人的心理活动指向和集中于某事物的能力。注意力有有意和无意之分。有意注意力是人自身的、有目的的注意，如宝宝看故事书、图画书等进行学习；无意注意力主要是由周围的环境所引起的，如一个小玩具突然出现在宝宝面前，引起他的反应。

✲思维力

思维力是人脑对客观事物间接的、概括的反应能力。思维也是人的一种心理活动，是认识活动的高级形式和理性阶段。思维能力包括分析、综合、判断、推理、归纳、概括、抽象等。当宝宝学会观察事物后，会逐渐把各种不同的物品、事件和经验等进行分类归纳，如食品、衣物、房子、玩具等，各种不同类型的物品他都能通过思维进行概括。

✲想象力

想象力是人在已有形象的基础之上，在头脑中创造出新形象的能力。想象力是创造力的必要前提，没有想象力的人是不可能创造出过去所没有的东西的。一般是在掌握一定知识面的基础上完成想象。比如，在宝宝已经掌握了“蜜蜂花蕊勤采蜜，青蛙田里吃害虫，燕子空中捉飞蚊，小羊山上吃青草，鲨鱼海里称霸王”的知识后，如果你再给他讲故事的时候，当讲到蜜蜂出现时，他就会联想到百花丛中小蜜蜂辛勤采蜜的画面；当讲到青蛙出现时，他就会联想到夏天青蛙在田地里捉害虫的画面；当讲到燕子时，他就会联想到天空中燕子在捕捉飞蚊的画面；而如果讲到鲨鱼出现时，他就会联想到鲨鱼在海里称霸称王的画面，等等。

3. 智力的特征有哪些

智力进化不是一个持续的过程，而有越来越多的证据显示，在人类与动物之间，存在有一道巨大的“智力鸿沟”。这其实说明了人类的智力并不是“无根可寻”——在其他物种中已发现了人类认知能力的一些基本元素。然而，倘若是把人类的认知能力比作一栋高楼大厦的话，那么这些基本元素至多只是这栋高楼大厦中的水泥石灰。

人类所具有的一些独特的智力特点，把人类与动物区别开来。人类智力所具有的四大特征为：生成性计算、概念融合、运用精神符号、抽象思维。

1 第一种特征是生成性计算。因为具有生成性计算能力，我们存在着各种各样的表达方式，可以任意排列文字、音符和数学符号，也可以随意组合各种肢体动作等。生成性计算包括回归和组合两大运算法则。回归运算准许我们反复使用一种规则来产生新的表达方式，例如把一个词语反复插入一个句子中，以较长的句子、更丰富的语言来描述我们的思想等。运用组合运算，我们可以将离散元素组合起来，产生一种新的思想，以全新的词语、句子或音乐等方式表达出来。

2 把不同的概念融合起来是人类智力的第二个显著特征。一般而言，我们会融合不同知识领域的概念，将我们对艺术、空间、因果关系及友谊的理解等融为一体。正因为有了这种融合，才催生了新的法律、社会关系和科学技术等。例如，我们不允许（伦理范畴）为了拯救（伦理范畴）另外几个人（数量范畴）的生命，故意（心理学范畴）将某个人推向（行为范畴）行驶过来的汽车（物体范畴）。

3 人类智力的第三个特征，就

是运用精神符号。我们能自动地把任何感觉体验（真实的或想象的）转换为一种符号，然后通过语言、艺术或音乐等，表达给其他人或存储在自己的记忆系统中。

4 第四个特征是只有人类才有的抽象思维。动物的思维来源于其感觉和知觉体验，人类的思维与感觉和知觉事件并没有什么明显的关系。只有人类才会思考外星人是否存在，名词和动词有何区别，无限和无穷的相似性等。

4. 为什么要对宝宝进行智力开发

一般人只用了大脑智力潜能的10%，尚有90%没有得到发掘及利用。倘若忽视了对宝宝智力的训练开发，他们的智商一般显得较低。婴幼儿阶段，是宝宝智力开发的关键时期，是宝宝一生中最宝贵的潜能开发的时机。为了不让宝宝输在起跑线上，重视宝宝智力的训练开发已成为世人的共识，它牵动着亿万父母的心。

每位父母都希望自己的宝宝智慧聪明，长大后可以在激烈的社会竞争中脱颖而出，成为人中龙凤。因此父母自身的学识修养、对宝宝良好的家庭教育、为宝宝营造的温馨的家庭环境等，都可以开发宝宝的智力，使宝宝的记忆力、观察力、想象力、思维力、判断力等得到很好的提高，进而促使宝宝自身得到良好的发展。

✼ 开发宝宝智力可促进其自身良好的发展

宝宝的智力，受父母遗传和后天环境因素的影响。后天环境，特别是对宝宝的教育培训占主导地位。

✼ 开发宝宝智力是适应现代教育发展的需要

现代教育不仅传授知识，还注重全面发展。开发训练宝宝的记忆能力、观察能力、想象能力、思维能力、判断能力等，可以使宝宝长大入学后，轻松适应现代的素质教育体制，得到全面的发展，增强自身的竞争力，从而在将来更加激烈的社会竞争中站稳脚，赢得成功。

✲ 开发宝宝智力有利于培养各方面的人才

智力的个体差异表现为：超常、正常和低常；认知方式不同；各种智力成分的组合和使用不同；学习领域与非学习领域、表演领域与非表演领域、学术领域与非学术领域的不同。因此通过开发宝宝的智力，有利于发现每个宝宝的不同发展方向，从而因材施教，有针对性地进行开发训练，扬长避短，充分发挥宝宝的特长，使他们长大后学有所成，事业成功；也有利于为国家培养各方面的所需人才，使国家更加进步、更加繁荣。

✲ 智力开发可提高全民族和全人类的素质

人是社会必不可少的构成要素，而“宝宝”阶段更是每一个人所必经的成长过程。

在当代，脑力劳动越发变得重要，在整个社会劳动中所占的比重日益增大。因此从宝宝时期就开始进行智力的训练开发，可为我国经济的发展、社会进步打下良好的人才基础；为振兴国家和民族培养各种人才；有利于提高社会的文化技术水平；增加策略和能力性的人才；对提高全民族、全人类的素质，格外重要。

第2节 宝宝需要开发哪些智力

1. 言语——语言智力

每个宝宝生来就具有获得语言的潜在能力，这种潜能存在于自身的器官和智力天赋中。影响宝宝言语——语言智力发展的因素很多，除语言器官及大脑皮层语言中枢区的发育成熟外，还有周围的语言环境等因素。真正对宝宝的语言发展起关键作用的是语言环境，是父母怎样教育和训练宝宝。

婴幼儿的言语——语言智力与一般意义上的智力发展有着直接的关系。一般语言智力发展良好的婴幼儿，较擅长表达，其概括、判断和推理能力也较好，即思维发展水平较高。

❋ 什么是语言智力

语言智力是指一个人获得和使用语言的能力，包括语言接受能力和语言表达能力。简而言之，语言智力就是听、说、认、读、写、口语及文字的理解能力和应用能力。语言智力表现为个人能够顺利而高效地利用语言描述事件、表达思想并与人交流的能力。这种智力比较突出地表现在记者、编辑、作家、演讲家和政治领袖等人身上。

语言是最广泛、最公平地在人类中得到分享的一种智力，是人们之间互相沟通、互相交流的一种工具，是传递信息的一种载体，是所有智力得以表现和表达的一种重要途径。人类语言智力的发展，可以促进其记忆能力、注意能力、观察能力、理解能力、想象能力、概括能力、创新能力以及抽象思维能力的提高和拓展。

语言在人类社会中的作用主要表现在四个方面：

一是口头运用，即说服别的个体而使之从事某项行为的能力；

二是记忆潜能，帮助个体记忆信息；

三是解释功能，用口头或书面语言描述、说明、解释；

四是解释自己活动的功能。

倘若一个人不能很好地掌握语言的音韵、句法、语义、实效4个要素，那么他在世界上便不可能会获得成功。

✻开发宝宝语言智力需要语言环境

刚诞生的宝宝，还不了解语言究竟是什么。所以，许多父母认为：既然宝宝不了解语言，也就没有跟宝宝说话的必要了；即使和宝宝讲话也是没有什么意义。其实，不和宝宝说话是完全错误的养育方式。因为即使宝宝不会说话，不了解语言是什么，父母对宝宝所说的话也会持续不断地灌输到宝宝的大脑中。这种语言刺激会对宝宝的脑细胞产生非常惊人的影响，只不过这种影响在表面上是看不出来的。

宝宝语言的发展可以分为这样三个阶段：一是发音阶段，二是理解语言阶段，三是说话语言表达阶段。在宝宝出生以后父母就可以有针对性地训练引导其发音，父母要不断地和宝宝进行交流，尽可能多地把语言信息存储在宝宝的脑子中，这样才有利于宝宝以后的语言发育。

宝宝出生后6个月的这段时间内其脑细胞爆发性地成长，如果宝宝在这个时期接受比较丰富的语言刺激，那么，在宝宝的大脑中就可打开优秀的语言回路，可以培养出脑细胞发达的宝宝。

宝宝1岁左右的时候父母应当鼓励其可以发一些单字的音，如爸爸、妈妈等。这时候主要的就是给宝宝创造一个说话的环境，给其说话的机会。这时候的宝宝有可能只是用一些动作表示其心中所想，倘若父母很容易马上就满足其要求的话，是比较不利于宝宝发展的。那么父母应该怎么做呢？首先父母可以把宝宝心中想要的东西的名称告诉他，其次要告诉他此东西的特点或者用途等。例如：皮球，圆的；足球，用脚踢的；凳子，用来坐的……这样多次之后他或许就会说“球”“凳”等。因此父母一定要给宝宝一个语言环境、听的刺激和说话的机会，这样宝宝的语言能力会发展得比较迅速。宝宝生长环境中的所得、所见、所闻等，可以刺激其脑细胞，把一些重要的印象刻画出来。宝宝的脑细胞就是由于获得了这些刺激而成长发育的。所以，对于刚出生的宝宝，父母应该为其创造一个丰富的语言环境，这样才有可能培育出一个语言能力较优秀的宝宝。

❇如何开发宝宝的语言智力

语言智力能力是各种智力能力的基础。爱因斯坦说：“一个人的智力发展和形成概念的方法，在很大程度上先取决于语言。”可见语言能力与智力是密切相关的。婴幼儿时期是语言能力发展的关键期，较早让宝宝学会语言、学好语言，是发展其智力，发展其口头、书面表达能力以及理解知识能力的前提。从“呀呀”学语阶段就应该开始培养宝宝的语言能力，并且要贯穿整个婴幼儿时期。那么父母作为宝宝的第一任教师究竟该怎样有意识地培养其语言能力呢？对于许多父母来说，智力好像过于深奥和神秘，于是不少父母会产生一种错觉，他们认为宝宝的智力是天生的，后天很难开发培养。但其实，如果父母可以仔细观察自己的宝宝，就不难发现宝宝在成长的过程中，有许多的规律和特点。父母倘若根据这些规律和特点，对宝宝进行科学有效的训练开发，将宝宝的智力开发出来就不再是件难事。

在宝宝的成长过程中，需要父母积极的引导，并不断对宝宝的语言智力进行科学的训练开发。只有这样，开发宝宝的语言智力才不会成为一句空话。

父母应培养宝宝对语言的好奇心

好奇心是我们不断学习知识的最原始动力。不管我们学什么，最先产生的就是一种好奇心，有了好奇心，我们就会产生学习的欲望。宝宝学习语言亦是如此。倘若宝宝对语言没有好奇心，他就没有兴趣去学习语言，自然也就没有继续学习和探索的动力，那么他的语言智力发展就会比较缓慢。与此相反，如果父母在宝宝很小的时候，就开始注意培养宝宝对语言的好奇心，宝宝自然会对语言产生浓厚的兴趣和学习的欲望，就会主动地去学习，而不是被父母强迫。

那么，怎样培养宝宝对语言的好奇心呢？其实方法很简单。父母可以经常对宝宝进行语言和各种优美声音的刺激，经常给宝宝朗读诗歌散文、讲故事、唱儿歌等，以引发宝宝对父母所用语言和声音的向往，进而激发宝宝学习语言的欲望。

但应注意的是，父母对宝宝进行语言和声音的刺激时，要适可而止，时间不宜过长，避免宝宝产生厌烦心理。此外，父母在对宝宝进行语言刺激时，不要着急让宝宝开口说话，这样做违背宝宝的语言发展规律。

宝宝的语言智力越早开发越好

语言作为一种智力与潜能，对宝宝的天才思维极为重要。语言智力越早开发，对宝宝的成长就越有利。

其实，从宝宝出生的第一天起，父母就可对宝宝进行语言智力方面的开发训练，这对宝宝今后的语言发展将会产生不可取代的影响。在准妈妈怀孕第 5 个月的时候，宝宝就已经具备了听觉功能，这时，如果父母常常与胎儿说说话，呼唤宝宝的名字，会使宝宝在娘胎里就熟悉父母的声音。

其实，不管怎样，父母应明白，对宝宝进行语言教育和智力开发是其义不容辞的责任。从宝宝诞生之日，到宝宝能熟练地运用语言与别人进行交流，离不开父母的教育与引导。如果没有语言环境，宝宝是不可能很好地发展语言智力的。

父母应为宝宝创造语言环境

宝宝的语言环境是父母与宝宝共同构成的，是父母与宝宝相互交流的情境，父母对宝宝语言智力发展的关注和宝宝在婴幼儿时期语言活动的自主倾向，共同创造出了一个宝宝自己积极参与其中的、动态的语言环境。对宝宝而言，理想的语言环境应包括以下 4 点：

多给宝宝准备一些他比较感兴趣的玩具、物品和材料，引导宝宝在玩游戏的过程中，一边探索一边说出它们的名称和功能；

常常带宝宝走出家门到商店、动物园、公园等场所，从多种场合不断观察、体验、丰富和充实宝宝的语言经验，增加宝宝学习和表达语言的愿望；

不断鼓励宝宝和人进行交往，因为语言智力发展是一种不可抑制的人类特性。当宝宝有自己的表达意愿时，要尽可能地让宝宝自己表达出来，因为这时候他大脑中的一些消极词汇会转变成积极词汇，并产生由听到说的愿望；

经常让宝宝听宝宝广播、看宝宝电视和图书，形成亲子共读的读书时间和氛围，可使宝宝在学习、欣赏文学语言的同时，激发其表达自己的愿望，不断发展其语言智力。

父母要应答宝宝的喃喃自语

宝宝出生两个月后开始会发出“噢”“啊”“咿”等声音，有时是父母出现在其面前时，有时是宝宝吃饱睡足精神状态好的时候。对宝宝的这种喃喃自语，父母务必要作出回答，可对宝宝说：“你好，宝宝。”“饿了吗？”“笑笑！”之类的话。虽然宝宝的发音与表达某种意思的语言不同，但是当他对着父母发出某种声音时，就表示宝宝已在和父母对话了，如果父母对宝宝的话语作出了回应，会使宝宝感受到“说话的乐趣”，会激发他再次发音的欲望；如果父母对宝宝的“话语”不作出任何反应，他就无从产生“说话的乐趣”，就会失去发音的欲望。

宝宝发音时，父母可给予爱抚以资奖励

要想开发宝宝的语言智力，让其早日学会说话，最重要的是要激发宝宝发出声音、说话的欲望。这并不很难，只要在宝宝咿呀学语的时候给予其适当的奖励即可，如摸摸宝宝的头，抱抱宝宝，亲亲宝宝之类的爱抚，这会使宝宝产生一种满足感与安全感，进而激发宝宝发音、说话的欲望。

父母应经常呼唤宝宝的名字

或许很多人不明白，呼唤宝宝的名字与发展宝宝的语言智力有什么关系。一般情况下，宝宝半岁以后对自己的名字开始有了意识，别人叫他的名字时他会有所反应。宝宝知道了自己的名字，等于认识到自己和别人是不同的，是自我意识的一种早期表现，而这种自我意识往往会促使宝宝产生自我表达、与别人说话的欲望。

✻ 父母在开发培养宝宝的语言智力时需注意的问题

培养宝宝语言能力的方法丰富多样，父母要针对自己宝宝的生理和心理特点，抓住宝宝的学习兴趣，选择适当的时机，使用科学的技巧方法训练开发其语言智力。但训练开发应遵循寓教于乐的原则，这样才可以使宝宝在轻松自由的状态下不知不觉地提高语言能力，并为入学后的学习打下牢固的基础。

使用规范的普通话

普通话直接与宝宝将来入学后的学习相衔接，而方言则作用不大。因此在宝宝“呀呀”学语阶段，应让宝宝多接触规范、标准的普通话。父母说话时应尽量口齿清晰、用词准确，富于表现力，并且不用方言、儿语，如“桌桌”“椅椅”之类。父母一开始就应尽量为宝宝提供规范的“范本”。

使用丰富的词汇

父母用词最好丰富多样，不要使语言单调贫乏。比如，与“美丽”相近的词可以说“漂亮”“靓丽”等；用于形容“色彩”的词有“五彩缤纷”“五颜六色”等。这样可以让宝宝在一开始学习语言时有个高起点。

重复新词语，强化巩固宝宝记忆

父母要有意识地重复一些新词语，同时把它们放到句子中来说，以达到不断强化巩固的目的。另外，还可以给宝宝反复播放录音带或光盘，既节省父母的时间，同时还能使宝宝学会不少新的词汇；既增强了宝宝的记忆能力，又提高了其语言表达能力。

多做语言游戏，激发宝宝语言兴趣

父母如果想进一步发展宝宝的语言能力，仅仅依赖平时与宝宝的交谈还是远远不够的。父母还可利用同宝宝散步、睡前时间做一些语言游戏。例如，词语接龙、同义词和反义词抢说、组词造句、词语修饰、句子伸缩，等等。在宝宝高兴的时候做以上语言游戏，可让他觉得语言学习很有趣。既培养了宝宝对语言的敏感和兴趣，又锻炼了其记忆能力、应变能力、想象能力、扩散思维能力和概括能力等。

鼓励宝宝用语言描述

父母应鼓励宝宝尽量多开口，想什么说什么，用语言描述其内心感受、看法，提高其口头表达水平；可与宝宝玩故事接龙、续尾等语言游戏；还可带宝宝到户外游玩，开阔其眼界，增长知识，鼓励宝宝把所看、所听、所感用语言进行描述等。这种训练，既可促进宝宝语言智力的开发，还可养成其细心观察的好习惯。

尽早向阅读过渡

中国的语言博大精深，词汇非常丰富。仅一个词而言，就有多种近义词、同义词、等义词等。要想真正掌握并精通一门语言，最好的办法就是阅读。阅读是发展宝宝语言能力的加速器，是提高写作能力的重要途径。

阅读可先从亲子共读开始。引导宝宝阅读时，可分为四个阶段：父母读；父母与宝宝同时读；父母读一段，宝宝读一段；父母放手让宝宝自己读。图书的选择也可分为四个阶段：字少画多的书；字多画少的书；无画的拼音书；无画、无拼音的书。这样循序渐进的阅读方式，既可增加宝宝的词汇量，又可使其积累不少知识，为将来入学后的作文写作打下良好的基础。

✲ 认清教宝宝说话的五大误区

认为宝宝听不懂

刚出生的宝宝，对父母所说的话确实听不懂，但宝宝的学习能力非常强，当父母总是对他说："宝宝，我是妈妈，他是爸爸。""宝宝，这是皮球，你看好玩吧。"时间一长，这种语言信息就存储在了宝宝的大脑里。随着宝宝的智力发育，如果再经过不断的语言重复，他就会明白："原来总抱着我的人就是妈妈""总对我微笑的就是我爸爸"，宝宝 1 岁的时候，他可能就会叫"爸爸""妈妈"了。当父母问宝宝："宝宝，你的球呢？"他就会左转右看地去找，说明他已经听懂了父母所说话的意思。

过分满足宝宝的要求

虽然宝宝已经可以听懂父母所说的话了，但是他还不会说出来，如果宝宝指着奶瓶，父母或许会立刻知道宝宝饿了，想喝奶了，于是就把奶瓶递给他。其实，这种满足宝宝要求的方法会阻碍宝宝的语言发展。因为宝宝不用说话，父母就能明白他的意图，他的目的就已经达到了，这样宝宝会失去说话的欲望。当宝宝想喝奶时，父母可以给他一个空奶瓶，他拿着空奶瓶，想要得到奶时，会努力去说"奶"。即使仅仅说一个字，父母也应该鼓励他，因为这已经是不小的进步了——宝宝懂得用语言表达自己的要求了。

用儿语和宝宝说话

婴幼儿语言发展有其自身的阶段性：单词句（用一个词表达多种意思）；多词句（两个及其以上的词表达意思）；说出完整句子。父母对宝宝进行语言智力训练时，应了解这一规律，科学地引导宝宝的语言能力向更高的阶段发展。

宝宝 1 岁左右的时候，正处于单词句的阶段，宝宝经常会发出一些重叠的音，如"抱抱""饭饭""水水"等，并会结合一些身体动作、表情来表达他的愿望。宝宝 1 岁半左右的时候，可能会用两三个词组合在一起，表达意思，这就进入了多词句阶段。这时的宝宝开始能把两个词重叠在一起，如“吃饭饭”“喝水水”“妈妈抱抱”等。等宝宝快到 2 岁的时候，就会说一些简单句，准确地表达出自己的愿望，如“爸爸、妈妈抱宝宝”“宝宝吃饭饭、喝水水”等。

在这些发展阶段中，宝宝用儿语是因为他语言发展的限制。但是有不少父母以为宝宝只能听懂这些儿语或觉得说儿语很有趣，所以也用同样的儿语跟宝宝讲话，这样做的话很可能会延缓宝宝向说出完整句子阶段的过渡。

不管宝宝怎样说话，父母都应该使用正确的语言，并用标准的话来纠正宝宝，这样通过父母的正确语言示范，宝宝就能较早说出完整的句子。

重复宝宝的错误语音

刚学会说话的宝宝虽然基本上能用语言表达自己的愿望和要求，但是有不少宝宝由于其发音器官发育得还不够完善，听觉的分辨能力和发音器官的调节能力都较弱，还不能正确掌握某些音的发音方法，不会运用发音器官的某些部位，所以仍有发音不准的情况存在，如“吃”说成“qi”，“水”说成“sui”，“姑姑”说成“dudu”，等等。这时，父母不要学宝宝的发音，而应用正确的发音和宝宝说话，时间一长，在正确语音的指导下，宝宝的发音就会渐渐改正了。

语言环境比较复杂

有些家庭中父母、爷爷奶奶、保姆等各有各的方言、各有各的说话方式，语言环境比较复杂，多种方言共存，这会造成正处于模仿父母学习语言阶段的宝宝的困惑，导致宝宝说话较晚。所以，在宝宝学习语言的关键期，应教他使用正确的语言，尽可能以普通话为准。

2. 逻辑——数理智力

有的人认为逻辑——数理能力就是一种加减乘除的能力，即一种计算的能力。但是，逻辑——数理能力所包含的远不止这些。逻辑——数理能力是处理一连串的推理、识别模式和顺序的能力。除了加减乘除计算之外，逻辑——数理能力还包含逻辑和推理、模式、可能性和科学的分析。有时，逻辑——数理能力还包含一种倾向，去构建问题、发现问题，比言语——语言智力所包含的要多得多。

何谓逻辑——数理智力

逻辑——数理智力主要是指运算和推理的能力，表现为对事物之间类比、对比、因果和逻辑等各种关系的敏感，及通过数理运算和逻辑推理等进行思维的能力。具有很强的数理智力的人可能成为会计师、财务分析员、科学家、工程师、发明家和生物学家。如果不考虑他们的职业，逻辑——数理能力较强的人也是一些喜欢保持收支平衡的人，是一些能很快地决定租车合算还是买车合算的人，是一些经常依据事实判断做决策的人。

宝宝逻辑——数理智力强的表现

逻辑——数理智力很强的婴幼儿喜欢数数；乐于比较哪个更大，哪个更小，哪个更重，哪个更轻；爱收集不同形状的东西，进行比较和排列等。

当那些逻辑——数理智力很强的婴幼儿长大一点后，他们喜欢计算（加、减、乘、除），有序地排列收集物品，玩有策略的游戏（国际象棋、国际跳棋等），记录信息、探索模式，使用电脑，解决可获得正确答案的问题等。

如何发展宝宝的逻辑——数理智力

发展宝宝逻辑——数理智力的出发点是帮助其适应数字。和发展其他方面的智能一样，兴趣来自熟悉、成功和乐趣。当宝宝三四岁时，他的数字愉悦性是指对数字感到有趣。适应数字的宝宝喜欢数数（喜欢数任何看上去能数的东西）、收集东西、进行比较等。

要发展宝宝的逻辑——数理智力，父母可以和宝宝玩游戏。父母要在旁边控制宝宝，从而保证所玩游戏和宝宝的能力相适应。父母要确保在和宝宝相互作用和活动中，宝宝的逻辑——数理智力可得到良好的发展。

数数

对于婴幼儿来说，数数差不多和呼吸一样自然。宝宝应早点开始学会数数，并且要常常数数。父母应该抓住机会和宝宝一起在有趣的方式下进行数数和比较。

当宝宝只能听的时候，就像在读诗文、讲故事或哼歌一样，父母也应该数数：当父母带着宝宝走楼梯的时候，可以数台阶的级数；当父母打开购物袋时，可以在宝宝面前数一数买了多少样东西；父母可数一数给宝宝买了多少玩具等。当宝宝长大一些后，他可以开始简单地数数。不管数的是玩具，还是桌子、凳子等，不管是数到 3 还是数到 10，无论怎样，这些事情都要常常做。

比较

比较是一种宝宝可以常常感到有趣的事情。父母可以问宝宝是左边的玩具多还是右边的玩具多。等宝宝猜完后，数数看他猜对了没有。

比较并不仅仅局限于数量的多少、数字的大小，父母还可以问“是红色的皮球大呢，还是蓝

色的皮球大？”或者“是爸爸的手大呢，还是宝宝的手大？”或者“宝宝是想喝奶呢，还是想喝水？”或者“羽毛轻呢，还是石头轻？”等。这些问题的答案并不重要，重要的是培养宝宝养成对不同事物的相关成分进行比较和对照，然后作出判断的习惯。

计算

计算，在小时候一般仅仅指加法。对5岁以下的宝宝来说，把简单的阿拉伯数字相加（数字要小于10，和也要小于10）是一个很好的目标。有时，这个年龄段的宝宝也会一些很简单的减法，从一个数字中减去1或2。

父母应注重了解宝宝的挫败感水平；父母应把这些活动都看成是一种游戏，一件很有趣的事情。也就是说，让宝宝在绝大多数情况下都能计算正确，这是很必要的。让宝宝在较易成功的水平中去计算，有利于保持他的学习热情，这比宝宝被推着、被督促着学习要好很多。

记录

记录，即保持所发生过的事情的痕迹。这是一种很好的方法。但是，父母应注意，实际的记录、记录的保持都需要父母来做。

父母可常常拿一些具体的事物来做测试和实验。如：“我想知道如果我们把冰块儿放在餐桌上，多久会融化？”这类问题会让宝宝感觉到很有趣，而且能发展宝宝的逻辑——数理智力。过几天后，父母可以说：“让我们来看看冰块儿放在冰箱里，但不放在冷冻室，它会化得比较快还是比较慢呢？”或者“吃多少口才能把整根香蕉吃完？所用的时间会比吃一个苹果多多少？”等。

在逻辑——数理智力和自然智能中有很多的交叉（分类和归类是很有用的自然智能中的技巧），所以，父母可以同时训练开发宝宝这两种智能。譬如，将一盆盆栽放在光照充足的窗台上，另一盆同样的盆栽放在光照不充足的角落，父母可帮助宝宝仔细观察这两盆盆栽的变化，可记录盆栽植物的高度变化，也可以记录盆栽植物看上去是否健康、强壮等。做实验不需要多复杂，尽量简单而有趣，重要的是可以帮助宝宝养成记录信息的良好习惯，进而根据记录的这些信息进行比较，得出结论。

❇5个小问题启发宝宝的数学思维

一问哪个更大或更高

宝宝特别喜欢把物体直接放在一起比较哪个大、哪个小、哪个高、哪个低等，这就可把它当成一个游戏来玩。父母的问题应从简易的开始，逐步提高难度。譬如，可以先让宝宝比较筷子和勺子哪个长一些，哪个苹果比较大一些，哪本书比较厚一些等；然后可以比较沙发和小板凳哪个大，冰箱和桌子哪个高等；之后可以再比较桌子和沙发哪个长，窗户和门哪个大等，宝宝可以借助一些工具（常规的测量工具尺子；或非常规的测量工具绳子、铅笔、凳子等）进行测量比较，得出结论，父母予以肯定及表扬。

二问物体异与同

给宝宝两支笔（一支铅笔，一支钢笔或圆珠笔等），让他找出两支笔的异同。笔可以换成鞋子（两双不同鞋子中各拿出一只）、碗、水杯、衣服、同类的玩具等。还可以换一种玩法：给宝宝一件物品，让他找出另一样物品和给他的这件物品有一处或几处相同的地方。例如，给他一本图画书，他可以找到杂志，和书相同都是纸做的，同样都有图画；给他一支彩笔，他也许会找出一支蜡笔或者是一件什么东西，和彩笔一样都是红色的，等等。

三问物体有多少

宝宝建立数字的概念首先需要学习数与物的相对应关系。宝宝数数时，要让他指着要数的物体一个一个地按顺序数，避免重复数。另外，还要让宝宝理解什么是基数，即：按顺序数下来的最后一个数字就是物体的总数量。而且随时随地都可以问宝宝："咱家一共有几口人啊？""水果盘里有几种水果呢？""宝宝一共有多少本书呢？""餐桌上有多少个碗，多少个盘子，多少双筷子？"等。

四问哪组物品数量多

比较两组物品数量的多少可为宝宝将来学习减法打下良好的基础。家中几乎所有的物品都可以拿来做这个游戏。拿出一些物品任意分成两组，让宝宝比较哪组多、哪组少。或者是给宝宝一些硬币（数量必须是双数）让他来扔，扔完后让他数一下是正面向上的硬币多还是反面向上的硬币多。

五问每类物品有多少

这个问题是训练宝宝分类和数数的综合能力。“每类”针对分类；“多少”针对数数。宝宝要先学会对物品进行归类。父母在和宝宝一起整理图书、衣服、厨房的餐具等时，可以把图书按故事书、画画书、诗歌等进行分类，并数出每个类别分别有多少本书；可以把衣服按季节进行分类，并数出每种衣服有多少件上衣和裤子；可以让宝宝把混在一起的筷子、勺子、刀子和叉子分类并点数。这类游戏会激发宝宝想象的兴趣。

✲ 聪明宝宝“玩”数学

婴幼儿时期的数学智能提升活动，都是一些简单又有趣的游戏，寓教于玩，只要是可以用具体事物表达出来的数学概念，都可以借着某些游戏让宝宝不费吹灰之力地了解，达到事半功倍的效果。

选读带数字的故事

在宝宝还没有学会说话之前，父母其实就已经可以给他读书听了。在训练提升宝宝数学智能时，父母不妨选用一些带有数字故事的图书读给宝宝听。譬如：“小花家的狗生了4只小狗，有一只是小黑狗，一只是小花狗，另有两只是小白狗，连同狗妈妈一家5口都住在小花家的阳台上。”“今天是小白兔的生日，好朋友都来向小白兔祝贺生日，并送上生日礼物：小灰兔送给她两根胡萝卜；小黑兔送给她两棵白菜；小熊送给她两个苹果；小松鼠送给他两颗榛子……小白兔准备了好多好吃的与好朋友一起分享，大家玩得特别开心！”等。

利用日常行为

父母带宝宝爬楼梯时，可以数楼梯的级数："1、2、3、4……宝宝自己走了 12 级楼梯呢，真好！"吃草莓的时候可以说："这里有 1、2、3、4、5……10 个草莓，宝宝要吃几个？ 3 个好不好？ 1、2、3，3 个草莓给你！吃完了这 3 个还要的话，妈妈再给你，妈妈这里还有 1、2、3……7 个草莓等着你。"宝宝自然而然地就会对数东西产生基本的概念：每样东西都要单独数，且每样东西只能数一次，不可重复。

玩积木

把积木拿给宝宝，不必刻意教给他怎么玩，大部分的宝宝就会开始把积木堆高，或把积木排长（也有些宝宝会把积木一个个捡起来丢出去），智能高些的宝宝甚至会用积木搭成高楼大厦的形状，或搭成汽车的形状，或创造一些其他的形状结构等。

积木堆到一定的高度时就会倒；积木在一定位置多放或少放就会改变整个"造型"；要排一样长短或堆一样高度的两排积木，使用的数量要相同，等等，宝宝在玩积木时，就会无意中学到这一类的数学、物理原理。

量量房间的大小

量东西并不一定要用尺子，任何一件东西都可作为一个度量衡的单位。宝宝可以用自己的脚作计量单位，从这边的墙壁走到对面那边的墙壁，量量房间有几"脚"长几"脚"宽。

一个杯子可以装多少水？并不一定非要用"立方厘米"来表达，可以让宝宝拿一个汤匙，一汤匙一汤匙地把水装入杯子中，数数一共装了多少次，就可以说这个杯子可以装多少汤匙的水等。这样宝宝可以一边玩，一边还可以建立度量衡的概念，何乐而不为呢？

拼图

数学并不仅限于算术上的加减乘除，几何学、三角学、解析几何学等都是一些比较重要的概念。而为宝宝训练提升这方面的数学智能时，拼图是最简单有趣又有效的游戏。拼图种类繁多：有一种是一组组的几何形拼块，可以分别拼入不同形状的几何框框里；有一种是把一幅图画切成各种形状的小节，拼合后会呈现出原来的画面；还有一种是中国的七巧板，可以拼出各式各样的图形等。任何一种拼图都可以帮助宝宝提升他对形状差异的观察力和辨别能力，提升他的数学智能。

依人数摆放餐具

在家里可以用摆放餐具的方法，让宝宝了解乘和除这两种算术概念。假设有 5 个人要在餐桌上用餐，应该摆放筷子、汤匙、碗、碟的数量，可以用实际摆放的游戏来算出："宝宝，在这 5 个位置上各放一双筷子，我们需要几双筷子？ 5 双？太棒了！每双筷子有 2 支，那 5 双筷子就有 10 根了。现在我们来摆放碗，5 个人需要几个饭碗呢？……"

切生日蛋糕

利用切生日蛋糕的机会，很容易就会让宝宝了解一些基本分数的概念，如 1/2、1/4、1/8 等。分享蛋糕时，更可乘机向宝宝介绍一些比较复杂的分数关系："我们把蛋糕一共切成了 8 块，给了宝宝这 8 块中的 1 块，给了妈妈这 8 块中的另 1 块，那爸爸就还剩下这 8 块中的 6 块！"

3. 音乐——节奏智力

加德纳说："音乐才华比其他任何一种智能天赋出现得都早。它的力量是其他智能所无法企及的。"音乐——节奏智力很早就会在宝宝身上不同程度、不同形式地显示表现出来，有其独特的规律和思维结构。

音乐是最古老的一种艺术形式，具有促进智力发育的神奇魔力，可以造就天才，音乐是一把开启人类智慧大门的金钥匙。宝宝诞生之前就已经在妈妈的腹内聆听妈妈的心跳声，妈妈均匀和谐的心跳和呼吸就像美妙的音乐一样为胎儿营造了一个温馨愉悦的环境。人与生俱来就有一种音乐的天赋，都喜欢音乐并渴望创造音乐。

如果从零岁开始让宝宝接触音乐，并一直坚持下去，能够提高宝宝的想象、认知、注意力、语言、记忆等各方面的智力潜能，让宝宝得到全方位的发展。

❊何谓音乐——节奏智力

音乐——节奏智力主要是指觉察、感受、辨别、记忆、改变、创造、表现和表达音乐的能力。这种智力表现为个人对音乐包括音高、节奏、音调、半长、音色和旋律的敏感性，以及通过作曲、演奏和歌唱等表达音乐的能力。

作曲家、指挥家、演唱家、演奏家、音乐评论家、乐器制造者和调琴师等身上都具有较高的音乐——节奏智力，他们或是有很好的歌喉；或是对节奏特别敏感，能轻松辨别出音调准确与否；他们通常是一边工作一边听音乐；他们会弹一种甚至多种乐器；他们对音高的辨别能力很强，一首歌只要听过几次，就可以完整地唱出来。

这种音乐——节奏智力在宝宝很小的时候就可能显现出来了，表现为：宝宝喜欢倾听人的嗓音、环境中的声音及音乐等各种声音；当宝宝心情不好时，音乐可以帮助他缓和情绪；宝宝听到某种音乐时很兴奋、很激动，可能会随着音乐节奏手舞足蹈；宝宝喜欢唱歌，并可以很快学会新歌等。

❊音乐——节奏智力的构成

音乐是声音的艺术，其基本要素是节奏、旋律、音色及曲式的整体结构等，它通过有组织的声音材料塑造艺术形象，反映社会生活，表达人们的思想感情等。

根据音乐自身的特点，音乐——节奏智力构成成分中最重要的是听觉感受。此外，对音的记忆、听觉想象力、对音乐的情感内容的内心体验、对音乐的理性认知，都是音乐——节奏智力的重要构成成分。

✲ 宝宝音乐——节奏智力的发展

1～2岁

4个月的宝宝能模仿节奏、结构；1岁的宝宝特别喜爱对熟悉歌曲的倾听、跟唱、动作反应或用玩具、盆罐等器具敲击出声音；两岁左右的宝宝表现出对乐器的兴趣，喜欢反复唱同一首歌曲。

2～3岁

宝宝对具有强烈节奏的音乐感兴趣并有反应，能感觉到音色的差异；宝宝喜欢重复地听、反复地唱同一首歌或只会唱一首歌中的片段，但与别人合唱时音调尚难配合。

✲ 音乐——节奏智力早期的表现

宝宝音乐——节奏智力的早期表现有：喜好选择音乐活动；可以准确地定音；较易记住一个曲调，还能顺利并正确地唱出或演奏出这个曲调；较早地注视乐器并开始抚弄、操作乐器；可以很快地学会识谱；可以自己作曲等。

如果发现宝宝对音高、节奏、音色敏感；对音乐中的情绪、情感感受力强；对音乐的整体结构也有感受，就可以加强对宝宝这方面的培养。

父母可以创设宽松、自由的环境，让宝宝学会倾听，学习用音乐表达自己的思想、感情；学习用音乐来放松；使他们对音乐有浓厚的兴趣及强烈的学习动机，保持对音乐听觉的敏感性。可播放经典音乐，听音乐家演奏、唱歌，也可挑选宝宝喜爱的乐器进行培养。父母特别要鼓励宝宝的自发性音乐活动。

✲ 培养宝宝的音乐——节奏智力

1 教宝宝认识生活中的各种声音，并鼓励宝宝描述、模仿所听到的声音。

2 选择几种宝宝和父母各自喜欢的音乐，选择不同的情境让不同的音乐弥漫在家庭的每个角落。也可以在讲床边故事时，选择一些音乐来配合故事情节，让宝宝能够在故事中感受音乐带来的美妙。

3 鼓励宝宝多学习节奏明快的儿歌，并积极地进行表演。

4 有条件的话，可以跟宝宝一起制造和选择乐器。鼓励宝宝用各种不同的素材发出声音，多利用生活周边的小东西，和宝宝一起制作乐器。或者征求宝宝的意见后选择一种乐器，通过音乐来陶冶宝宝的性情。

5 宝宝在练习或者演奏时，父母要积极参与和反馈。父母是欣赏者，是被美妙的音乐所感染的人，而不是严厉的监督者、评判者。当父母沉浸在宝宝创造的音乐中时，宝宝才会产生成就感和幸福感。这样，他的兴趣和热情才会持久，才会真正体会到音乐的魅力。

4. 视觉——空间智力

视觉——空间智力的定义是：准确观察世界，并对其进行解释，或者把那个世界的方方面面传达给别人。其焦点在于观察和设计，既要接受又要表达。

视觉——空间智力强的人视觉特别敏锐，善于辨识人的面貌以及物体、形状、颜色、景物等。他们观察也特别敏锐，哪怕是外形几乎一样的物品，只要在色彩、形状上有一些细微的差异，他们都能发现。他们能够通过画中人物的表情或动作而领会一幅画的意义。他们能够表述一些可以引起共鸣的场景等。

每个人都有可能表现出这些能力，但是，并不是所有的人都会展示出相同的视觉——空间智力。有的人可能表现在绘画方面，有的人可能表现在设计方面，还有的人可能表现出很强的方向感等。一般说来，飞行员、摄影工作者、室内设计师、建筑师、书法家、画家、司机或建筑师等职业都需要较强的视觉——空间智力。

✼ 什么是视觉——空间智力

视觉——空间智力主要是指感受、辨别、记忆、改变物体的空间关系并借此表达思想和情感的能力，表现为对线条、形状、结构、色彩和空间关系的敏感以及通过平面图形和立体造型将它们表现出来的能力。

这项智能包括对色彩、线条、形状、空间及其关系的敏感性，也包括将视觉和空间的内容具体地在脑中呈现出来，以及在一个空间的矩阵中很快找出方向的能力。这种智力在画家、雕刻家、建筑师、航海家、博物学家和军事战略家的身上有比较突出的表现。

✼ 宝宝出色视觉——空间智力的表现

有些宝宝的视觉——空间智力很普通，有些宝宝则表现出很强的视觉——空间智力。具有出色视觉——空间智力的宝宝表现为：

非常清楚房间里东西所在的位置，能够很容易就找到一些有时连父母都找不到的东西；对房间设计发生的变化十分敏感，对于房间内摆设的变化很容易就能够注意到；擅长看地图、搭积木、拼图；方向感好，具有比较清晰的方位概念，如上下、左右、前后；对色彩敏感，喜欢对颜色进行搭配；喜欢画画，绘画能力比较强。

宝宝视觉——空间智力的发展有以下一些特点

图像思维，能够清楚地说出视觉表象；看地图及其他图表会显得很轻松；喜欢画画、泥工等艺术；对于拼图、下棋、走迷宫及类似的游戏非常喜欢；

喜欢想象，同时能够创造出内心的表象；对于电视、电影或其他视觉上的表演十分感兴趣；有较好的色彩感觉；经常用图像来记忆。

✲ 宝宝视觉——空间智力的学习契机

视觉——空间智力是人们生活学习的基本能力，更是艺术、科学、数学乃至文学等不可缺少的重要能力。宝宝的视觉——空间智力会经历一个从静态空间感知到获得动态概念空间的发展过程。在这个过程中，要注意宝宝视觉——空间智力的学习契机。

契机 1　0～1 岁

从宝宝出生起就可以开始培养宝宝的视觉——空间智力了。这一时期，宝宝虽然并没有什么明确的空间概念，视力也还不是很好，但他出生时就有了听觉，循着妈妈的声音和本能寻找乳头就是宝宝最初空间概念的表现。等宝宝会抬头、转头时，就会开始积极地寻找声音的来源，这时父母就可以运用各种声音帮助他建立方向感。

契机 2　1～2 岁

这一时期的宝宝能够熟练地爬，开始蹒跚学步，而且乐此不疲，对周围的任何事物都充满好奇。父母可以给宝宝创造一个安全的爬和学走的环境，多多鼓励宝宝爬和走，在宝宝摸索着爬和走的过程中，他对空间的意识将会更加明确。

契机 3　2～3 岁

2～3 岁是宝宝视觉——空间智力发展最快的一个时期，尤其是在宝宝 3 岁以后。经过这一时期的发展，宝宝可以对物体的大小、形状、上下、前后、左右、远近产生准确的空间概念，并能通过自身的运动来确定物体的空间位置关系。

这一时期，宝宝视觉——空间智力的发展主要分为两个方面：理解空间和表述空间。父母可以让宝宝画画，帮助宝宝建立大小、形状的概念；父母也可以让宝宝搭积木、捏橡皮泥等，促进宝宝形成对前后、上下、远近等有关空间智能的概念；父母还可以在日常生活中有意识地指点宝宝。比如“爸爸和妈妈哪个比较高？”“你喜欢皮球还是篮球？”等。这些工作都可以在宝宝3岁以前就开始。

✲培养视觉——空间智力对宝宝的意义

视觉——空间智力是人们生活中的一项基本能力，如我们每天所穿衣服的搭配，居室里家具和房间主色调的搭配等，都要应用到视觉——空间智力。培养宝宝的视觉——空间智力是非常有必要的，有利于促进宝宝观察能力的发展，加强宝宝对事物观察的敏感性和准确性，同时还有利于宝宝艺术能力的培养，使宝宝能更加容易感受到生活中的美，在以后的生活学习中拥有积极的心态。

如果宝宝的视觉——空间智力发展得较好，不但有助于他获得普通的生活能力，还有助于其发展一些特殊的能力：

1 有助于提高宝宝的安全感和自我保护能力。喜欢攀爬、跳跃等比较多动的宝宝，需要较好的视觉——空间智力，这样他才能玩得安全，玩得开心尽兴。

2 有助于培养宝宝的灵活、动感。较好的视觉——空间智力可以使宝宝灵活地转动身体，让宝宝充满灵性与动感。

3 有助于提高宝宝的想象力、创造力和数学能力。视觉——空间智力较好的宝宝，会在大脑里累积大量的视觉和空间形象，为其发挥想象力和创造力提供素材，也更容易理解比较抽象的点、线、面等平面几何和立体几何原理，为学习数学打好基础。

4 良好的视觉——空间智力是从事某些艺术领域的基本素质。雕塑、建筑、绘画、摄影、航海、飞

行员、设计师等行业都需要特殊的视觉——空间智力，这些能力都是经过学习和训练获得的。

✻ 提升宝宝视觉——空间智力的良方

培养宝宝视觉——空间智力的方法多种多样。带宝宝去公园或郊外游玩，引导宝宝欣赏美丽的自然风光；带宝宝去动物园，观察各种动物；甚至带宝宝逛街的时候，引导宝宝观看闪烁的霓虹灯或五光十色的橱窗，讨论逛街的方向等。总之，要利用任何机会让宝宝更多地接受色彩、形状和空间布局上的视觉刺激。

用声音引导宝宝的视觉——空间智力

视觉——空间智力的发育主要是靠视觉的刺激，但是新生宝宝的视力不是很好，于是主要靠听觉和触觉来辨别空间方位。

用吊饰刺激宝宝的视觉——空间智力

出生满月到 6 个月之前，宝宝经常会躺在小床上玩耍，他的视力也比新生儿时期要好了许多，可以看得清较远的物品，同时他也喜欢注视移动的物品。如果在宝宝的小床上面悬挂风铃等玩具，会随风摆动，宝宝的目光也随之摆动，对宝宝的视觉——空间智力有积极意义。

用“各就各位”法提升宝宝的空间秩序感

习惯成自然，如果妈妈把宝宝的用品和玩具总是放在固定的位置，宝宝就会建立起物品与空间之间的定位关系，他就用“各就各位”的方法建立了空间秩序感。因此，妈妈要把宝宝的物品放置有序，如果哪天发现物品不在原处了，就与宝宝一起找，宝宝对物品在一个新地方的出现将会感到兴奋，他的空间方位感也会得到锻炼。

用“藏猫猫”法锻炼宝宝的客体永久性

客体永久性是宝宝视觉——空间智力发育的重要方面，它是指宝宝能够认识到客观事物是不依赖自己的感知而独立存在的实体，与宝宝经常玩“藏猫猫”的游戏，可以使他的客体永久性得到反复锻炼。

用亲子身体运动培养宝宝的空间概念

大小、高矮、上下、前后、左右、里外等都是基本的空间方位概念。一般而言，宝宝先掌握大小、高矮、上下的概念；3 岁的时候才能掌握前后、左右的概念；4 岁的时候掌握里外的概念。

这些概念的掌握不可以仅仅是口头传授，主要是通过宝宝的亲自运动来感受。譬如上下的概念，除了引导宝宝观察什么是上楼与下楼之外，还可以亲身体会，妈妈带着宝宝一起爬上楼说“上去了”，走下楼说“下来了”，平时在生活中，可以这样多多主动引导宝宝。

为宝宝多提供一些空间益智玩具

随着宝宝渐渐地长大，一些空间益智玩具是不可或缺的，比如积木、不倒翁、橡皮泥、拼图、跳棋、迷宫、指南针、放大镜、折纸等，宝宝在玩这些玩具时，会直接促进他视觉——空间智力的发展。

让宝宝乱涂乱画

每个宝宝都是绘画天才，不要在意他画的是什么，或者是画得像不像，父母都要提供充分的机会让宝宝画画、着色、涂鸦。不同的绘图用具，可以让宝宝体验到不同色彩的运用、搭配，会呈现出不同的效果，让宝宝借色彩、线条、图案等表达其内心的想法、感受和情感等。

给宝宝看图画

走出迷宫，找到两个图画中不同的地方，找到图画中隐藏的图案，找到图画中不同的形状……宝宝乐于其中。这些练习不仅可以培养宝宝敏锐的观察力，注意到事物中细微不同的地方，还可以使宝宝辨识许多相同与不同的形状、图案等。

日常生活中的简单方法

选择自己的穿着。每天晚上临睡前，让宝宝自己选择和搭配第二天的衣服。这样的活动，可以增强宝宝对色彩的敏感性，培养宝宝的视觉——空间智力，而且对宝宝也是一个很大的挑战。

点缀、美化居室环境。卡通靠枕、色彩鲜艳的窗帘、彩色的拼插地板垫等，都是能够引起宝宝兴趣的居室装饰品，可以尽量选择宝宝喜欢的色彩和造型。墙上的装饰图、插花等也是美化居室的亮点，不妨放手让宝宝自己选择装饰品，做一回小设计师。选择什么无所谓，重点在于培养宝宝对色彩、方位的兴趣和敏感，但是，千万不要因为宝宝选择的装饰品、摆设的式样不符合你的审美趣味而随意批评，这样会损害宝宝的积极性，不利于宝宝视觉——空间智力的培养。

放置各种形象化工具。父母要保证彩色卡纸、手工纸、剪刀、橡皮泥、粉笔、铅笔、油画棒、水彩笔、颜料、积木等材料充足，多种多样，宝宝可以随手利用，任意实践他的想象和创新。在美术活动中，要鼓励宝宝使用不同的材料和不同的方法，而且让宝宝自己比较效果的不同，这样更能激发宝宝的兴趣。比如，红色的水彩笔画在白纸上和画在黑色卡纸上会产生不同的效果，父母可以问宝宝："哪个效果更好？"父母可以利用水不能覆盖油的原理，先使用油画棒，再把水彩大块刷上去，会产生什么结果？用画笔画画，再用自己的小手画画会怎么样？用牙刷又会怎么样？

开设家庭展示区。选择居室的特定空间（一小块墙壁或一个橱柜面即可，以免宝宝视觉负担过度）来展示宝宝的美术作品。可以是父母收藏的贵重的艺术作品，也可以是宝宝自己满意的、自己创作的美术作品。宝宝的作品往往色彩明艳、对比强烈，有很强的视觉冲击力。

开展适当的方位游戏。游戏是宝宝童年生活的主题，在游戏中宝宝会得到无穷的乐趣。游戏能使宝宝

对“上下”“左右”“前后”等方位产生感性的认识，在轻松愉快中学习辨认方向方位，建立空间感。

镜中人：咦，镜子前后的两个宝宝怎么长得一模一样，而且动作也一样呢？你往上，他也往上；你往下，他也往下……

坐公共汽车：放好小凳子，爸爸来当司机，妈妈来当售票员，爷爷奶奶和宝宝排队上车，排在前面的先上车呢，还是排在后面的先上车？谁坐在驾驶员的后面？谁坐在售票员的前面？宝宝的左面坐着谁？谁坐在宝宝的右面？

5. 身体——动觉智力

身体——动觉智力是多元智能中的一种，在宝宝智能发展过程中是最早发生的。身体——动觉智力是说宝宝善于运用整个身体来表达自己的想法和感觉，能用双手灵巧地生产和改造事物，是中枢神经系统支配全身的大小肌肉具有控制技巧的能力。

早在妈妈怀孕期间，人类感官、知觉、动作的发展就已经开始了。出生之后，宝宝需要各种不同的刺激来强化其感觉综合能力的发展。父母可以给予宝宝视觉和听觉的刺激，还可以通过按摩提供感觉刺激，这不仅有利于稳定宝宝的情绪，还可以增加宝宝的食欲，促进宝宝健康成长。

肢体活动与发育进程相吻合或比较超前的宝宝，往往身体——动觉智力潜力较大，父母要及时对其进行开发和培养。父母要给宝宝活动的空间和时间，提供合适的场地和具有启发性的材料与工具，让宝宝利用模型、机械、手工，通过舞蹈、运动、游戏等来学习，使宝宝已萌发的身体——动觉智力得到锻炼和发展。

❊ 身体——动觉智力是什么

身体——动觉智力主要是指运用四肢和躯干的能力，表现为能够较好地控制自己的身体、对事件能够作出恰当的身体反应，以及善于运用身体动作语言表达自己的思想和情感的能力。主要是指包括平衡协调、敏感、力量、速度、灵活性等特殊的身体技巧，以及对外界或自身刺激反应的能力。这种智力在运动员、舞蹈家、演员、外科医生、户外工作者、赛车手和发明家等身上有比较突出的表现。

❊ 宝宝身体——动觉智力的特征

1～2岁

宝宝能在父母帮助下爬楼梯；会指出想要的东西；会将物体从盒子里倒出来；喜欢翻纸篓、纸箱、抽屉等；会将球推给别人；会踢球；会后退走；会托、拉玩具或其他物品；会上一层台阶；可以玩简单的游戏；虽然会跑（稍有腾空阶段），但动作不协调。

2～3岁

宝宝可以独自上楼梯；能跳一跳；能走30厘米宽的平衡木；能独立下一两层台阶；喜欢爬高；能做模仿动作；能从20～30厘米高处跳下；会传球；能帮助收拾玩具；会跑（稍有腾空阶段）；会爬、会钻；会滑滑梯。

❊ 如何开发婴幼儿的身体——动觉智力

鼓励宝宝爬行

对宝宝的肢体发展来说，爬行是一个非常重要的过程。爬行时，宝宝手掌接触地面可以进行触觉的输入，而且当宝宝用手去探索他好奇的东西时，会强化其触觉的敏锐性，有助于日后精细动作的发展。此外，爬行是全身性的活动，它还可以训练、协调宝宝的手腕、肩膀、颈部、腰部、眼部和躯干的力量，并且加强宝宝身体活动时的协调性。

因此，爬行可说是宝宝感觉统合发展的重要基础。父母务必要提供一个安全、干净的环境，并鼓励宝宝爬行，千万不要因为怕脏而让宝宝错过发展肢体协调性的最佳时机。

不要过度限制宝宝的活动范围

好动是每个宝宝与生俱来的天性，也是生理发展的重要过程，父母应该经常带宝宝到户外，并鼓励宝宝多和外界接触，尝试各种不同的感官体验。在父母的鼓励和支持下，宝宝可以从身体的经验中找到成就感和自我肯定。

压抑身体想动的自然欲望，绝对是最坏的做法。除了可能造成日后感觉失调的问题，被压抑的宝宝还可能出现情绪不稳定、人际互动不佳甚至性格偏差的问题。因此，当父母发现宝宝过度安静时，未必是好事。

音乐融入生活，自然带动肢体

将音乐融入生活中，有助于宝宝身体——动觉智力的开发。不同的音乐会带给人不同的感受，在每天不同的时段提供美妙的音乐欣赏，可以让宝宝将音乐与情绪连接起来，进而带动身体的律动，同时也使肢体得到舒展。如起床时播放轻松缓慢的音乐，休息时播放轻松的音乐，开心时播放轻松或热闹的音乐等，都会带给宝宝不同的体会。当宝宝在探索音乐或是与音乐产生共鸣时，随时都有可能随着节奏摇摆、唱和，此时父母除了欣赏宝宝的身体动作外，也可以参与到宝宝的肢体律动中。

欣赏并肯定宝宝的肢体创作

一些创造力丰富的宝宝，会运用肢体动作表达其内心的想法或呈现自己的想象。譬如，宝宝会用身体动作来诠释种子发芽并长成大树的过程等。当父母发现宝宝有类似情形时，请放下手边的工作，好好观察并欣赏宝宝的肢体创作。相信你们会发现，无论是宝宝的身体还是他的小脑袋里，其实充满了无限的创意。

观赏了宝宝的创作之后，父母别忘了给他一些鼓励或是干脆和他一起玩肢体游戏，这不但有助于宝宝身体动觉和想象力的开发，更有利于促进亲子关系。

让宝宝动起来

游泳或玩水： 可在水中放上重量或质地不同的物品，让宝宝去体验各种物品的属性，各种动作，空间大小和距离。

打球：宝宝在玩的过程中练习了跑、跳、投掷等，逐渐掌握了平衡、动作协调敏捷，同时也是一种力量和耐力训练。宝宝在打球的过程中学会了柔韧、弹性、速度等控制技巧。

骑自行车：当宝宝渐渐长大，需要利用一些工具来发展自己的身体——动觉智力时，给予宝宝一辆宝宝自行车。这样既锻炼了宝宝动作的平衡和协调，也是宝宝力量和耐力的训练，还让宝宝学会了控制速度。

攀爬家具：从地上平面爬行，进展到爬上椅子，是宝宝建立立体空间高度概念的最佳练习机会，亦可强化宝宝手部和腿部的肌力。在攀爬时如果撞到也没有关系，从经验中宝宝可以学到如何避免危险的自保本领。

上下楼梯：宝宝的高度概念是先在视觉上习惯后，再从动作中经历真正的高度感受。宝宝双脚同上或是同下一个阶梯，进步至一脚一级都是对腿肌进行更高阶段的训练，并使宝宝的高度判断力更加清晰明确。

人体滑梯：加速度与高度的变化，使宝宝感到新奇有趣，并乐此不疲。但如果宝宝缺乏安全感，可以面朝父母，父母扶住宝宝上臂后再让他滑下。较大的宝宝就可以自己上下了。

触探身体：走在平坦的硬地板不稀奇，踏在不平且柔软的人体才过瘾！不仅增加脚底的触探刺激，父母还可以和宝宝说话，吸引其注意力。

金鸡独立：金鸡独立为前庭系统抗地心引力的平衡表现，不过光是宝宝一人单脚站立没有意思，不如父母和宝宝一起来比赛，看看谁维持最久！如果宝宝已具备数数能力，不妨和宝宝一块儿计时：1、2、3……

双脚跳跃：每一次的跳跃都是宝宝腿肌展现屈伸爆发力的时刻，从屈身半蹲到一跃而起，动作从夸张到优雅。父母可顺便观察宝宝的平衡感如何，是东倒西歪、容易跌倒、还是“弹簧超人”越跳越高？

翻跟斗：宝宝会试着弯下腰身，从两腿间探看世界，这时父母可顺便抓住其大腿和腰部，协助其完成被动式的翻滚。翻跟斗可训练宝宝的平衡感，并使其手脚力量更加强劲。

奔跳抢宝：跑是训练宝宝爆发力的速度活动，但在求快之余，父母也需留心安全，观察宝宝对障碍物的避让反应。建议父母可用“抢宝藏”的游戏方式刺激宝宝的参与兴趣。

吊单杠：吊单杠可训练宝宝手部的抓握能力，并且强化其臂肌，既满足人类回归原始自然的攀爬方式，同时又考验父母的手臂是否足以支撑宝宝的重量。

做体操：播放节奏明快的童谣，让宝宝随着音乐自由摇摆，简单的几个动作，摆摆手、扭扭腰甚或转个圈，都会给宝宝带来莫大的乐趣。

6. 自知——自省智力

我们每个人内在世界的核心就是我们赖以了解自我与他人，想象、计划并解决问题的能力。同时，也包含了动机、决心、意志、诚实、同情与利他等各方面的因素。如果没有这些内在资源，一个人很难体验完整意义上的丰富生活。

❊什么是自知—自省智力

自知——自省智力主要是指认识、洞察和反省自身的能力，表现为能够正确地意识和评价自身的情绪、动机、欲望、个性、意志等，并在正确的自我意识和自我评价的基础上形成自尊、自律和自制的能力。这种智力在哲学家、小说家、律师等人身上有比较突出的表现。

对于宝宝来说，自知——自省智力主要包括：自我认识的能力、自我评价的能力和自我调节的能力。自我认识的对象包括自己的身体、自己的动作行为以及自己的内心世界；自我评价包括掌握他人对自己的评价，在与他人的比较中对自己进行评价，以及进行自我反思；自我调节则包括活动的起始和终止、活动的转移和变换，心理过程的加速和减缓、加强或削弱，以及行为举止的自我监督和校正等方面。

✲ 提升宝宝的自知——自省智力

3 岁左右的时候，宝宝开始出现对自己内心活动的意识，如开始学会区分“愿意”和“应该”之间的区别等。但总体来说，这时，要求宝宝对他自己的内心世界有个较为清晰的认识还比较困难，某种意义上讲，这对父母来说也并非易事。不过，父母可以通过耐心细致的观察，适当地引导宝宝逐步了解他自身的优缺点、强弱项。但切忌不要给宝宝这样的感觉：我这个不行、那个也不行、我有好多好多的缺点等。

引导宝宝认识自我

认识自己的身体——在宝宝 1 岁左右的时候，妈妈就可以开始引导宝宝逐渐认识自己身体的各个部分了。妈妈可以在宝宝精力较旺盛的时候，一边指着宝宝身体的各个部位，一边清楚而缓慢地说出相应名称，若是能以有韵律的诗歌的形式说出来效果会更好。也可以以游戏的形式引导宝宝，比如，妈妈先指着自己的鼻子：“妈妈的鼻子在这里。”而后用手指在宝宝面前画大圈：“宝宝的鼻子在哪里？在哪里？……”可以重复问几遍以增加宝宝的注意力和兴趣，最后快速地指向宝宝的鼻子：“在这里！”

认识自己的行动——在宝宝 1 岁之前，宝宝并不知道外在事物和自己有什么联系，也不能将自己和外在的事物区分开。妈妈可以通过强化偶然关系来加强宝宝的理解能力。例如，宝宝无意中用手打到了皮球，皮球就向前跑了，宝宝会因此隐约感觉到自己动作的力量和结果，但还不能确定。妈妈就可以趁机肯定并强化宝宝的这种认识，拿着宝宝的小手再去有意识地碰皮球，然后和宝宝一起观察皮球向前不断滚动，并配合言语和眼神的交流，告诉宝宝：“你的手一碰，小皮球就滚动了。”反复几次，宝宝就会自然地将自己的动作和皮球的滚动联系起来了。

认识自己与他人的关系——掌握“我”字，是宝宝自我意识形成的一个重要标志，妈妈要做的是，引导宝宝在确认自我的基础上，认识更多的和他人的关系。可以从家庭成员开始，除经常接触的人外，有合适的机会，也向他介绍其他亲属，并耐心地向他讲解这些亲属和宝宝是怎样的关系。同时，在公共场合，也应该引导宝宝正确看待自己的身份和位置，要让宝宝知道，他并不是在一切场合都是中心人物，以此来对他进行自我角色定位和转换的初步训练。

引导宝宝学会正确评价自己

适度表扬——应该为宝宝营造一个充满赞扬、肯定和鼓励的生长环境。这样的环境有利于宝宝形成正确而健康的自我评价。爸爸和妈妈之间要互相肯定和赞扬，宝宝表现好也要得到同样的肯定。当然，赞扬也要适度，不要过度，本来就应该做到的事情，给予宝宝一个眼神的肯定就足够了。

对照评价——对照评价是自知——自省智力中的一个组成部分，也就是宝宝通过和他人，通常是和小朋友的横向比较，从而得出相应的对自己的评价。这也是认识自己、评价自己的一个途径。妈妈可以引导宝宝在某些问题上和其他小朋友进行比较，让宝宝自己得出结论，自己是否正确，小朋友的言行是否得体等。千万不要针对宝宝的某个偶然的错误说：“你看，谁谁家的小朋友怎么怎么样，比你强多了！”

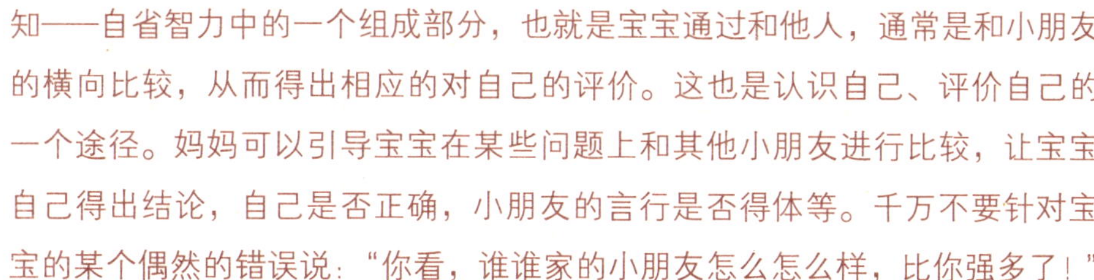

自我肯定——父母应以身作则，在日常生活中为宝宝进行“自我肯定”的示范。比如，妈妈新学了一道菜，妈妈也可以自我肯定一下：“嗯，这道菜我的确好好琢磨了一下，做得不错，我也很满意，很高兴！”当宝宝出色地完成一件事后，妈妈可以来个“即兴采访”：“宝宝，你开不开心呀？高兴吗？你是不是很棒啊？”以此引导宝宝体察并表达自己的感受，强化对自己的肯定，从而增强自信心。

“画”日记

日记是自我认识、自我反思的好方法之一，宝宝还不会写字，妈妈不妨引导他“画”日记，把每天发生的宝宝记忆最深刻的事情画下来。持之以恒，一定会有所收获的。

做计划

一天、一周，或是一次郊游之前，妈妈可以和宝宝一起对当天、本周，或是郊游过程中要做些什么进行一个大致的计划。这样，有利于培养宝宝制订计划，并调整自我行为与活动的能力。

定目标

对于较长的时间段，父母可以引导宝宝制订一些力所能及的目标，并应思考为了完成这一目标，宝宝都需要做哪些努力，需要得到来自谁的什么样的帮助等。这些对发展宝宝的自知——自省智力非常有益。

7. 交往——交流智力

人生活在世界上，无论是学习还是工作，都需要与他人进行联系和交流。而每个人的这种交流活动能力有大有小、有强有弱，这种能力就是社会交往——交流智力。是否善于交往，通常对事业前程、社会地位、生活质量等有着不可低估的影响。

有人说，21 世纪的人才是“天才 + 机遇 + 勤奋 + 交际”。交往能促进宝宝思维能力的发展、语言能力的提高。今天的宝宝是 21 世纪的主人，担负着科学继续发展，社会继续前进的重任，所以培养宝宝的社会交往——交流智力迫在眉睫，也是宝宝将来“生存”于社会的基础。

❊什么是交往——交流智力

在智力中，交往——交流智力是一种用知识进行劳动、工作、生活、社会交往等的能力，这种能力是方方面面的活动都用得上的通用能力。

交往——交流智力主要是指与人相处和交往的能力，表现为觉察、体验他人情绪、情感和意图并据此作出适宜反应的能力。这种智力在教师、律师、推销员、公关人员、谈话节目主持人、管理者和政治家等人身上有比较突出的表现。

❊交往——交流智力的年龄特点

出生3个月的宝宝开始认生；出生6~24个月的宝宝认生现象更加突出，与爸爸、妈妈等最亲近的家人相处才有安全感，与父母分开则会产生焦虑情绪；出生24~36个月的宝宝接纳陌生人和陌生环境的意识与技能与之前相比较成熟了。

宝宝会逐步表现出各种亲社会行为，比如社会性微笑，对难过的小朋友进行关注和安慰，在父母的指导下提供一些帮助行为，能够与其他人分享自己喜欢的食物和玩具等。

人们之间的交往方式以身体语言为主。例如，用点头和双手的动作表示你好、谢谢、再见等，但也会用推、踢、打等方式表达自己的需求与不满，而造成小伙伴之间的误会与冲突。

宝宝与其他小朋友之间主要是以食物和玩具等发生交往关系，还不能形成友谊的关系。例如，宝宝有吸引其他小朋友的玩具或食物，或许会有很多的小朋友比较喜欢和他在一起玩；但是如果宝宝没有这些东西，就没有几个小朋友愿意和他在一起了。

先天的气质也会影响宝宝的人际交往倾向。容易型宝宝比较活泼外向；困难型和迟缓型宝宝比较安静内向；天生的依恋型影响宝宝与人交往的适应性和开放性；安全型宝

宝比回避型和反抗型宝宝能够更好地适应新的人际关系。父母需要根据宝宝的不同个性采取不同的培养方式。

❊交往——交流智力是宝宝心智健全的重要因素

智能是宝宝认识事物的能力。人是世界上最复杂的事物，所以交往——交流智力是宝宝最复杂的智能之一，它包括宝宝对自己和他人各种心理活动的体察与判断。例如，情绪、愿望、意图等，并以此决定采取适宜的方式与他人进行交往，最终获得相应的心智成长。因此，父母应重视宝宝与人交往的各种现象和问题，并根据宝宝的年龄特点和个性特点采取适宜的教育方法，帮助宝宝提升才气指数和人气指数。人际交往既是宝宝智慧之源泉，又是宝宝快乐之源泉。

❊培养宝宝的交往——交流智力

人的交往——交流智力是需要培养的，不是与生俱来的。交往——交流智力虽然受先天的气质、性格等遗传因素的影响，但环境和教育在交往——交流智力的培养中，起着关键性的作用。

人们常说"3 岁看到老"，可见婴幼儿期的教育培养对人的一生起着重要的作用。如果在婴幼儿期为宝宝创设优良的环境、提供机会，利用家庭、学校、社会中的一切有利因素，培养宝宝社会交往的能力，那将会让宝宝终身受益。那么，应如何培养宝宝良好的交往——交流智力呢?

鼓励宝宝多与人交往互动

交往——交流智力只能在人际交往中得到锻炼和发展，没有其他可替代的方法。但是真正的人际交往必须产生互动言语和互动行为，否则，宝宝的交往——交流智力就是"空中楼阁"，虽然很美好但却是虚幻不实的。宝宝生活在社会中，却没有与社会产生互动，最后宝宝的交往——交流智力像一粒在空中飞舞的种子，找不到发芽和成长的土壤。

父母可让宝宝玩"打电话"的游戏，让宝宝与父母或者与其他宝宝相互交往，互相谈谈"我喜欢吃什么""我今天看了什么动画片""爸爸妈妈教我认识了哪些新的字”等，从而激发宝宝与其他人进行交往的兴趣，并培养宝宝的语言表达智力。

爸爸是提升宝宝交往——交流智力的重要人物

爸爸是宝宝人际关系网中的重要人物；反之亦然，爸爸也要把宝宝看作是自己人际关系网中的重要人物，把与宝宝的互动交流纳入繁忙的生活日程安排之中，抽时间与宝宝一起运动、散步、说话、讲故事、做游戏等，充分发挥父亲在宝宝早期教养中的重要意义。

在与小朋友的冲突中发展交往——交流智力

父母都希望宝宝与小朋友和平相处，但实际上这是不可能的，而且冲突是宝宝发展交往——交流智力的重要时机。父母不要把冲突看成完全消极的现象，结果一出现问题就带着宝宝回避现场。

实际上，宝宝会在冲突中发现原来别的小朋友与自己的想法和做法不一样，他还特别希望别人与自己一致。因此，是自己适应别人，还是让别人适应自己，用什么办法达到相互适应，这些问题激活了宝宝的人际交往思维与技能，他所尝试的方法必然有不成熟之处，而这正是需要父母介入和帮助的时候。所以，父母应引导宝宝正视冲突，并积极地想办法分析和解决冲突，抓住宝宝交往——交流智力得到提升的“黄金时刻”。

做一些需要分享与合作才能玩起来的游戏

宝宝需要在实际情景和操作中学习交往——交流智力，抽象的说教和空洞的灌输不符合低龄宝宝的学习特点，所以父母应创设一些必须分享与合作才能玩起来的游戏，让宝宝在玩乐中获得真正的交往——交流智力。

例如，玩“捉迷藏”游戏，妈妈和宝宝轮流玩“躲”与“藏”的角色，以后有机会的时候，还可以邀请两个小朋友轮流玩这个游戏；还有玩“捉老鼠”游戏，妈妈和宝宝轮流当“老鼠”和“猫”，“老鼠”在前面跑，“猫”在后面追，妈妈为了培养宝宝的角色意识，可以在“老鼠”的身后塞一条“尾巴”，可以在“猫”的头上戴顶帽子当猫耳朵，以增添游戏的趣味性。

共同游戏与独自游戏相结合

不仅分享与合作等共同游戏可以锻炼宝宝的交往——交流智力，独自游戏也同样可以锻炼宝宝这方面的能力。因为交往——交流智力高的人通常会理解和尊重别人，不打扰别人的工作时间和私人空间，在适当的时候善于独处，这一点宝宝有时也可以做到。

平时宝宝自己开心玩的时候，妈妈可以远远地观察、欣赏；当妈妈忙着的时候，可以安排宝宝自己玩一会儿，这样的宝宝既能共处又能独处，通情达理，合作性好，是较高交往——交流智力的表现。

在交往过程中，给予宝宝正确的社会交往技能教育

给予宝宝正确的社会交往技能教育，能帮助宝宝克服自我中心，增进积极的自我意识和社会意识，形成良好的个性品质，同时也能满足宝宝与小伙伴相处的社会交往需要。这些技能主要包括礼貌、交谈、合作、助人等方面。

关爱他人

人际交往具有互惠性，单向的付出会造成另一方的依赖性，长久下去会导致他对人际行为的错误理解，甚至忽略自己在人际交往中应该承担的责任和义务，对于认识水平较低的宝宝来说更是如此。

因此，父母不但要关怀和照顾宝宝，也要引导宝宝关怀和照顾父母，可以让宝宝做一些力所能及的事情。比如去超市的时候，可以跟宝宝说妈妈累了，宝宝能不能帮帮妈妈，即使宝宝只拿一袋面包，也要及时地表扬宝宝会关爱他人了；有时可以让宝宝递一份报纸，摆摆拖鞋，给奶奶捶捶背，为爷爷拿眼镜，自己收拾玩具，照顾其他小朋友等。这些引导都对培养宝宝人际交往的角色意识有积极的意义。

尊重规则

宝宝在家里，常常以自我为中心，全家人围着他转，尽心尽力地满足他的合理或不合理的需要。而和小朋友在一起时，多少都会约束他的专横行为。宝宝应该学会明白以个人为中心，独占玩具，试图支配和控制别人，在小朋

友中是行不通的。宝宝必须学会尊重规则，学会与别人平等友好相处，才能被小朋友们所接纳。在与小朋友的交往中，宝宝学到很多社会技能，他学会了游戏与共同合作，学会了给予和接受，这有助于纠正宝宝任性自私的行为，也许在这个过程中，宝宝会受到委屈，但这些也是他所必须学习的。

学会分享

分享食物：让宝宝在“做”上学习与别人共享食物。比如，家中就剩下1个苹果了，可是家中有3口人，妈妈可以问宝宝：“该怎么分呢？”或许宝宝想自己吃这个苹果，这时，妈妈可以引导宝宝把苹果分成3部分，与父母分享。

分享玩具：每个宝宝都有自己喜欢的玩具，也都有让别的小朋友喜欢的玩具，这时可以跟别的妈妈商量，请她们家的宝宝各自带着玩具一起玩，让宝宝在玩中学会分享，学会“轮流、让一让、等一等”等友好交往的技能。

分享快乐：当宝宝生日或者是什么节日时，妈妈可以鼓励宝宝邀请小朋友来家中玩，一起庆祝，在让宝宝与小朋友分享快乐的同时，也培养了交往——交流智力。

3岁前宝宝智力开发的四大要点

对3岁前宝宝的智力进行开发是有很多学问的，父母可以在日常生活中创造性地通过各种方法去引导宝宝，也可以通过看书、看杂志来获取开发宝宝智力的方法。以下为广大父母朋友总结几点宝宝智力开发时应该注意的问题。

❊ 要正确理解智能的内涵

有很多父母认为聪明的宝宝从小就能多背几首唐诗、多认识几个汉字，所以强迫宝宝去背诗、识字，希望借此提高宝宝的智力。事实上父母们所认为的这些智力只是记忆力，是智力内涵的一种。

智力包括理解力、想象力、观察力、注意力和创造力。因此，开发宝宝的智力应从多方面入手。比如，让宝宝观察自己喜欢的小动物的生活习性和生长过程中出现的变化；让宝宝自己制作小模型；让宝宝自己重新装配被自己拆散的拼图或玩具等。

✲ 发展宝宝的动作

宝宝动作的发展与3岁前智力的发展有密切的关系。3岁前宝宝动作的发展过程是从大到小、从粗到细。如，宝宝刚开始拿东西的时候只能用整个手或手臂；待一段时间之后，宝宝就能够用大拇指和食指去拿非常细小的东西。宝宝的这种动作变化是和大脑皮层运动神经的发展相一致的。让宝宝经常拿取各种小东西，让宝宝去观察各种事物，不仅能够通过动作和活动去促进宝宝大脑神经的成熟，而且还能让宝宝在拿取物品的过程中明白各种事物的性质，如杯子里的水是烫的，铁是硬的，盐是咸的，不断增长宝宝的见识和经验。所以，父母不能过分限制宝宝的活动，应该对宝宝放手，让其随意去摸、爬、滚、打，只有在活动中才能够增长智力和见识。当然，在宝宝自由活动的时候，注意安全是第一位的。

✲ 要注意3岁前宝宝语言的发展

语言是智能发展的基础。父母要有意识地培养宝宝的语言能力。从宝宝一出生起，父母就要给宝宝讲故事，阅读优美的文章，不断地对宝宝说话。1岁前的宝宝虽然还不会说话，但是他们能够听懂别人的话。所以对1岁前的宝宝进行语言刺激对于其语言的发展同样是有利的。宝宝会说话的时候，父母还可以采取和宝宝谈心的方式逐步训练宝宝的语言能力。此外，父母还应该多给宝宝看一些生动有趣、图文并茂的书籍，以及一些优美的配乐诗、散文和故事的DVD等，让宝宝在愉快的学习中增长智力。父母和宝宝一起阅读，培养宝宝的语言能力，这样不但能够丰富宝宝的语言，同时对密切亲子之间的关系也是非常有利的。

✲ 不要以赏罚和物质报酬的方式去刺激宝宝智慧的发展

对新事物的好奇心和热情对于宝宝智慧的影响是十分重要的。不恰当的赏罚和物质报酬可能会降低宝宝对事物的好奇心和热情。倘若父母对宝宝的进步想给予鼓励，给宝宝买一些有利于满足其好奇心、自己能够看懂的书籍，是非常不错的方法，千万不能够对宝宝事先允诺给予多少的物质奖励，而应该让宝宝体会到自己好奇心的满足、不断地求知是一种快乐，是不需要任何的外在刺激的。

影响宝宝智力的因素有哪些

1. 父母的婚育时间

生育年龄女性以24~29岁期间为佳，男性则以30岁左右为优。“早生贵子”与“晚年得子”对宝宝的智力发育都是不利的。适龄父母在生育宝宝的过程中会有较为充沛的精力，这对提高宝宝的智力发育也是非常重要的。

2. 父母的文化水平

家庭是影响宝宝智力发育最重要的场所，父母的文化水平对宝宝体格、智能、心理等诸方面的发育均有潜移默化的影响。

父母受教育程度越高，宝宝的智商也会相应上升，所以“望子成龙”“望女成凤”的父母首先必须加强自身的修养。当然，并不能单凭受教育程度来判定父母的文化素质，只要自身努力，受教育程度低的人群中也不乏事业有成、育儿有方之辈。

3. 夫妻性生活质量

宝宝智商的高低与受孕时母亲有无性高潮有关。即女性达到性高潮时，血液中的氨基酸与糖分子等成分渗入生殖道，使进入阴道的精子存活时间延长、运动能力增强，同时还有利于提高精子的竞争能力，有利于强壮、优秀的精子与卵子结合，从而孕育出健康聪明的后代。所以，准备怀孕的夫妇应注意性生活质量，让女性进入性高潮时受孕。另外，有性高潮的女性往往心情愉悦，精神良好，这对生育健康聪明的宝宝也是非常重要的。

4. 遗传因素

遗传素质是智力发展的生物前提。智力发展的基础和自然条件就是要拥有良好的遗传素质。通常来说，如果父母的智商高，那么宝宝的智商就不会太低。遗传关系越密切，个体之间的智力就越相似。然而遗传只是为智力发展提供了可能性，若想使智力发展的可能性变成现实性，还需要社会、家庭与学校教育等诸多方面的共同配合。

5. 是否母乳喂养

母乳喂养对宝宝的健康有利，是其生长发育、健康聪明的源泉。母乳喂养的宝宝普遍智商较高，因此，提倡每位妈妈都要母乳哺育宝宝。

母乳是最佳的天然营养素。母乳中含有大量的免疫物质和多种促进宝宝智力发育的活性物质，特别是对智力发育有特殊作用的牛磺酸，不仅能增加脑细胞的数量，促进神经细胞的分化与成熟，还有助于神经节点的形成。

6. 宝宝的饮食状况

婴幼儿时期是宝宝身体、大脑发育的黄金时期，这时候如果缺乏营养，会对宝宝以后的发展造成很大的影响，所以一定要保证宝宝生长发育所需的一切营养。而饮食是宝宝摄取营养的主要途径，饮食不当也会对宝宝的智力造成一定的影响。不吃早餐的宝宝智力会受到影响，这是因为早餐是体内空腹一夜之后，包括大脑在内的全身各器官获得能量补充的第一餐，摄入的蛋白质、糖、维生素和微量元素等都是健脑的重要成分，利用率高于其他两餐。

父母要想宝宝智力发展得好，就应该在婴幼儿时期进行营养补充。下面介绍一些益智健脑的食物：

❶ 核桃仁：核桃性温、味甘，无毒，有健胃、补血、润肺、养神等功效。核桃仁具有相当高的营养价值，不仅含有钙、铁、磷等元素及锌、锰、铬等人体不可缺乏的矿物质，核桃仁中植物脂肪和蛋白质的含量也非常高。核桃中的磷脂，对脑神经有良好保健作用，所以核桃的益智作用很好，是强化记忆力和理解力的佳品。但核桃仁含油脂较多，不易消化，宝宝一般每天吃3~4颗大核桃仁就够了。

❷ 鱼类：鱼类中富含的如球蛋白、白蛋白、含磷的核蛋白，不饱和脂肪酸、铁、维生素 B_{12} 等成分，都是宝宝智力发育所不可缺少的营养素。

❸ 大枣：晚上给宝宝喝一碗红枣汤或吃一把鲜枣，可摄入大量维生素C、微量元素，还有安神益智的作用，能让晚上容易做梦的宝宝睡得踏实，增强入睡后的“潜在记忆”，

从而促进其智力良好发育。

4 蛋类：蛋类不仅是极好的蛋白质来源，而且蛋黄中的卵磷脂经吸收后释放出来的胆碱，能合成乙酰胆碱，乙酰胆碱能显著改善宝宝的记忆力。此外，蛋黄中铁、磷的含量较高，也有利于宝宝的脑发育，所以无论是鸡蛋、鸭蛋，还是鹅蛋，都提倡宝宝吃整个蛋。

5 龙眼肉：龙眼肉有养血安神、强心益智的功效，长期服用可增强宝宝的记忆力。但龙眼肉性温，多吃易引起湿热，无论是鲜龙眼还是龙眼干，一周最多吃 3 次，多食的话容易导致宝宝上火，出现大便干结等问题。

6 蜂蜜：蜂蜜含有多种益智成分，在早上服用效果最佳，调入温沸水服用，可以治疗宝宝便秘；也可以涂抹在面包片或馒头片上食用。

7 葡萄：葡萄是公认最佳的抗氧化剂之一，能补肝肾，益气强记，益智聪明，但宝宝每天的食用量最好不要太多，以免摄入太多糖类影响宝宝正常进食。

8 黑木耳：黑木耳可以净化血液，轻身强记。对喜欢吃肉、汉堡等高脂食物的婴幼儿来说，黑木耳释放出来的碱性物质可以吸附导致脑供血不足的脑动脉粥样斑块，使记忆力和思考力得到明显提高。

9 苹果：苹果含有能增强记忆力的苹果醇素。尽量不要让宝宝吃高温加工过的苹果脆片，以及调入大量稳定剂和口味调节剂的勾兑型苹果汁，要吃新鲜的苹果。现榨苹果汁最好连皮一起榨取，并最好是在 10 分钟内喝完，以防止苹果醇素氧化。

7. 宝宝的体重特征

如果宝宝的体重超过正常宝宝的20%，那么其视觉、听力、接受知识的能力就都会处于比较低的水平。这是由于肥胖儿过多的脂肪会进入脑内，从而妨碍神经细胞的发育和神经纤维的增长。另外，有不少宝宝骨瘦如柴，这对大脑的发育也同样不利，会影响智力的发育。这些宝宝中除了少部分是由于疾病因素所致，大多与挑食、厌食有关。现在多数独生子女家庭或多或少存在宠宝宝的现象，不少宝宝往往一日三餐不正常，零食不离嘴，营养不良在所难免。

8. 宝宝的生活环境

婴幼儿的生活环境，特别是家庭环境对其智力发展的影响较为深远。大多数父母认为，刚出生的宝宝是那样弱小娇嫩，受不得任何刺激，应该把他放在一个非常安静的居住环境中。其实，这样完全没有刺激的房间对婴幼儿来说没有任何的好处，单调的环境会导致婴幼儿产生不同程度的神经迟钝。

在日常生活中，如果经常被人抱、被人逗的宝宝，就会比一直躺着、没有人去搭理的宝宝聪明很多。因此，创造和谐、有序、丰富、充满爱的家庭环境对婴幼儿智力的开发十分重要。

9. 与父亲的接触机会

与母亲相比较，父爱对宝宝的智力影响更大。有较多机会与父亲接触的宝宝对外界刺激的敏感性、生活独立感和学习自信心具有优势。常与母亲在一起的宝宝对新奇事物兴趣更浓，社交能力更强，而与父亲打交道多的宝宝数学成绩较高。因此，做父亲的决不要将抚育宝宝的责任全部推给母亲，父亲、母亲在开发宝宝智力时担当同样重要的角色。宝宝无法获得父爱时，对其心灵、智力的打击是无法估量的。

10. 宝宝是否爱运动

宝宝出生后，会经历俯卧、抬头、翻身、坐、爬、站、走这样一个运动的发育过程。父母无不希望自家的宝宝早点会站、会走，成为一个活泼开朗的宝宝。

婴儿运动的每一步发育都是其中枢神经系统成熟的一个阶段，反过来又能促进中枢神经系统功能的进一步完善。站和走需要全身肌肉、关节的运动，需要有肢体的协调动作和身体重心的移动。因此，婴儿的站、行在促进大脑发育的同时，也会促进小脑的发育。另外，宝宝会站以后，视觉范围扩大了，可以看到室内的各种物体；在宝宝学会

走以后，可以看到的物体就更多了。此时，宝宝自己看一看，听一听，闻一闻，用手接触、摆弄，较多地刺激感觉器官，能充分改善宝宝脑细胞的数量和功能，促进宝宝智力发育。

11. 父母之间的血缘关系

父母血缘关系越远，宝宝智商越高，混血儿漂亮又聪明就是一个证明。当然，不同种族、民族之间的婚配也能生育聪明的宝宝。近亲婚配却是生育智障儿的祸根，“同村婚育”等就地取材式婚育观念也是不宜提倡的。

12. 孩子的早期教育

人的智力发展速度是不均衡的。如果早期获得的经验很多，那么其智力发展就会变得很迅速。因此，很多人把学龄前称为智力发展的一个关键时期。

宝宝从一出生就具备了各种学习能力，越早进行智力开发，他们就越聪明。如果母亲为宝宝做了他喜欢的事，宝宝就会微笑。宝宝通过向父母微笑来得到最好的照顾。这就是宝宝学习与其他人进行联系和交流的方式。

在睡眠中，宝宝的大脑皮层同样处于活跃状态，宝宝能辨别出在睡眠时听到的不同声音。而成人大脑的这一部分在睡眠时则不活跃。

13. 后天的主观努力

环境和教育的决定作用，只能机械、被动地影响能力的发展。如果没有主观努力和个人的勤奋，要想获得事业的成功和能力的发展是根本不可能的。世界上许多伟大的思想家、科学家和艺术家，不管他们从事哪方面的事业，他们都具有一个共同点，那就是对自己事业的痴心，能够长期坚持，刻苦努力，与困难作顽强的斗争。倘若没有这些，他们也都是平凡的人，既不可能取得成就，能力的提高也无从谈起。

14. 孩子与父母家人交流

当宝宝9～13个月大的时候，父母同宝宝的谈话方式会对他们今后的智力发展产生至关重要的作用，早期谈话能够提高宝宝日后的语言能力。

父母可以这样做：（1）在宝宝出生的最初几个月里，尽管宝宝不会回应，但也要不断地和他们说话。（2）尽量减弱能使宝宝分神的背景噪声。（3）根据宝宝的成长阶段，说些宝宝感兴趣的事情。（4）每天至少和宝宝说话半小时。

父母对宝宝智力的影响

1. 家庭情感氛围与宝宝智力发育有什么关系

宝宝有强烈的情感需要，情感上受到冷落的宝宝，不但动作发展缓慢，智力发育也比较迟缓。反观那些在慈爱、热情的父母关心下成长的宝宝，都较能健康快乐地生活。

一般而言，父母给予宝宝全方位的爱，为宝宝每一点滴的进步而高兴，提供适宜宝宝成长发育的玩具，耐心回答宝宝的问题，给宝宝讲故事，悉心照顾宝宝的饮食起居……这些都可以促进宝宝丰富的感情和敏锐的思维能力健康发展。

如果父母之间互敬互爱，给予宝宝以尊重，使宝宝从中获得自信，这种自信对宝宝的智力活动可以起很大的激励作用。反之，家庭不和、父母不关心或苛求宝宝，会使宝宝产生畏惧和焦虑心理，使他们缺乏安全感，从而大大压抑了他们的好奇心和探索精神，宝宝的智力发展就会受到阻碍。

2. 良好的教养方式有助宝宝智力发育

父母的教养方式对宝宝的情绪、行为、智力的发展具有深远的影响。良好的教养方式使宝宝自信而愉快，比较容易与别人交往，在集体中也比较容易受到尊重和欢迎。

所谓良好的教养方式，通常是指父母可以与宝宝分享彼此的想法和活动，对宝宝慈爱、信任、赞许和鼓励，而比较少表现出拘束和严厉。在这样的教养方式下，宝宝一般比较自尊、自主、自信、友善和独立，并且有较强烈的学习动机。

若父母的教养方式不当，宝宝在情绪上和行为上容易产生偏差，如情绪不稳定，活动过多，紧张及反抗等。不适当的教养方式是多方面的，例如，父母不关心宝宝，对宝宝表示拒绝及冷漠等。如果父母过分依顺宝宝，宝宝往往攻击性较强、粗心大意、固执；如果父母过分专制，宝宝的行为则倾向于礼貌、诚实、慎重、对权威较顺从，但依赖性较强。

父母的出发点都是为了宝宝可以健康成长，但不同的教养方式，效果则大大不一样。有些父母和蔼可亲，让宝宝在愉悦的气氛中发展自己的创造力；有些父母声色俱厉，宝宝总在恐惧的心理状态下畏畏缩缩地成长。

3. 父母过分严厉不利宝宝智力发育

过于严厉的家庭氛围减少了对宝宝的教育作用，对宝宝的智力发展不利。父母声色俱厉，通常给宝宝造成心理压力，容易使宝宝感到紧张。用压力迫使宝宝学习，不利于宝宝智力和创造力的发展。因为宝宝的心理发展还不成熟，他们容易受到情绪的干扰，高兴起来信心十足、手舞足蹈，受到挫折时愁眉苦脸、消极自卑。而父母劈头盖脸的责备，会使他们缺乏信心和勇气，长此以往，会打消他们自觉进行创造性尝试的积极性，从而影响宝宝学习的主动性。在那种父母动辄就给予严厉责骂的环境里，宝宝会变得谨小慎微、唯唯诺诺。害怕和恐惧的心理会阻塞他们智慧的源泉，封锁他们的头脑，这样培养出来的宝宝只能算是听话的模范，而不是充满创造能力的开拓者。

对宝宝过于严厉也不利于融洽父母与宝宝之间的亲密感情，尽管教导宝宝也是出于爱，但不恰当的方式只会让宝宝感到冷漠，从而与父母之间产生距离，使宝宝不愿意过多地亲近父母，他们会害怕父母，不敢向父母请教问题。

4. 父母过分溺爱与宝宝智力发育有关系吗

父母过分溺爱可以直接或间接地影响宝宝的智力发育，父母应多多注意。

❇ 过分溺爱影响宝宝的健康和生活自理能力的发展

宝宝在成长中缺乏父母的爱，会影响其智力发展；但若是父母爱得过分，变成了溺爱的话，也会影响宝宝智力的发育。例如，在饮食中，父母如果对宝宝过分照顾，好的东西任他吃，想吃什么就给什么，这会养成宝宝偏食的不良习惯；宝宝如果食用了过多的精细食物，不但会影响宝宝口腔、牙齿的发育，还会在“优越的条件下”出现维生素及其他营养素的缺乏。在日常生活中，冬天怕冻着，夏天怕晒着，出门怕摔着，和小朋友在一起玩怕受欺负等。

父母的这些表现，表面上看起来

是关心宝宝，实际上却限制了宝宝自理能力的发展，使宝宝总是对父母过分依赖，最终可能会一事无成。

❊过分溺爱影响宝宝的肢体活动能力和思维能力

什么事情都由父母包办代替，宝宝肢体的灵活性、协调性就难以得到发展，使宝宝变得懒惰及行动笨拙。要知道肢体活动由大脑指挥，同时肢体活动又可以刺激大脑的发育。凡事都由父母包办代替，宝宝的依赖性增加，头脑中根本不去想有什么事要做和如何去做，思维能力也不能得到很好的发展。

❊过分溺爱影响宝宝良好性格和气质的养成

溺爱，过分迁就，对宝宝提出的要求一味满足，毫无节制，会使宝宝变得任性、自私、态度粗暴、不尊重长辈、不爱护伙伴，一旦受到挫折或要求得不到满足的时候，宝宝就会大哭大闹或意志消沉。恶习养成后，他可能会采用其他相应的方法来满足自己的要求，以致造成大错。

❊过分溺爱影响宝宝的正常交往能力

在家庭中被过分溺爱的宝宝，不能广泛地接触同龄的小朋友，各种感知和适应能力的发展会受到限制。在与小朋友的交往中，会因缺乏正确处理相互关系的能力、缺乏耐性而受到其他小朋友的冷落和孤立，使宝宝变得孤独、自闭，社会适应能力差，甚至将来入学后还不能很好地适应学校生活。

5. 父母感情不和影响宝宝智力

宝宝接触机会最多、受影响最深的就是他的父母。如果父母感情不和，经常吵架，甚至家庭破裂，就会在宝宝幼小的心灵中留下难以磨灭的心理伤痕，对其性格的形成与发展以及正常心理的发育，都会产生不良影响。

首先，父母之间发生争吵，甚至大打出手时，往往会借宝宝发泄愤怒，宝宝就成了无辜的出气筒、受害者。由于父母之间怄气，宝宝还会遭到冷落，得不到应有的关心和爱护。家庭破裂导致父爱或母爱的缺乏，会使宝宝感到孤独、失落，性格也不能健康、全面地发展。

其次，对于父母的争吵甚至大打出手，宝宝往往会感到恐惧，不知如何是好，只能哇哇大哭。争吵缓解后，又会因为不知道应当依靠哪一方而无所适从。所有这些都会给宝宝无故增加烦恼，给其幼小的心灵蒙上阴影。

此外，假如父母双方长期不和，会给宝宝造成不良影响，使其也变得暴躁、冲动。同时，宝宝也会因为父母之间的不和而怨恨自己的家庭，对父母、对生活失去信心，对周围的人缺乏感情，自暴自弃。

6. 开发宝宝智力父母应怎么做

看到自己的宝宝健康成长，越来越聪明，这是父母们最自豪的事情。在宝宝成长和成熟的过程中，父母的作用是不可忽略的。宝宝智力的开发当然是越早越好，从宝宝出生之后就可以有意识地开发小宝宝的智力了。当然，早期开发宝宝的智力，不应揠苗助长，强行灌输书本上的东西。

父母的付出不一定造就一个爱因斯坦，但是对宝宝的智力发展却是至关重要的。

❶ 父母要以欣赏、欣慰、感恩的心态对待自己的宝宝，要始终如一地对自己的宝宝充满信心和希望。每个宝宝都是一个潜在的天才。每个宝宝都不同程度地拥有8种智力或9种智力。每个宝宝都有可能将其中的一种或几种智力发挥得淋漓尽致。

❷ 父母应该重新认识智力，及时转移开发宝宝智力的重心。传统的智力以言语——语言智力和逻辑——数理智力为核心，父母主要关注宝宝言语——语言智力和逻辑——数理智力的培养和发展。其实，智力是“在一定的社会文化背景下，个体用以解决自己面临的真正难题和生产及创造出社会所需的有效产品的能力。”父母应该及时地将开发宝宝智力的重心转移到培养和发展宝宝“解决实际问题的能力”和“生产及创造出社会需要的有效产品的能力”上，注重宝宝适应社会发展需要的素质的全面提升。

❸ 父母要与时俱进，不断学习，随时掌握各种“激活”宝宝智力的有效方法。智力是一种潜能，是人的中枢神经系统的潜在发展能力。父母可能会成为这种潜能的激活者，也有可能会在无知或无意中成为它的“终结者”。因此，激活宝宝的“潜能”，不仅需要父母的爱心，更需要父母的智慧和技巧。父母应该积极主动地学习，终身学习，不断汲取最新的科学的教育理念和教育方法，客观地观察宝宝，公正地评估宝宝，合理地引导宝宝，科学地“开发”宝宝……高效地激活宝宝的“潜能”，使宝宝的生命更加精彩。

4 父母不要盲目“跟风”，更不要生搬硬套。家教模式和方法没有最好的，只有最合适的。每个宝宝都是一个完整的生命体，都是一个独立的个体。每个宝宝的智力组成及结构都是独特的，有着与众不同的优势智力领域和弱势智力领域，其学习风格和学习方法也具有自己的个性化。父母要注重“因材施教”，根据自己宝宝的特点“有的放矢”。千万不能盲目“跟风”，看到别的父母怎么做自己也怎么做，这种生搬硬套的模式和方法可能适合别的家庭，适合别的宝宝，但是不一定适合你的家庭、你的宝宝。

5 父母要给宝宝创造一种鼓励“随意学习”的气氛。父母给宝宝营造一种鼓励的学习气氛，可以让宝宝放松身心，更好地吸收所学知识。

✲ 鼓励探索精神

宝宝是通过探索、体验新事物来学习这个世界的。即使他们躺在摇篮或小床上时，眼睛也瞪着外界的各种事物。他们好奇心极强，总愿触摸、玩弄、摩擦和口尝各种东西。父母要鼓励宝宝这么做，把玩具递给他们，让他们看和摸，和他们一起在地板上爬。

✲ 叫出东西的名称和特性

有位母亲用玩具帮助3岁大的儿子辨别颜色，她经常说“给我看红色的皮球”或“给我看绿色的篮球”。宝宝不会说“红”和“绿”两个词，但在1周岁以内就能懂得那两种颜色是不同的。父母需要说出某些东西的不同颜色、不同大小、不同形状来加强宝宝的理解力。

✲ 站起来欢呼

当宝宝第一次学会从杯子里喝水的时候，父母要大声叫“好极了”！每当宝宝学会做一件事时，父母的赞扬不仅表达了你的喜悦，而且还增强了宝宝中脑部分感情中心的前面皮层和扁桃状器官的联系。

宝宝 10 ~ 18 个月时，父母的夸奖会让他开心，他脑部就会释放出大量影响神经系统的化学物质，加强“网络”联系。相反，如果多次以漠不关心的态度来对待宝宝的新成绩，“网络”就得不到加强，宝宝也就不愿意再尝试新事物了。

❊色彩

色彩与宝宝智力的发展有着密切的关系。在色彩环境中成长的宝宝的智商要比在黑灰色环境中生活的宝宝智商高许多，而且想象力和创造力明显地也要好一些。

宝宝睡醒时，他会睁开眼睛到处看。因此，父母应该在房间里放置色彩鲜艳的图画、挂画等，挂图可放在床栏杆右侧距宝宝眼睛 20 厘米处让他观看，而且每隔 3~4 天换一幅挂图。父母可观察宝宝注视新挂图的时间，一般宝宝对新奇的东西注视时间比较长，对熟悉的图画注视的时间比较短。

✲形状

父母应把房间布置得有层次感、空间感，但不要显得很杂乱。除了日常的桌椅床铺、衣物杯盘之外，可以在宝宝房间里适当地悬挂一些晃动的彩色气球、吹塑球、小灯笼，能发出悦耳声音的彩色旋转玩具等。

✲音乐

较早地把宝宝带进声音的世界里，给新生宝宝一个有声响的环境，让其逐渐分辨出各种不同的声响，对于其认识世界和智力发育都是很有好处的。日常生活的各种声音，除了声音过大、带有刺激性的以外，都可以让宝宝聆听。

人的大脑在接受外界信息的时候，会遵循一个先入为主的原则。即先进入大脑的信息会占据主导，以后同类信息将会被筛选，甚至被排斥。所以，父母不要以为宝宝小，不懂得欣赏音乐的好坏，就随便选择音乐。可以选择一些欧洲的古典音乐，如莫扎特、勃拉姆斯、贝多芬、柴可夫斯基等的上乘作品；或者是中国优秀的古典乐曲，如《梁祝》《春江花月夜》《高山流水》等。应尽量选择那些悠扬、舒缓的作品。

✲交流

交流会使宝宝“更上一层楼”，告诉宝宝那是什么颜色，那个形状是什么可爱的动物，对着宝宝用眼神和言语表达感情，无疑对宝宝的语言和情商都是很好的熏陶。当宝宝看到这些画、玩具，看到妈妈的容颜，听到妈妈的声音，他会非常高兴，在美好的环境里健康聪明地成长。

Part 3

宝宝智力开发的重要环节——早教

早教是早期教育的简称，是根据宝宝生理和心理发展的特点以及敏感期的发展特点，而进行有针对性的指导和培养，为宝宝多元智能和健康人格的培养打下良好的基础。

“早教”在宝宝成长的过程中有着非常重要的意义，是成长过程中必需的一种来自心灵的重要营养素，父母需重视的是正确理解“早教”的真正含义，采取最合适的“早教”方式给予宝宝最适合的“早教”内容。

什么是早教

1. 走进早教天地

早教广义上是指从人出生到小学以前阶段的教育，狭义上主要是指从人出生到小学以前阶段的早期学习。一些国家出现提前开始学习读、写、算，提前开始正式教育的探讨和实验。但另有人主张早期教育应重在发展智力；还有人认为早期教育应向前延伸到出生以前的母亲怀孕期的胎教。

早期教育是全民终身教育的开端。目前，0 ~ 6 岁的早期教育主要依托父母和幼儿园来完成，而幼儿园主要接收 2.5 ~ 6 岁的宝宝，0 ~ 2.5 岁宝宝的教育工作是早期教育的薄弱环节，此年龄段的宝宝主要是以家庭内的教育为主。

近几年来，人们认识到婴幼儿存在巨大的学习潜能，因而竭力开发，深度挖掘。但在教育实践中又发现过度的、随意的、违反科学规律的开发，其结果适得其反。其实，任何事物的发生发展都有它的规律性，早期教育也一样受制于客观规律。违背宝宝身心发展和早期教育的规律，必然难以取得良好的效果。

❇ 早期教育受宝宝生理发展规律的制约

早期教育并不以教育者的主观意志为转移，没有宝宝生理发展为物质基础，教育是难以进行的。因此，应当根据婴幼儿的本性进行教育。

正常人个体的学习依赖于相应的生理发展水平。如果要求过早过高，从学习时间上看是不经济的，从学习效果上看也往往是低效的。

❇ 早期教育受宝宝心理发展规律的制约

个体心理发展的各个阶段受心理本身的发展规律所制约。宝宝的心理发展是一个由低级到高级、由量变到质变的连续不断的发展过程，不同的年龄阶段表现出一些不同的特征，每个人的发展存在着个体差异。在发展的每个阶段，婴幼儿都有观察世界和理解世界的独特方式。试图用远离婴幼儿思维样式，且其含义对婴幼儿来说有时枯燥无味的逻辑进行正式说明，肯定徒劳无益。

学习的实质是心理结构的构建过程。心理结构的构建是通过同化和顺应作用，将主体新获得的经验和其已有经验结构相整合而实现的。所以，想进行有效的学习，学习者原有的心理结构中必须具备适当的知识、技能和一定的学习动机，否则，新的心理结构就难以确立。

因此，学习必须依赖于个体心理发展的已有水平和原有的心理结构。早期教育必须适应个体心理发展的客观规律，遵从循序渐进的原则去促进宝宝的身心发展。

❇ 早期教育受教育过程规律的制约

教育过程是宝宝在教育者的主导作用下，积极主动地将外部教育影响内化为自身的身心素质的过程。内化与否，最主要是取决于宝宝自身的主动性与积极性，即内因。宝宝的学习活动应该以宝宝为主体，充分发挥宝宝的主体性。维果茨基认为：人的心理是在活动中发展起来的，是各种活动、社会性相互作用不断内化的结果。宝宝的知识、思想、态度、价值观等都是在与他人的交往中发展起来的。教育过程如果不注意通过宝宝的活动来进行，其效果必然大受影响。

2. 早教的最佳时间指什么

人一生中脑部发展有重要黄金期，同时也深刻影响着宝宝未来智力潜能的发展。如何把握这段黄金期，施予婴幼儿科学合理的早期教育，对宝宝一生的影响是非常重要的。

人一生发展的最重要时期是婴幼儿时期。接受过早期教育的宝宝比未接受早期教育的宝宝智商高。婴幼儿的大脑将使用相当于成年人 2 倍的能量，宝宝在这个阶段学到的东西比生命中其他任何阶段都要多。

早教不仅能促进婴幼儿早期智力开发，更能促进宝宝身心全面健康成长。和谐发展的教育包括大动作、精细动作、语言、认知、情绪与社会适应能力等方面的刺激、锻炼和养成。

父母要认清早期教育存在的认识误区。开发智力，挖掘宝宝的潜能，并不是简单地教宝宝通过认字学知识，其实适合宝宝的亲子活动和游戏对开发宝宝的智力和潜能至关重要。通过实施科学系统的早期教育课程，能充分开发宝宝的潜能，帮助他们成长为快乐自信、乐于分享、懂得感恩、适应社会的健康宝宝。

早期教育之所以能造就人才，关键在于它能激发婴幼儿的潜在能力。然而潜在能力是遵循着一种递减规律的。比如生下来具有潜在能力的婴幼儿，如果一出生就对其进行理想的教育，就可以成为具有 100 分能力的人；若从 5 岁开始教育，即使是理想的教育，也只能成为具有 80 分能力的人；若从 10 岁开始教育，就只能成为具有60分能力的人。也就是说，教育要越早越好，早期教育实施得越晚，宝宝生下来所具有的潜在能力发挥出来的比例就越低。接受早期教育的宝宝，比不接受早期教育的宝宝更聪明、更健康，日后的成长也更快乐。

3. 父母是宝宝的第一任老师

父母是宝宝的第一任老师，其言传身教会在宝宝身上起到潜移默化的作用，影响宝宝的一生。即使上了幼儿园，只要不是全托，宝宝还是在家里的时间长。所以，对宝宝的早期教育，更多地应该在家庭中进行。有许多父母希望宝宝得到早期教育，但又不知道早期教育该如何下手。

宝宝对生活中的所有事情充满了好奇，想摸摸、看看，父母可顺应宝宝这一心理，多鼓励宝宝尝试，让宝宝产生足够的自信心，遇到困难也不退缩。这有利于使宝宝形成勇敢、坚强、自信、开朗的意志品质。这种品质是与人的自信心和自觉克服恐惧心理的能力结合在一起的，必须从小开始培养。

在宝宝探索的过程中，宝宝很可能在某方面做得不好，父母不要随便指责、嘲笑、挖苦和恐吓宝宝，而是应教给宝宝相应的知识技能和恰当的方法，以免宝宝形成遇事胆小畏缩的心理。

父母还可借助亲子游戏活动，让宝宝学会善始善终，进而增强宝宝的自我控制能力，为日后的成长打下良好的基础。

父母对宝宝的智能开发，可从心灵教育开始。比如，对宝宝的爱抚、宝宝和母亲之间的视线、肢体交流，是对宝宝大脑神经的有益刺激。父母可对宝宝进行感觉刺激训练，开发宝宝的左右脑；做身体触摸，促进父母与婴儿的情感交流、增加胃肠激素的分泌、促进血液循环，利于宝宝发育；父母可对婴儿进行逗笑训练、音乐训练、体能训练、感觉统合训练；稍大一点的宝宝，可进行运动训练；语言训练包括英语训练、绘画训练、早期阅读训练，培养宝宝的人际交往能力及各种知识技能。

重视幼儿的早期教育是一个世界性的趋势，而且正走向家庭化和社会化。培育宝宝不仅仅是要把他养大，要给他提供多么丰富的物质条件，关键是教会他如何做人，做一个什么样的人。父母应意识到的是，他们不仅仅是宝宝的衣食父母，更是宝宝行为规范的启蒙老师。早期教育的主要内容是父母育儿观念的转变，而不是强行给幼儿大量的刺激和灌输，“拔苗助长”；早期教育的主要形式是父母与幼儿互动互进式的，而不是父母与幼儿单向促进式的。这才能保证宝宝身心健康、快乐地成长。

要根据宝宝的特点进行早教

1. 宝宝的生理心理特点

宝宝的身心发展是有先后次序的，早期教育必须在适宜的生理成熟度的基础上进行适时的训练，才能取得良好的效果。过早和过晚不仅达不到预期的效果，还会对宝宝造成一定的伤害。因此，父母应该了解一下宝宝的生理心理特征。

婴儿期是学前期以前的一个阶段，又叫做先学前期。这一时期是在前一时期所获得的成就的基础上发展起来的。通过前一时期的发展，宝宝开始能够初步地独立活动，能理解和运用最简单的言语。在这些成就的基础上，环境和教育就有可能向宝宝提出新的要求，要求宝宝自由地独立行走，操纵物体，进行言语交际，并且初步理解周围事物。当这些新的要求变成宝宝的需要并且跟宝宝已有的发展水平发生矛盾的时候，就推动宝宝心理向新的、更高的水平发展。这样，宝宝生活范围逐步扩大了，活动能力也日益提高了，独立性开始有了明显的表现，因而从本质上改变着宝宝和周围事物的关系。

在婴儿期内，宝宝的心理发展有了极其重大的变化。

1 在这个时期内，宝宝学会了

随意地独立行走，这就扩大了他的生活范围，手的动作也有了相当的发展，因而可以准确地玩弄和操纵他所熟悉的物体。

2 在这一时期内，宝宝的言语在迅速地发展着。他不但能理解成人的言语，也能够运用语言跟成人进行交际。词的概括作用和对行为的调节作用（遵从成人的指示），也初步地发展起来。

3 由于动作和言语的发展，宝宝开始出现最初的游戏活动，同时有可能开始进行最简单的模拟活动和自我服务性的劳动。这在宝宝心理发展上有重大的影响。

4 在宝宝最初的独立活动中，宝宝的心理有了进一步的发展。在摆弄物体和初步游戏及其他活动的过程中，宝宝能更好地知觉和理解事物，特别是在言语的帮助下，宝宝能对事物的性质进行最初步的综合和概括，从而加深对于物体和现象的认识。但同时由于他的经验还比较贫乏，言语能力还较差，因而各种心理活动都带有明显的直觉行动性。这就是说，各种心理活动总是受他当前直接感知的事物和实际活动所制约。认识的抽象概括性和计划预见性还很差，注意和情绪也都很不稳定。教育的任务，就是依据我国教育的要求和宝宝的实际情况，逐步引导宝宝心理向更高的水平发展。

2. 为什么要对宝宝进行早教

每个宝宝都是不同的。父母要做的是：了解宝宝的特点，理解他，创造适合他成长的环境。但是很多父母缺乏对宝宝的正确理解和认识，用社会上统一的“成才标准”去要求宝宝，结果不但不利于宝宝成长，还可能埋没原本很聪明的宝宝。所以父母身为宝宝的第一任教师，应该时刻关注宝宝每个阶段的特点，并根据这些特点进行智力开发。

✻ 不同年龄阶段的婴幼儿早教的特点

不同年龄、不同个体的宝宝早期教育的重点不同，而不同年龄阶段的婴幼儿早期教育特点也是不相同的。

早期教育就是如何培养身心健康的宝宝。在早期教育中最重要的是 0 ~ 3 岁，这是人生的第一步，中国有句古话叫“三岁看大”，可见 0 ~ 3 岁这个阶段是很重要的。这期间宝宝个性的各个方面都已经有明显的表现，他的智力、性格、兴趣爱好、对人对事的一些态度都有所表现，所以要重视第一阶段的培养。

宝宝一出生，父母就要给他 3 种“食粮”：第一种是物质食粮，即宝宝的营养保健。这方面父母一般都比较重视，但是怎么科学喂养需要父母去学习、实施。第二种就是爸爸妈妈要全身心地爱自己的宝宝，给予他情感的食粮，要进行呵护和照料，对宝宝的各种需求要及时地去满足，让宝宝感受到爸爸妈妈是喜欢他的，这样他就会产生心理上的安全感。因为宝宝很小，各方面都需要大人的照料，能得到这一切他就能形成和父母之间的依恋感。第三种就是信息，要让宝宝多看、多听、多做各种游戏活动，这样就可以让他早些开窍。这个信息包括语言信息和各种感性信息。

这三种“食粮”都是非常重要的，是缺一不可的。关于第一种营养食粮主要依赖于爸爸妈妈多多学习。关于情感食粮方面，最理想的是爸爸妈妈自己带宝宝，现在不可能都做全职妈妈，但下班后晚上一定要自己带宝宝，就是要做到让宝宝和妈妈亲。所以婴幼儿期的宝宝最好不要离开妈妈，不要全部交给老人或者保姆带，这对宝宝的心理发展是不太好的，因为宝宝和父母之间的这份亲情是他心理十分重要的内在因素。所以父母要跟宝宝亲，要喜欢宝宝。父母还

要保证家里有丰富的信息食粮，要多带宝宝进行户外活动，多听、多看，多给他讲故事，多和他一起玩。在这个过程中培养宝宝活泼开朗的性格，鼓励宝宝多和小朋友进行交往。所以3岁前要做到让宝宝开心、开口、开窍。

经过3年的发展宝宝已经长大了，已经能跑、能走，动作发展已经很好了，好奇心和求知欲得到了进一步的提高，这时候他开始进入以游戏为主的发展时期。在这个发展过程中，他的大脑进一步成熟，可以开始认字、学儿歌、学计算、学剪纸、学唱歌跳舞，学各种体育活动，还有的宝宝在中班后学习棋类等。第二阶段是宝宝想象力发展的阶段，宝宝会特别活跃，做许多有趣的活动，喜欢听故事、讲故事，编儿歌、猜字谜等，也就是说他进入了一个智力发展非常快的阶段，也是性格发展很关键的时期。在第二阶段要培养宝宝良好的生活习惯、行为习惯、卫生习惯，喜欢动脑、动手的习惯，培养宝宝生活上的独立性，学会自己吃饭，自己穿衣，自己洗脸刷牙，自己整理玩具，也就是提高他自主、独立的能力。要培养宝宝的爱心和同情心，教育他们爱爸爸妈妈、爱小朋友和老师，与小朋友更好地相处。而这一切都需要父母的关心。早期教育的内容很丰富，也很复杂，需要爸爸妈妈认真地学，努力地做。

✿ 早教要分阶段进行

第一个阶段是0～2岁的教育

这个时期是宝宝辨认生熟人的关键时期，其辨认人的主要部位是脸部。经常与宝宝接触的面孔，他就会越来越熟悉。宝宝已具备了从面部上辨认五官细微差别的能力。因此，父母可以经常给宝宝看一些简单的图形、字形和简单的物体，如小玩具、小用品等，同样能收到辨认的效果。

父母可以一边清楚地发音，一边指给宝宝辨认的对象，这样反复训练，宝宝就能根据大人说出的单词，去寻找相应的“物”。父母应遵循先用差别大的再逐渐用差别小的、先简单后复杂的规律，逐步培养宝宝的记忆能力和辨别能力。这个时期也是培养宝宝良好生活习惯的关键时期。

第二个阶段是2～3岁的教育

这个时期是宝宝学习和掌握口头语言的关键时期。随着宝宝学会行走，活动范围扩大，所见所闻增多，一般家常语言难以表达他们的心理活动。这一时期，宝宝特别容易吸收外部的语言，父母应抓住这个时期，开拓他们的视野，传教准确的语言。

这个时期，宝宝的心理活动活跃，他们有扩大活动范围、接触新鲜事物和增加活动内容的强烈愿望。父母应根据宝宝的特点，有意识地让宝宝多参与同龄人的游戏和其他有益的活动，引导宝宝多观察多思考，不失时机地培养宝宝的口头表达能力。这一时期，宝宝的模仿能力也很强，父母可以适时地教给其一些简单的操作，如系鞋带、拿笔写字等。同时，还可以培养和发展宝宝的兴趣和爱好。在培养宝宝良好生活习惯的过程中，父母应该开始对其道德品质的培养。

3. 父母早教开发宝宝智力的方法有哪些

✲早教方法3原则

首先，让宝宝对自己的身体感到自信。

对身体自信的前提是，要让感觉器官、大脑和运动系统充分地发展并达到协调。这是宝宝一生之中万事之初的重中之重，是所有其他方面得以发展的前提和保证。

要做到这一点，就要让宝宝充分感觉和探索他周围的真实世界，多感受、多探索、多运动、多做游戏——用嘴、用手、用身体的各个部位去体验，多玩、多爬、多跑跳等。如果这个阶段宝宝的时间被用于在父母的引导下学习或是坐在屋子里看书、看电视，他将失去这个宝贵的发展机会，今后弥补起来不仅耗费时间精力，也是非常困难的。

人的感觉里，除了众所周知的触觉、听觉、视觉、味觉、嗅觉等5种感觉之外，还包括：平衡感、生命感、运动感、温暖感、语言感和思想感等。这些感觉是相互作用的，只有当各种感觉都得到充分的发展，宝宝才能进入到复杂的、更高级的思维水平上，才会逐渐具备思考能力、洞察力、自我意识等高层次的能力。

其次，宝宝的发展需要时间，不要拔苗助长。

宝宝的发展，不管是身体上的发育，还是语言、认知、社会行为等方面的发展，都需要时间。比如0~4岁宝宝的身体和大动作的发育，每个月龄都会有不同的发展阶段，尽管每个宝宝不完全一样，但是，都会有一个大致的发展时间表，而不是像用化肥催熟蔬菜一样可以一蹴而就的。

宝宝的其他方面也是一样，再比如认知的发展，宝宝在抽象学习之前，一定要具备大量的对真实世界的直接经验，他才能理解并把抽象符号和实际事物联系到一起，否则，宝宝今后的学习就只是填鸭，毫无乐趣可言。

父母能够做的，是为宝宝提供他真正需要的环境。从硬件上说，这个环境应该是尽可能真实美好的，而不是被书本、电视和抽象符号等充斥的；从软件上说，这个环境应该是安全的、充满爱的、有规则的、尊重的、鼓励的和帮助的氛围，而不是强迫的、生硬的、威胁的、训斥的甚至打骂的，更不能让宝宝做超越自身发展的事情（即使这件事从外表看来是被我们设计成让宝宝感到快乐的）。同时，我们也要尽可能做到保护宝宝在自然发展中表现出的好奇心、探索精神、想象力和求知欲望等。

最后，让宝宝具备健全的心理，具备人际交往的自信。

人类是社会性的动物。宝宝在逐渐成长的过程中，会发自内心地想和其他小伙伴一起玩。如果宝宝没

有建立起正常的心理状态和人际交往的自信，他将在社会性交往中不断受挫，这会直接影响宝宝今后的人生状态。现在的社会，非常强调沟通和团队合作，所以，良好的沟通能力、心理素质和人际交往能力，比知识的学习更加重要。

健全心理的基础，是父母与宝宝建立良好的亲子关系，让宝宝充分感觉到爱、安全感、尊重和自由。长期受压抑、紧张或是被冷漠的宝宝，心理会发生扭曲。作为父母，需要学习和了解宝宝心理的特性，理解宝宝各个时期的行为和表现。

宝宝的人际交往能力，也同样是需要时间去学习和掌握的，宝宝要通过属于自己的游戏和活动来学习，而不是父母灌输给他。此外，在宝宝的学习中，需要向成人模仿，所以，我们对待宝宝的方式，也将是宝宝对待其他人的方式。父母如果希望宝宝人际交往能力强，自己首先需要自我完善和成长。

宝宝的人际交往的自信，还来自宝宝在和别人交流方面的经验，其中语言能力是最核心的。此外，还有交流的技巧、倾听能力、身体语言、情绪的表达等。宝宝最好的老师就是父母，父母平时要多和宝宝进行有效的沟通，这种沟通应该是平等的，而不是命令或强迫的方式。

❋早教注意“五心”

家庭是宝宝的第一所学校，父母是宝宝的第一任老师。父母如何当好老师呢？古今中外已有许多成功的父母做了回答，概括而论是因为他们都具有爱心、信心、细心、耐心和恒心。婴幼儿素质教育是人生的启蒙教育，它将对宝宝的一生产生深远的影响。婴幼儿素质教育离不开父母的爱心、信心、细心、耐心和恒心，这“五心”是父母送给宝宝的最好礼物。

爱心是实施婴幼儿素质教育的基础

父母对宝宝的爱有两种，一种是严爱、关爱；一种是溺爱、宠爱。第一种爱有助于宝宝成才，第二种爱会阻碍宝宝的发展。

父母只有给宝宝温情和关怀，才能关心宝宝的成长和发展，从宝宝出生的那一刻就开始早期教育而不能放任自流；父母只有爱宝宝，才能够激发起信心、耐心、细心以及恒心等去克服教育中的种种困难，使教育见成效；父母只有爱宝宝，才能够使宝宝产生安全感、信任感，进而和父母保持良好的情感交流关系，更愿意接受教育；父母只有爱宝宝，才能在教育的过程从宝宝的角度去考虑教学方案，使教育顺其自然，不违背其成长规律；父母爱宝宝，才会不断地修身养性，补充完善自己，做名副其实的师长。而如果父母不爱宝宝，或溺爱、宠爱宝宝，就会忽视宝宝的早期教育，贻害宝宝的一生。

信心是父母实施婴幼儿素质教育的力量

信心可以转化为内心的能量，促使信念的实现。有的父母看到宝宝某方面比别的宝宝差一点，就对他失去了信心，认为他不是某方面的材料，不愿意再对宝宝进行早期教育，任其自己发展。事实上，宝宝智力的 30% 来自于遗传，而 70% 是来自后天的教育和环境。

即便是一个普通的宝宝，只要早期教育得法，也能成为一个不平凡的人。德国教育家卡尔 · 威特的宝宝小威特，先天不足，婴儿期间显得痴呆，可老威特没有放弃，他相信“人的才能主要取决于后天的教育”，坚持对小威特进行早期教育，结果小威特智力超群，5 岁掌握词汇 3 万多，10 岁上大学，14 岁获哲学博士。

细心决定婴幼儿素质教育的质量

婴幼儿素质教育是一种系统化的工程，它包括智力开发、科学喂养、体质锻炼、心理素质和性格培养、美德熏陶等。它寓教育于生活中，养教结合；寓教育于游戏中，教在有心，学在无意。它是个性化的教育，其教育必须符合宝宝的身心发展规律，符合宝宝的个性。

婴幼儿素质教育的这些特点要求父母在教育宝宝的过程中要细心。细心关注宝宝生活中的点点滴滴，及时抓住机会对宝宝进行教育；细心关注宝宝的行为举止，了解宝宝具备的潜能和特点，要因材施教；细心观察宝宝各方面的发展是不是平衡，针对宝宝的不足要强化训练，从而培养和造就出完美的人才。只有细心关注宝宝的日常生活行为，及时发现不良的行为并进行纠正，才能够提高教学的质量。

婴幼儿的发育速度快慢不同，个性也不同，每个宝宝都是独特的，和其他的宝宝都是不同的，因此父母教育宝宝的时候必须要细心，倘若粗心大意，盲目施教，势必会收效甚微，甚至揠苗助长，伤害宝宝。

耐心是使婴幼儿素质教育得以持续的保证

婴幼儿素质教育是启蒙教育，由于他们的生理和心理都没有发育成熟，教育又以启蒙为主，即以开慧、健体、习性、养德为主，因此宝宝对教育的反应可能并不及时，教学的效果也不会立竿见影。如教宝宝识物的时候，要多次指认才会知道；教宝宝学说话的时候，要反复地诱导才会说。宝宝早期教育形成的智力优势、良好的心理素质和个性都需要一段比较长的时间才会显现出来。

有的父母在教育开始时热情比较高，但是几次之后如果发现宝宝没有反应或见效很小，就会失去耐心，放弃教育。婴幼儿时期是人生的关键时期，宝宝的智力发展迅速，心理素质和性格逐渐形成，这时的教育受益终身，错过这个时机将无处可寻。

恒心决定婴幼儿素质教育成效的大小

婴幼儿素质教育是基础教育，它的目的是开发智力、强壮体魄、培养良好的心理素质和性格、美德，运用的手段是环境熏陶、潜移默化等，寓教育于抚养宝宝的整个过程中，因此教育的时间很长。如开发智力需要千百次各种各样游戏活动的磨炼；习性的培养需要良好的行为举止的日积月累；品德的培养需要无数寓情、寓理、寓美的艺术活动的熏陶。这些教育项目的训练都是需要恒心才能完成的。如果是半道施教或半途而废都会影响教学的效果。

早教注意把握机会

学前期是人类智能发展阶段中的关键时期。这个时期宝宝的好奇心很强，求知欲也非常浓厚，什么事情都喜欢打破沙锅问到底，对任何事物都十分敏感。假如父母能够把握好机会，实施符合宝宝年龄特点的教育，就能促进他的智能发展，奠定良好的学习基础。德国著名诗人歌德在很小的时候，他的母亲就开始每天给他讲故事，而且往往是在关键的时候突然停住，让歌德自己去想接下来的情节；等到第二天讲故事之前就会先问他是怎么想的，待他说完之后，再继续讲完故事，歌德的想象力就是这样一步步被培养起来的。

宝宝出生后，如果缺乏适当的学习机会，学习能力就会随年龄的增加而衰退，达不到他本来应有的智能水准。

宝宝智能迅速发展和同时期大脑的发展有着非常重要的关系。宝宝的大脑已发展到接近成熟，为学前教育和智能的迅速发展提供了生理上的基础和可能性。这时学前教育如能提供丰富、复杂多变的环境刺激，可以促进大脑皮质细胞体积增大，细胞之间的联系也随之增多。因此，早期教育的得当与否，直接影响到宝宝潜能的发展，值得父母重视。

父母在辅导宝宝时，要考虑到学龄前宝宝的特点。宝宝除了有好奇心和求知欲以外，其身心也正处在发展非常迅速的时期。所以，宝宝学习的反应也带有很大的不稳定和随意性，在辅导宝宝学习时要诱导、启发其求知欲和好奇心，不要强迫给宝宝灌输知识。所有的学习活动应和宝宝的生活、游戏连接，应特别注意活动的趣味性。具体的方法不妨从以下几方面入手：

正确地组织和指导游戏活动，从游戏中发展宝宝的聪明才智

游戏是宝宝最主要的学习活动，也是促进宝宝心理发展的最好活动方式。宝宝的游戏种类有很多。创造性游戏：平面和立体的造型、拼贴、压印等绘画活动；看图编故事、玩木偶、故事接龙；自唱自演，随音乐自由创作。感觉运动游戏：可安排走、跑、跳、爬、推拉、跳绳、拍球等涉及大肌肉活动的游戏；可以安排剪贴、玩黏土等涉及小肌肉活动的游戏；也可以进行视、听、触、嗅等游戏；模仿家庭角色或社会上的人物，玩扮家家酒等。宝宝由于知识经验少，独立活动的能力较弱。因此，在游戏时父母就应尽可能给予引导协助。

要循循善诱，启发宝宝求知、探索的精神

宝宝的知识经验缺乏，智能正在发展，当他们接触到复杂的社会和自然时，处处感到新鲜、好奇、疑惑，他们有强烈的求知欲，头脑中藏有许许多多的“为什么”，这是智慧的火花，创造力的萌芽。父母要把握这个大好的学习机会，循循善诱，启发宝宝进一步探索，以培养其积极主动的学习意愿。

编述故事，用故事来扩大宝宝的知识领域

一般来说，故事有内容、有情节、形象生动，宝宝都非常喜欢，也容易接受。好的故事不但能扩大宝宝的知识面，而且能使宝宝的智能得到更好的发展。父母在编述故事时，应考虑到宝宝身心的特点，将一般知识融入故事中；讲述时，要有感情，把故事中人物的喜、怒、哀、乐等情绪表现出来，反映在脸上，语言明白生动、通俗，避免用成人的语言。另外，在故事中可穿插一些问题来启发宝宝的思考，有时候也可用亲子接力的方式讲故事。

开拓宝宝生活领域，培养广泛兴趣

经常带宝宝接触大自然、社会中的种种事物，让宝宝有机会去各处游览，去博物馆、科学馆、动物园、公园、名胜古迹，让宝宝体会世界的大，事物的多，也让宝宝从参观中扩充见闻，以激发其学习的兴趣。在参观前后和宝宝一起讨论，搜集整理资料，都是一种很好的学习方法。

父母的良好示范作用，会让宝宝耳濡目染，继而模仿学习

宝宝的模仿能力很强，父母又是宝宝最亲近的人，一举一动、一言一行都

是宝宝模仿的目标。有怎样的父母就有怎样的宝宝，“宝宝是父母的缩影”这句话一点也不错；父母应该重视这种潜移默化的作用，把自己的好习惯、学习精神、创造开放的态度，在不知不觉中传给宝宝，以产生良好的认同作用。

✲ 对非智力因素的早期培养

人的学习和成长过程中，非智力因素起着决定性的作用。现在世界各国都非常重视婴幼儿的早期教育。在我国也有很多父母，特别是独生子女的父母都是望子成龙、望女成凤。为了让宝宝在未来的社会中立于不败之地，父母们都不惜花费大量的钱财对宝宝进行智力投资：买昂贵的电脑、钢琴，请家教等；不管宝宝的意愿和兴趣，令其琴棋书画无所不练；等到宝宝稍微大一点之后又开始进入了复杂的思维训练。非常遗憾的是，许多父母对早期教育没有一个正确的认识，把早教当成一个单纯的智力开发。其实这种观念既不全面，也不正确，这种观念完全忽视了对婴幼儿非智力因素的早期培养。

心理学上将聪明才智或学习能力称为智力因素，它包括感知、记忆、思维、想象等；将学习动机、兴趣、意志、情感与个性中的性格称之为非智力因素。人的学习和成才过程，是一个智力与非智力相互影响的过程。

在智慧活动中，人的智力因素要想发挥出最大的效能，就必须要有优良的非智力因素积极参与。优良的非智力因素对智力开发有积极的作用；而缺乏优良非智力因素的人，其智力是不可能充分开发出来的。精力充沛、情绪稳定、独立、有进取心、能积极探索周围世界的婴幼儿，其智商增长较快；稍大一些婴幼儿的智商增长与强烈的成就动机关系密切。

当然，我们并不否认智力开发的重要性，因为非智力因素不能代替智力因素的各种基本功能，不论多么优良的非智力因素也不能使白痴变成科学家。

婴幼儿时期是培养非智力因素的重要时期。良好的非智力因素的形成，将促进婴幼儿的智力开发，并使其一生受益无穷。因此，在婴幼儿期间要给予宝宝正确的教育，在智力开发的同时也要重视非智力因素的培养。关于要培养哪些良好的非智力因素以及如何培养，主要要注意以下几个方面。

自信心的培养

有位名人说："自信是成功的一半。"一个人只要有成功的信心，就能把全部热情、精力集中到所追求的目标上。父母的积极评价，对宝宝自信心的形成非常重要。当宝宝完成某件事并取得成功时，父母应给予积极评价，如爱抚、鼓励、点头、微笑、表扬等，这样做能激起宝宝继续上进的愿望。当宝宝做了错事，应冷静分析，合理批评，不可讽刺、挖苦、谩骂，挫伤宝宝的自信心。

成功体验与好胜心的培养

好胜心属于敢于竞争，欲求取胜的向上的心理品质。父母应经常引发宝宝的好胜心。比如，组织各种类型的游戏比赛，鼓励宝宝敢于竞争，争取优胜成绩，使他们体验到成功的快乐和满足。如果失败了，父母也应说："只要自己尽了最大努力，失败没关系。"

好奇心和求知欲的培养

宝宝的学习往往受兴趣的支配，如果有了强烈的好奇心和求知欲，宝宝就能较早地表现出对知识的渴求。因此，父母应正确引导宝宝去观察、思考，让他们亲自看看、听听、闻闻、尝尝、摸摸。父母在节假日可带宝宝去看电影、听音乐会、参观博物馆或名胜古迹、旅游等，增加他们的见识，多提供动脑、动手的机会。

独立性的培养

独立性强的人，在工作、学习和生活中，有自己独特的见解和首创精神。

父母应要求宝宝自己的事情自己干，如自己穿脱衣服，整理床铺玩具，自己吃饭、漱洗或让他们干些力所能及的家务等。有些事可征求宝宝的意见或让他们决定，不能事事包办代替。这样，宝宝才有施展自己才能的机会。同时父母应注意引导宝宝不任性固执，听取别人合理的建议。

“苦”的体验与坚持性的培养

世界上一切杰出的人物都是有坚强毅力的，都是长期坚持不懈与困难作斗争的。良好的坚持性，必须通过痛苦的历程。父母、老师应适时地给宝宝设置有一定难度的任务，让他们独立克服困难，争取完成。同时要求他们事情不论大小，既然做，就要尽力做好做完，不半途而废，让宝宝体验到“苦”的滋味。“苦”的体验是造就宝宝百折不挠、顽强拼搏的奋斗精神的根由。

爱与良好情绪的培养

丰富的情感是人心理生活高度发展的必要条件。一个人有了良好的情绪，

对生活充满爱，就会心胸豁达，始终保持最佳的心理状态，智力也能得到充分发挥。父母给宝宝的食物哺育是远远不够的，宝宝更需要爱，即父母、师长、同伴之爱。爱是宝宝必需的精神营养，如果宝宝对爱的需求得不到满足，易形成孤僻、焦虑、紧张、冷漠的个性。父母不但要给予宝宝爱，还要培养他们从小学会爱，爱祖国、爱知识、爱朋友、爱艺术、爱自然、爱劳动，爱一切有趣的事。

良好的家庭气氛与优良性格的培养

宝宝的性格是在家庭、学校和社会生活互相影响下形成发展起来的。温馨、和谐、民主、平等的家庭气氛对宝宝优良性格的形成非常重要，而紧张破裂的家庭必然伤害宝宝的心理。父母的言行对宝宝有潜移默化的影响。因此，父母要特别注意自己的榜样作用，如经常看书学习，为人正直，讲话文明礼貌等。

开发创造性思维

父母都希望宝宝今后能独立思考，具有创造性，那么就要从小对宝宝进行创造性思维的训练。可以从以下几个方面入手：

鼓励宝宝提问、探索

父母要为宝宝创设一个宽松的求知环境，随时向宝宝提那些能够启发发散思维的问题。如就有关“水”的问题可以提出：水的用途是什么？什么样的东西会在水中漂浮？为什么水会变冷？水有什么颜色？等等。同样，也可以就有关火、冰、汽车、火车、花、树等身边的事物向宝宝提问。

另外，经常向宝宝提一些诸如“有什么用啊”“怎么办呢”之类的问题，对宝宝思维的启发都有很重要的作用。如：钥匙有什么用？饿了怎么办？迷路了怎么办？天上如果没有太阳怎么办？等等。宝宝对每一个问题的回答越多越新奇越好。需要父母注意的是，不要用大人的想法去制止宝宝开阔的思路，因为创造性思维从某种意思上说就是一种异想天开，并不是一定都符合逻辑。

建立“成果登记簿”

多鼓励宝宝单独做一些操作性的活动，如帮忙做家务，利用废旧物品制作各种小玩具等。为了方便且及时地抓住宝宝创造性思维的火花，最好为宝宝准备一本“成果登记簿”，把宝宝平时在某段时间内完成的事情，或者是各种新奇的想法全部记录下来。内容包括日期，完成事情所用的时间，宝宝的心情和成果等。即使是做得不好，甚至做糟的事情也应该记下来。这可以成为宝宝从事创造性尝试的完整记录。

帮助宝宝克服单向思维

宝宝的思维具体形象，并且通常是从自己的角度去认识事物。例如，妈妈将奶瓶里的牛奶倒入大口杯时，宝宝会觉得牛奶多起来，因为大口杯的口径大；当他不愿被别人发现时，会用小手捂住自己的眼睛，以为这样别人就看不见他了。单向思维是低级的思维形式，它妨碍创造性思维的发展，父母应该帮助宝宝克服单向思维形式，养成多角度思考问题的习惯。

给宝宝表现潜能的机会

父母们都对自己宝宝的成长充满了无限的期盼，当看到别人的宝宝比自己的宝宝表现好时，一些父母就会埋怨自己的宝宝一无是处。这种埋怨的做法其实是徒劳无益的，相反还会伤害宝宝幼嫩的自尊心。事实上，每个宝宝都有一些潜能，哪怕是在临床上已经被认为是弱智的宝宝也一样有潜能。发挥宝宝的潜能，可为其日后的成才打下坚实的基础，这才是父母们最应该着力去做的事。

为人父母要随时检点自己的言谈举止，还应该提高自己的文化水准，加强自身各方面的修养，以保证做到以下几点。

留意观察

在日常生活中，要随时注意观察宝宝的行为举止、喜好憎恶。在他和别人玩耍、交谈或在自己阅读、游戏的时候，就能够察觉出宝宝是爱弹琴还是喜欢绘画，是没有耐性却有创意，还是不善言词但很热心，等等，只要把这些蛛丝马迹记录下来，就能够归纳出宝宝的性格趋向或者说宝宝擅长的一面，从而诱导激发他。

制造机会

了解了宝宝的性格趋向与喜好以后，就要多给他机会进行练习。比如，鼓励宝宝给家人表演一个节目；每周选择一个晚上给家人朗读短文并发表心得；让宝宝把当天经历的有趣的事叙述一遍或记录下来……更重要的是，随时给机会让宝宝帮你的忙，只要是他力所能及的，如洗碗、拖地、收衣服等。这样越做越熟练，越有信心，宝宝才不会退缩在自卑自闭的角落里。

耐心等待

既然想给宝宝锻炼的机会，就应该耐心等待宝宝发挥潜力。有的父母如果叫不动宝宝做事，于是就干脆自己做；想让宝宝买东西，又不放心，就索性自己去；认为宝宝干不好的事情，就帮他做……久而久之，宝宝就会生出惰性，凡事都想到父母一定会伸手援助，因此就坐享其成。因此，当父母埋怨宝宝懒惰的时候，不妨好好反思一下自己，是否对宝宝缺少耐心，没有给宝宝表现的机会。

给予鼓励

当宝宝自己动手做、开口说时，应该给以肯定的赞美和鼓励。因为不管是谁都需要有一个练习的机会来酝酿信心，之后才能够继续下去。如果只是给予打击和批评，宝宝就会窘得抬不起头，再也不肯尝试。

早教的注意事项

1. 不要急于求成

宝宝在不同的阶段，会发展出不同的能力水平。尤其是尚小的宝宝，有时候差几个月，身体和智力的发展就会有很大差别，了解了这一点，爸爸妈妈就不要太着急了。此外，还要避免与其他宝宝作无谓的比较：隔壁邻居家的宝宝早就会拍球了，谁谁家的宝宝早就会说英语了……其实这样的比较是没有意义的。每个宝宝都有自己的成长速度，也许在这方面比别的宝宝稍慢一点，而在另一方面却稍快一点，这都是很正常的。如果每件事情都要求宝宝比别人好或者和别人一样，那是不太现实的。因此，父母对于宝宝能力的发展要客观，全面发展当然好，但是不能要求他百分之一百“全面”。

2. 不要低估对宝宝的爱心，不要打宝宝

中华民族表达感情的传统方式是非常含蓄的。现代人要冲破这种传统的表达方法，应该把爱用语言表达出来，让宝宝直接地感受到，建立亲情的有效方法就是把宝宝放在这种爱的氛围中。另外，千万不能打宝宝。宝宝犯错误是正常的，但一定要明白，他并不是故意的。宝宝在 2 岁的时候开始会撒谎，倘若打他，只能是对他造成更大的压力，继而继续撒谎。正确的做法是告诉宝宝什么是对的，而不是责备他甚至打他。

不要死记硬背

父母在辅导或者监督宝宝的学习时，千万不能把毫无意义的知识罗列当做目标。在宝宝还小的时候，要让宝宝靠自己的努力去发现周围五彩缤纷的世界，逐渐丰富感性知识。知识只有成为智力活动的推动力才具有价值。

不要追求“标准答案”

在现在的应试教育中，都有一个非常标准的答案，学生只有答出标准答案，才能够得满分。然而现实生活中并没有什么标准答案。社会

是不断发展的，宝宝的将来需要他们自己去创造。因此，父母在宝宝婴幼儿时期最重要的事情是培养其创造性。早教最经常使用的方法是引导宝宝独立思考，发现并鼓励他们的新想法，在创造性方法的运用中提高宝宝的创造能力。

不要让宝宝总是单独活动

当前世界婴幼儿教育的一个重要趋势就是追求宝宝的全面和谐发展，培养良好的个性。婴幼儿时期，是个性形成的重要时期。宝宝老是自己玩，或者总缠着父母，其个性上会得不到平衡的发展。让宝宝融入团体中，在集体中与他人交流和玩耍，就是一种互相作用、彼此促进的成长发展。婴幼儿教育基础打得牢固，性格才能均衡发展。

对宝宝不要说的话

在家庭里，父母对宝宝的教育主要靠与宝宝的语言交流来进行，因此，父母的语言对宝宝的成长有至关重要的作用。如果父母经常说一些不该说的话，就会严重影响宝宝健康心理的发展与形成，这对宝宝的健康成长是很不利的。

1 宝宝的自信是在父母的一次次肯定中逐渐树立起来的，所以，当宝宝做某件事没做好时，父母要鼓励宝宝继续努力，不要说：“你真笨！”这样宝宝会表现出退缩和沮丧

的状态，因而不敢尝试新的探索。

2 宝宝心理承受能力很差，极易受外界环境的影响。所以，父母要给宝宝创造一个和谐温馨的家庭环境，父母要和睦相处，不要吵架。不要说互相指责、互相贬低的话，这样会降低父母在宝宝心目中的威信，导致宝宝对父母的不尊重。

3 宝宝的模仿力很强，父母的语言对宝宝来讲潜移默化的力量很大。所以，父母说话要规范、流畅、文明，不要说粗话、脏话。不然宝宝会效仿，会给宝宝带来不良影响。

4 宝宝的自尊心和积极乐观的态度是靠父母的尊重来培养的。因此，父母要尊重宝宝，不要随意损害宝宝的人格和自尊心。当宝宝做错事的时候，批评宝宝要就事论事，不要涉及宝宝的人格。父母应该说："你今天做的事是不对的！"并给宝宝讲清为什么不对，错在哪儿，耐心说服宝宝改正，而不要说："你这笨蛋！"这样会伤害宝宝的自尊心，使宝宝失去与父母相处的乐趣，也会使宝宝感到压力很大。

5 快乐是宝宝的天性。培养宝宝快乐的个性除保证他有一个健康的身体外，还要有恰当的教育方法。在教育中，要多采用正面教育，如宝宝看书的姿势不对，要用商量的口气对他说："请你坐端正些好吗？"不要说："不许这样看书！"又如宝宝画的画有的地方不是很好，要亲切、婉转地对宝宝说："你画得真不错，如果把这个地方再好好改一下就好了。"不要说："瞧你画的是什么呀，乱七八糟的！"这样，宝宝会以为你故意挑他的毛病，或认为你不喜欢他、不爱他，会使他伤心。

6 恐惧心理对宝宝的身心健康影响很大。所以，父母不要吓唬宝宝。如，宝宝不好好睡觉，要静静地陪在宝宝身边，或轻声地给宝宝讲故事哄他入睡，不要说："你要再不好好睡觉，就让警察把你抓走！"之类的恐吓话；又如，宝宝不听话时，要耐心地给他讲道理，纠正他的错误，不要说："你再不听话，我把你自己锁在房间里！"等。经常恐吓宝宝，宝宝会产生恐惧心理，容易变得胆小、怯懦、退缩、孤僻。

7 游戏可以益智，可以发展宝宝的思维。所以父母要培养宝宝对游戏的兴趣，以与宝宝平等的态度参与宝宝的游戏，把宝宝放在主角的位置上。如果宝宝有困难要启发、诱导或给他做示范，不要包办代替。如，宝宝搭积木遇到困难时，要说："认真开动脑筋，相信你一定会搭好的。"不要说："你应该把这块积木放在这儿，把那块积木放在那儿。"之类的话。这样，宝宝就很难享受到自己成功的喜悦，时间久了会使宝宝失去对游戏的兴趣。

8 宝宝对父母的信任，是他们可以和父母和睦相处的基础。所以，父母要注意取信于宝宝，对他们要信守诺言，要说真话，不要说假话。假话说多了，宝宝就会再也不相信父母的任何话了，后果无异于"狼来了"。

9 宝宝认识事物往往是先入为主，因此，父母在回答宝宝提出的问题时，一要准确，二要实事求是。遇到自己不懂的问题，要说："这个问题我不会回答你，等我弄明白了再告诉你好吗？"不要说瞎话。这样会在宝宝脑子里形成错误的概念。

10 宝宝辨别是非的能力还比较差，所以，父母在教育宝宝的问题上要保持一致。当父母教育宝宝时，父母不要说"都是妈妈（爸爸）不好，把宝宝给弄哭了，爸爸（妈妈）替你打妈妈（爸爸）"之类的话。这样宝宝会无所适从，还会在受到一方惩罚时，去找另一方寻求庇护，长此下去，无法令宝宝改正错误。

早期教育不等于教育训练

1. 健康教育有哪些内涵

宝宝在婴幼儿时期生长非常迅速，父母要从各个方面保证宝宝的身体健康。不仅要重视对宝宝的吃、喝、穿、睡等方面的保育，更要教育宝宝逐渐学会自我保护和自我保健，树立健康和安全意识，比如从小养成良好的卫生和生活习惯，做到饭前便后洗手、睡前刷牙、危险物品不去接触、安全用电、别人的东西不能随便接受，等等。

健康教育的另一个重要方面是保证宝宝心理健康。让宝宝生活在温馨的家庭氛围中，生活得轻松、愉快，性格开朗、活泼，避免过度紧张、焦虑、忧愁与恐惧。例如，7个月左右的宝宝开始害怕离开母亲，这时建立正确的母子依恋关系相当重要；婴幼儿喂养时要注意避免错误的饮食行为，如强迫进食（哄骗进食）、追着喂饭等；2~3岁是幼儿的人生第一反抗期，家长应该正确引导，切忌动辄打骂，给宝宝造成心灵创伤。

2. 智力教育指什么

婴幼儿早期教育的重点就是智力教育，也就是在生活中要开发宝宝的智力，包括观察力、注意力、想象力、记忆力、思维能力等方面。父母要清楚地认识到每个宝宝在智力发展的具体方面都是不同的，都有各自的优势，父母千万不能拿宝宝的短处和其他宝宝的长处相比，这样做只能是影响宝宝的情绪从而导致宝宝产生自卑。因此，要注意发挥宝宝的长处，补足其弱点。

在对宝宝进行智力训练的时候，一定不要采取单调、刻板的教学方法，而应该根据宝宝年纪小的特点“寓教于乐”。如可以通过讲故事、唱儿歌、做游戏、画画等多种形式传授知识，从而提升宝宝各方面的能力；也可以根据宝宝的某些特长给予适当引导，但不能过分追求发展一技之长。在开发宝宝智力的同时，还应该注意到非智力因素，如培养宝宝积极主动、勤奋学习、不怕困难等品质，比如宝宝开始学搭积木，就要以此作为培养宝宝承受挫折的能力，智力和非智力因素的发展是相辅相成的，家长不能顾此失彼。

3. 教宝宝学做人

学会做人是婴幼儿早期教育的重中之重，俗话说，“3 岁看大”，意思是说婴幼儿的早期行为决定其长大后的表现。要让宝宝学会做人的基本道理，养成良好的生活习惯、待人接物的行为习惯以及思维方式的习惯等，培养宝宝的爱心，学会尊重和关心他人，避免“唯我独尊”。家长应以身作则，在日常生活中逐渐培养宝宝的优良道德品质，并不需要特别给宝宝上课来讲授，例如吃饭时应让宝宝与大人一起进餐，避免把宝宝爱吃的菜放在他跟前任他吃，而是要教育宝宝学会与他人分享美食和快乐。

因此，婴幼儿早期教育不仅是智力训练，而且还包括对儿童进行健康教育，培养宝宝如何做人，等等。

早教的12个误区

1. 不要不让宝宝掰手指数数

一些父母和幼儿园的老师在教宝宝数数的时候，看见宝宝掰着手指头数，通常都会要求他们把手放下，要求在心里记。其实这种方法并不科学。

2 ~ 5 岁宝宝的数字概念发展，一般都是从口头数数开始，然后是点着实物数，接着是能够推算出总数，最后，才是根据抽象的语言数字拿取相等的实物。

宝宝初步掌握数的概念需要经过一个由具体到抽象的过程。宝宝对周围事物形成各种概念的一般认识过程也是由具体到抽象。因此，在教宝宝数的概念时，一定要从具体出发，也就是要从接触具体的实物开始。如：亲自摆弄、接触、看具体实物的数量等，从而获得数量的感性认识。这种对数量的感性认识越丰富，对于宝宝形成抽象的数概念就越有利。

【正确做法】

教宝宝数数的时候可以让他们数数自己的手指、衣扣或玩具等,让他们从具体的东西开始学习数数。

2. 对孩子不要过分溺爱

某些时候，父母的精心呵护对宝宝可能是一种“伤害”。如一些父母，害怕宝宝走路会摔倒或者是怕累到，因此，喜欢经常用车推着或是抱着宝宝。其实这样做对宝宝并没有什么好处，因为宝宝的活动量变小了，协调能力、大肌肉都不能得到充分的锻炼，活动能力就显得十分差。如果像吃饭、穿衣、收拾玩具等事情，家人都给宝宝包办代替，那么就会造成宝宝的动手能力和自理能力差；若宝宝和小朋友发生争执的时候，父母也亲自出马，为宝宝讨要公道，都会降低宝宝今后的生活能力以及社交能力。长此以往，就会导致宝宝将来无法在社会立足。

事实上，宝宝有着惊人的适应能力。他们需要运动和交流，甚至稍微还要有一点冒险，这样才能充分发掘他们身上的各种潜能。

【正确做法】

让宝宝自己收玩具、吃饭，摔倒后自己爬起来，相信你的放手会使宝宝更快乐，更有成就感。

3. 过分专制的家长不利宝宝成长

管教宝宝，要从小做起，一定要让宝宝绝对服从自己的意志，这是很多父母都有的想法。如果宝宝想要红色的玩具，妈妈不喜欢，她认为绿色的好看，那么肯定就会买绿色的玩具。宝宝想看天线宝宝，妈妈认为这个没有什么意思，或许就会让看更有意义的历史故事书……所有的事情都是以父母的标准去做，宝宝没有丝毫自由选择的权利，如果不听话还会挨批评。天长日久，总是处于被压制状态的宝宝就会成为一个畏畏缩缩胆小怕事的人，甚至会阻碍宝宝的智力发展。

【正确做法】

当宝宝提出合理的要求时，要尽量尊重宝宝的选择，千万不能把成人的思维强加给宝宝。

4. 拔苗助长不可取

由于有的父母对宝宝的智力发展和成长期望值太高，因此在教育宝宝的过程中往往会操之过急，不按照宝宝身心发展和智力成长的规律，“拔苗助长”，结果往往适得其反，导致宝宝负担过重，无法适应压力从而产生消极的心理倾向和行为。如，某些父母让2岁的宝宝学英语，让3岁的宝宝背唐诗、做数学题，这些做法都是不可取的。

【正确做法】

对宝宝来说,他们的学习就是玩,玩皮球能够锻炼宝宝的眼、手、脚协调能力;玩积木能够锻炼宝宝的创造力;玩插片能够锻炼宝宝的动手、动脑能力。这些能力对于其今后的知识学习都是非常有利的。

5. 书本知识是死的，孩子是鲜活的个体

各种养育书籍的出现使得很多年轻的父母开始以书为自己喂养宝宝的唯一标准，有的人甚至对书本上的要求过分迷信，认为必须达到书本上的标准才是科学的。比如书上说某个时期的宝宝该会什么，如果自家的宝宝不会，就会变得异常着急，认为自己宝宝的智力发育有问题。然而，书本上的知识和要求并不一定和所有宝宝的实际情况一样。一些宝宝说话早些晚些，或者走路早些晚些，都是非常正常的，因为每个宝宝的成长路线都是不一样的。

【正确做法】

把书当成一种参考,如果觉得宝宝和书上说的哪点不一样时,千万不要着急,要综合考虑宝宝的发展,如宝宝不会爬是不是因为衣服穿得太多,不会说话是不是因为没给他说话的机会，等等。

6. 勿以宝宝为中心

在每个家庭里，宝宝就是一切的中心，很多父母在吃饭时会把好吃的给宝宝，宝宝爱吃的东西，别人都不能动。这样一来，宝宝就会觉得这样是理所当然的，如果哪天父母动了他爱吃的东西，就会觉得委屈，并且在和小朋友们交往的过程当中，也会变得以自我为中心，认为只有自己重要。时间长了，这样的宝宝心中就没有爱，也不懂得分享。

【正确做法】

把宝宝看成普通的家庭成员，吃东西的时候,要让宝宝给每人分一份,让宝宝学会分享,懂得关爱。

7. 满足宝宝所有的愿望有什么弊端

宝宝非常想要某个价格不菲的玩具或者是想要吃肯德基，父母必须要满足他吗？不一定。无节制地满足宝宝的要求，会让宝宝觉得一切都太顺利，而太容易获得的东西人们通常都不会珍惜，而且从中也无法获得乐趣。

【正确做法】

如果宝宝一定要买某个玩具,可以对他说,假如他能够达到某些要求,就会买给他。要是宝宝想吃肯德基,可以告诉他生日的时候可以吃。这样让宝宝有一种期待,有一种追求的愿望。不过,父母一定要注意实现自己的承诺,不能骗宝宝。

8. 父母替宝宝道歉并不好

两三岁的宝宝和小朋友一起玩时,如果宝宝把别人打哭,这时候有的父母就会立即过去替宝宝向别人道歉。其实,父母这样做根本无法让宝宝认识到自己的错误,他并没有感觉到这样做不好。所以,宝宝长大后自己不会很好的承担责任。

【正确做法】

宝宝做错事情的时候,父母应该及时纠正,因为宝宝不知道哪样做是正确的,哪样做是错误的,正误都需要父母指引。要明确地告诉宝宝打人是不对的,必须要向人道歉,让他自己承担后果,这样才能让他明白对与错。

9. 与出生不久的宝宝说话有必要吗

宝宝学习语言的第一任老师是父母，父母对宝宝语言的发展有非常重要的影响。婴儿听觉研究发现，宝宝脑内的“听觉地图”大概到1岁左右完成，在此期间，多给0岁宝宝输送有意义的声音，就能促进宝宝脑内主管听觉的神经元的敏感性。此外，有的研究表明，母亲对宝宝说话的数量，很大程度上会影响到宝宝获得词汇量的多少。

【正确做法】

在给宝宝穿衣服、喂奶、换尿布的时候，应该和宝宝多说说话，如可以告诉他：“妈妈在给你换衣服，凉不凉啊?伸伸小胳膊、抬起头吧！”等等。尽量和宝宝多说话，这是发展宝宝语言能力所必不可少的。当到了一定时候宝宝的语言会突然爆发，于是很多话都会说了。

10. 你唱红脸我唱白脸

世界上不乏一些这样的父母，那就是在教育宝宝的问题上不能达成一致，经常出现分歧。通常都是妈妈惩罚宝宝，爸爸说情；或者是爸爸对宝宝发火，妈妈为宝宝辩护。甚至还有些父母因为教育宝宝的问题，还会经常互相指责。长此以往，宝宝对父母就会不尊重，并且出现投机心理，谁护着他就找谁。

【正确做法】

在教育宝宝的问题上夫妻双方要一致,私下多进行沟通，不要当着宝宝的面争吵。当夫妻中的一方教育宝宝时,即使说得不对,另一方也不能立即当着宝宝的面进行指责。

11. 父母之间的冲突会影响婴儿发育吗

大部分父母都明白，夫妻当着两三岁宝宝的面吵架是一件令他们非常紧张的事。可是很多父母还没有意识到，当着初生婴儿或还不会说话的宝宝吵架，同样也会影响到宝宝的思想或情绪。

心理研究发现，父母之间的冲突升级时，8 个月到 2 岁间的宝宝也会变得十分着急，而且他们还会懂得要努力去阻止父母间的冲突。两岁以上的宝宝，如果目睹了父母之间或陌生人之间的争吵之后，很快就会在和同伴的交往中模仿大人，行为举止也会变得相当粗野。因此，父母要记住不要在任何年龄的宝宝面前争吵。

【正确做法】

夫妻发生冲突时，在宝宝面前一定要学会克制自己的情绪。倘若克制不住，索性走出家门，待情绪平静了再回家。千万不能当着宝宝的面大吵大闹。

12. 物质奖励好不好

给宝宝一些奖励本质上并没有什么坏处，然而，选择何时何地用何种奖励却是需要一些技巧。如果宝宝养成做什么事都期望获得物质奖励的习惯，一旦得不到物质奖励，宝宝就会变得灰心丧气，也许还会让其认为如果没有物质奖励，这件事情就不值得做。物质刺激虽然能够对宝宝的行为有巨大的影响，增强宝宝的积极性，但是产生的效力却是非常短暂的。物质刺激给宝宝带来的短期效应远远小于给宝宝造成的危害。从长远来看，这种方式并不可取。因为，宝宝如果受到多次物质刺激后，对于物质的刺激就会变得越来越依赖，即使只是做了一些非常普通的事也想得到物质奖励。所以，物质刺激还是少用为妙，应该多用精神鼓励的方法，给宝宝以精神上的激励。

【正确做法】

从小事做起，及时表扬。如当宝宝能按时起床或自己穿衣服时，父母要及时夸他："你真棒!"或是亲一亲他。

Part 4

0～1岁宝宝的全脑开发方案

对于0～1岁的宝宝来说，智力开发主要表现在语言智力、逻辑智力、空间智力、音乐智力、运动智力、社交智力和自我智力等七个方面。

有的父母比较片面，认为宝宝只有识字早才能尽早地表现出聪明智慧，而忽视了对宝宝的长远打算。其实，人的培养周期是很长的，不同的教育阶段需要完成不同的特定任务，如果宝宝在早期由于提前识字而妨碍了那一特定阶段任务的完成，造成了厌学、自卑的情绪，结果就会影响其一生发展。这种后果也许在刚开始的几年显现不出来，但等到显现出来的时候则悔之晚矣。

0～1个月宝宝

1. 本月宝宝的成长发育特点

❀ 生理发育

项目	男宝宝			女宝宝		
	平均值	下限值	上限值	平均值	下限值	上限值
身高	54.6 厘米	52.6 厘米	56.7 厘米	53.7 厘米	51.6 厘米	55.7 厘米
体重	4.4 千克	3.8 千克	5.6 千克	4.0 千克	3.6 千克	5.2 千克
头围	约 37.8 厘米			约 37.2 厘米		
胸围	约 35.8 厘米			约 34.7 厘米		

✿ **囟门**：新生儿的头顶前中央的囟门呈长菱形，开放而平坦，有时可见搏动。父母注意保护囟门，不要让它受到碰撞。大约 1 岁以后它会慢慢闭合。

✿ **皮肤**：全身皮肤柔软、红润，表面有少量胎脂，皮下脂肪已较丰满，早产儿脂肪较少。

✿ **四肢**：双手握拳，四肢短小，并向体内弯曲。有些婴儿出生后会有双足内翻、两臂轻度外转等现象，这是正常的，大多满月后缓解，双足内翻大约 3 个月后就会缓解。

✿ **心率**：心率比较快，每分钟为 100 ～ 160 次。

✿ **呼吸**：新生儿的呼吸浅表且不规律，以腹式呼吸为主。每分钟为40～45次，有时会有片刻暂停。

✿ **体温**：新生儿刚出生时体温在37.6～37.8℃之间。由于新生儿体温调节功能尚不完善，加之环境温度一般偏低，小儿生后体温明显下降，生后半个小时到一个小时体温可下降2～3℃，以后再逐步回升，波动在36～37℃之间。

✿ **排泄**：出生当天，就开始有大小便了。最初的大便是黑绿色的，黏稠、发亮，这是胎粪，以后很快变为黄色便。如果出生后24小时仍无胎粪排出，应作进一步检查。小便第一天4～5次，以后逐渐增多；1周左右时每天排尿10～20次。

心理发育

在很多人看来，新生儿只会吃奶、睡觉和哭闹，似乎谈不上有什么心理活动。但事实，他们具有很强的心理反应的发展潜力，喜欢听母亲的心跳声和说话声，喜欢看妈妈的脸，喜欢母乳及甜的味道，对酸味、苦味会皱眉、伸舌或挣扎以表示讨厌、拒绝。

另外，新生儿的肤觉、视觉和听觉等在出生后也都能呈现出来。他们的心理发展需要外界环境通过这些感觉器官不断地给予刺激。专家表示，缺乏刺激对于正在生长发育的新生儿是不利的。新生儿需要多与外界交流、与人交往，对于符合这种需要的刺激会作出积极的情绪反应，这会促进他们的生理和心理上的成长。如父母对新生儿笑，他们马上回以笑容。因此，哺育婴儿的父母和看护者要精心照料和温柔、热情地爱抚新生儿，这些都会引起新生儿良好的情绪和反应，也将会为宝宝一生的幸福成长建立一个良好的开端。

感觉发育

视觉发育

新生儿的眼底还没有完全发育成熟，双眼还不能十分协调地活动。新生儿调节视焦距能力差，东西距新生儿太近或太远，他们均看不清楚，只看到模糊影。所以要锻炼新生儿看东西的能力必须将物体放在距其眼睛约30厘米左右的距离。他们看东西的最好距离约30厘米，相当于母亲抱婴儿喂奶时母亲脸和婴儿脸之间的距离。

听觉发育

新生儿出生后听觉就已很敏感，具有了对声音进行辨别的能力，对妈妈的声音特别敏感。当妈妈在新生宝宝耳边呼叫宝宝时，他的头立即转向母亲，并亲热地看着妈妈，脸上显出高兴的样子。但新生儿不喜欢噪声和过响的声音，听到令他不舒服的声音，就会把头扭向另一面，父母要尽量避免在宝宝附近制造噪声。

触觉发育

初到人间的新生儿其触觉比较灵敏，尤其是嘴唇、手掌、脚掌、眼睑等敏感部位，父母只要轻轻地一碰，他就会立即作出反应。父母可以经常轻轻地抚触小宝宝，让他感受父母的关爱。

嗅觉、味觉发育

出生后，新生儿的嗅觉和味觉就已经非常发达了，他们能够对各种不同的气味作出相应的反应，对好闻的气味表示出高兴，而对于刺激性较强的气味会做出本能的排斥反应。父母可让新生儿被动地嗅各种不同的气味，吃不同味道的食物，刺激小儿的嗅觉和味觉器官。

2. 宝宝早教专家课堂

❋训练新生宝宝的感觉能力

科学研究证明，在生长发育早期，大脑的可塑性非常强，假如局部的神经细胞损坏后，邻近的细胞可以代替它的功能，并有效地实行改组。但过了敏感期，缺陷将成为永久性的。0～3岁是宝宝大脑发育的最快时期，3岁以前的教育是人生教育的关键。而实施早教从零岁开始正是由宝宝该阶段发展的特殊性所决定的。

年龄越小，大脑的可塑性越强

宝宝年龄越小，大脑的可塑性也越大。3岁前，尤其是出生的第一年，是大脑发育最迅速的时期，因此从零岁的外部刺激，将成为大脑发育的导向。早期形成的行为习惯将编织在神经网络之中，此时的形成就像建筑的地基。

遵循宝宝的发展顺序

我们知道，宝宝各方面的生长发育都是遵循基因安排好的顺序进展。如宝宝的身体运动都遵循从抬头、翻身、坐、爬、站、走、跑、跳的顺序出现，虽然不同宝宝的上述动作发生的月龄段不同，但其次序无一例外。智力发育、情绪发育也是一样的，因此早教要选择在宝宝各种能力发展的最初阶段。

宝宝成长的主动性

刚来到世上的宝宝，就像一张空白的纸，但做好了准备开始接受各种潜能的发展，宝宝越小，这种主动内在力量越大。因此父母应该及时创造条件，支持宝宝的学习和发展，要使宝宝在3岁前就具有的能力得到充分开发。

发育的敏感期

在宝宝成长的过程中，有很多敏感阶段，也称学习的关键期，如语言的敏感期、动作的敏感期、感官敏感期等，可以说人类最基本的情感、行为、技能的学习关键期却开端于3岁之前。

婴幼儿的这些特点，让零岁开始接受早教成为可能和必要。细心的父母只要观察宝宝的表现，就会发现0～3岁宝宝需要学习的本领非常多。总之，父母要明白这个时期的重要性，把宝宝的启蒙教育做好，让家庭生活变得更加快乐、和谐。

❊给宝宝选择合适的玩具

玩具对新生儿来说，并不单纯意味着玩，而是提供对其视觉、听觉、触觉等的刺激。新生儿可以通过看玩具的颜色、形状，听玩具发出的

声音，摸玩具的软硬等，向大脑输送各种刺激信号，促进脑功能的发育。选购玩具时应注意以下几点：

选购既能看又能听的吊挂玩具。颜色要鲜艳，最好是以红、黄、蓝三原色为基本色调，并且能发出悦耳的声音，同时造型也要精美。这种同时刺激宝宝视觉与听觉的玩具，对宝宝的发育十分有益。彩色气球、吹气塑料玩具也比较适用于新生儿。

刚出生的宝宝最需要母爱和安全感。针对这一点，父母可为其购买一些造型简单、手感柔软温暖、体积较大的绒布和棉布制品玩具，如绒布熊、绒布狗等，放在宝宝的小床里，给他们一种温暖和安全感。

有研究表明，新生儿最喜欢看的图案是人脸。鉴于此，父母不妨为宝宝准备一两个布娃娃，放在小床周围宝宝能看到的地方。

3. 宝宝左脑的开发方案

❊培养宝宝的逻辑思维能力

黑和白

✿ **游戏目的**：锻炼宝宝的视觉观察及对比能力，训练逻辑思维能力。

✿ **游戏方法**：找一张白纸和一枝黑色的笔，然后将白纸对折，用笔将纸的半面涂黑，另半面空白。当宝宝清醒时，将这张涂好的纸举到离宝宝眼睛30厘米的地方晃动，逗引宝宝观看。

✿ **温馨小语：** 此游戏可在宝宝出生后半个月进行。妈妈应注意观察宝宝的眼球是否会在黑白两个画面上转动。通过这样的游戏，不仅能发展宝宝的视觉，更重要的是能训练宝宝对两种事物的对比判断能力，培养逻辑思维能力。

❊ 培养宝宝的语言能力

和宝宝说说话

✿ **游戏目的：** 通过这个游戏，使孩子感知语言，学会倾听，体会母爱，发展视觉、听觉和触觉，激发愉快情绪。

✿ **游戏方法：** 宝宝出生后10天后，即可开始进行，选择宝宝觉醒安静时。

（1）妈妈坐在床边或轻柔地抱起孩子，保持与宝宝的脸相距20厘米左右。

（2）妈妈对他微笑、伸舌头或说话，如“宝宝，你好啊！”“今天开心吗？”每次2～3分钟，每天坚持做1～2次。经过多次练习以后，宝宝会开始模仿妈妈“说话”。

✿ **温馨小语：** 很多时候，妈妈都有机会和孩子说话，如换尿布或洗澡时，轻柔地抚摸他，并根据生活情境说“妈妈给宝宝洗澡”“尿湿了”“换尿布”等话语。

逗引宝宝发音

✿ **游戏目的：** 逗引宝宝说话，促进宝宝的听觉和语言能力。

✿ **游戏方法：** 在宝宝啼哭之后，家长发出与宝宝哭声相同的声音，这时宝宝会试着再发声。几次回声对答，宝宝便会喜欢上这种游戏似的叫声，渐渐地宝宝学会了叫而不是哭。这时家长可以把口张大一点，用“啊”来代替哭声诱导宝宝对答，渐渐地宝宝会发出第一个元音。

✿ **温馨小语：** 如果宝宝无意中发出另一个元音，无论是“噢”或“咿”都应以肯定、赞扬的语气用回声给予巩固强化，并做记录。

培养宝宝的听觉记忆能力

摇摇铃

游戏目的：发展宝宝的追视能力和追听能力，练习宝宝的听力和转头能力。

游戏方法：在宝宝清醒的时候，可以拿摇铃、花铃棒类的玩具。在宝宝眼前 30 厘米左右的地方，左右上下或者做弧形的转圈，让宝宝的眼睛追着玩具走。另外在宝宝看不见的耳朵边上距耳朵 15 ~ 20 厘米的地方轻轻摇这些铃；当宝宝清醒的时候我们还要经常把这些小摇铃、花铃棒有意识塞到宝宝的小手里，帮助他的触觉发育。

温馨小语：摇铃、花铃棒发出的声音要柔和，如果声音很刺耳的话，最好不要拿来游戏。

玩具会发声

游戏目的：让宝宝感受各种声音，在游戏过程中逐渐认识各种不同的声音。

游戏方法：给宝宝买几种会发出不同声音的玩具，如一捏会"喵喵"叫的小猫，一拍会"汪汪"叫的小狗，或者是能发出"啾啾"声的小熊。

在宝宝醒着的时候，用这些玩具逗引宝宝，并将各种声音配合起来，让宝宝在玩玩具的同时，也能获得声音的刺激，并了解常见动物的叫声。

温馨小语：各种会发出声音的玩具对宝宝很有吸引力，它们因"特别""神奇"而深受宝宝的喜欢，而且这些声音之间的差别很大。如果能将各种动物玩具或布娃娃及它们所发出的声音配合起来，不仅能让宝宝感受到各种声音，锻炼他的听觉记忆并发展认知，还能增强宝宝对自然界及动物的好奇心。

培养宝宝的视觉记忆能力

移动的布娃娃

游戏目的：通过来回移动物体，提高宝宝的视觉追踪能力。

游戏方法：妈妈提前准备一只大点的布娃娃，将宝宝喂饱后，放在舒适的小床上。将布娃娃放在宝宝眼睛的正上方，举到孩子的视线之内（距宝宝 30 厘米左右），先晃动布娃娃一下，然后向左移动，再向右移动，这时你会看到宝宝的眼珠随着玩具移动，如宝宝不追踪玩具，可将玩具再向孩子眼前移几厘米。

✿ **温馨小语**：很多毛绒玩具或者一些可爱的小玩具都很吸引宝宝的眼球，宝宝喜欢它们的新奇与特别，因此，妈妈平时应多搜集一些宝宝感兴趣的玩具来逗引宝宝，这不仅能让宝宝观察到各种玩具的差别，锻炼其视觉记忆并发展认知，还能增强宝宝观察事物的能力。

培养宝宝的触觉能力

让妈妈摸摸

✿ **游戏目的**：通过触摸，传递妈妈对宝宝的爱，促进宝宝触觉能力的发育。

✿ **游戏方法**：在洗澡前后或换完尿布后，将宝宝平放在床上。一边对宝宝说话，一边从肩到手抚摸宝宝双臂，从脚到臀部抚摸宝宝的双腿，从上到下摸摸胸，摸摸宝宝的脸蛋、眉毛、额头、小眼睛、小鼻子，同时说："宝宝真乖！""揪揪小鼻子。"把宝宝抱起来，用手抚摸宝宝的背部、颈部和头部。

✿ **温馨小语**：妈妈的动作要轻柔，饱含爱怜之情，同时面带笑容，不断地对宝宝说话。

4. 宝宝右脑的开发方案

培养宝宝的身体协调能力

我们一起做运动

✿ **游戏目的**：让宝宝的肢体得到运动，提高身体协调能力。

✿ **游戏方法**：每次在给宝宝洗澡前，先同宝宝一起做一下运动，然后再

安排宝宝洗澡。先做上肢，边喊口令边做动作。握住宝宝的两只小手，做“上、下、内、外、屈肘、伸肘”的动作。做下肢运动，握住宝宝的两只小脚，做“上、下、内伸、外展、合拢、屈膝、伸直”的动作。

宝宝出生后的8天左右，头部左右转动自如了，可以让宝宝俯卧在床上，用一只手扶起宝宝的前额，另一只手在宝宝的头侧摇动会发声音的玩具，吸引宝宝抬眼观看。练习两周左右，父母不用手扶宝宝的额头，宝宝也能主动抬眼观看，甚至下巴能暂时离开床面。

温馨小语：通过以上这样的游戏，可以让宝宝的肢体得到很好的运动，感觉到妈妈温柔的抚摸。不仅能促进宝宝肢体的发育及肢体间协调运动的能力，而且能使宝宝与外界充分接触。

新生儿被动操

游戏目的：通过游戏来锻炼宝宝的四肢肌肉，强健肌肉的同时，还可以锻炼宝宝的节奏感和灵活性。

游戏准备：给宝宝洗完澡之后，选择较硬且整洁的床、柔软的地板垫，要垫上浴巾或者床单。

游戏方法：

❶ 让宝宝仰面躺着，将宝宝置于铺好垫子的硬板床上，播放乐曲或者儿歌。

❷ 按照歌谣的节拍轻轻移动宝宝的胳膊和腿，使宝宝感到舒适、愉快。如果宝宝紧张、烦躁，要停止做，可以为宝宝做皮肤按摩。

❸ 接着做上肢运动，握住宝宝的双手，做“上、下、内、外、屈肘、伸肘”，就好像让宝宝划桨一样。边唱儿歌边做动作，配合的儿歌是《我是个小小划桨手》：划呀划，划呀划，我是个小小划桨手，带着妈妈去游玩。划呀划，划呀划，我是个小小划桨手，小小船儿被我划得飞快。

❹ 接着再握住宝宝的双脚一前一后地帮他做“上、下、内、外展、合拢、屈膝、伸直”，就好像让宝宝踩自行车一样。也可以配合着儿歌。

❺ 最后用手掌在宝宝身体两侧推拿一下，再让宝宝俯卧，在背部

推拿一下。做完这套婴儿被动操再给宝宝穿好衣服。

温馨小语：父母在给宝宝做此操时，时间不要过长，一般3～5分钟即可。还要摘掉戒指，以免划伤宝宝，并且动作要轻柔。

培养宝宝的创造性思维能力

吐舌头

游戏目的：宝宝出生后，就已经具备模仿大人简单面部表情的能力，可以通过简单的面部表情变化，培养宝宝的感官变化。

游戏准备：父母可以对着孩子吐舌头，并且仔细观察宝宝的具体反映，在进行吐舌游戏的过程中速度尽量慢一些，便于宝宝较完整地观察到父母吐舌头的全部过程，更容易学习模仿。

游戏方法：

❶ 家长可以面对宝宝，使劲鼓自己的腮帮子，然后将宝宝的两只小手拉起，放在腮帮子两侧，轻轻地挤压腮帮子，然后往外吐气。

❷ 尽可能地让宝宝试着抓家长的耳朵，一旦被宝宝抓到耳朵，就立即吐出舌头。

❸ 抓着宝宝的小手，摸家长的鼻子，当宝宝摸到鼻子时，就使劲地皱眉头，然后再尽量地缩紧鼻子上部的肌肉。

温馨小语：父母一定要站在主导地位，其重心是吸引宝宝的注意力，让他从这种游戏中获得愉快的体验，并能够尝试着记住这张熟悉的面孔，也能够学习相应的小动作。过段时间，父母可以鼓励他们创造性地玩出更多花样。

咂咂嘴

游戏目的：培养宝宝的观察与模仿能力，训练创造性思维能力。

游戏方法：妈妈可以轻轻地抱起宝宝，对着他的小脸，先张开嘴，然后伸出舌头，咂咂舌头。妈妈会惊奇地发现，宝宝先是盯着你，然后会渐渐张开他的小嘴，把舌头也伸出来，模仿妈妈的动作。这时妈妈可以教宝宝咂舌，发出细小的声音。

✿ **温馨小语**：父母对着宝宝张开嘴巴，让宝宝看，不久宝宝也会张开嘴；父母伸出舌头咂舌，宝宝也会慢慢跟着做。这种模仿实际上就是宝宝的创造性思维在起作用，宝宝能通过观察发现事物表现出来的特点，从而也表现出这样的行为，这正是观察创造能力的体现。经常与宝宝做这样的游戏，可以使宝宝的右脑得到有效开发。

✲ 培养宝宝的人际交往能力

学逗笑

✿ **游戏目的**：养成逗笑的条件反射，引起宝宝愉快的情绪，培养宝宝的情感表达能力和社交能力。

✿ **游戏方法**：从宝宝出生第一天起，父母就可以逗宝宝笑。可以抱着宝宝，挠挠他的身体，摸摸他的小脸蛋，用快乐的声音、表情和动作感染宝宝。宝宝在这种情绪下，目光也会逐渐变得柔和，眼角也会出现细小的皱纹，露出快乐的笑容。

可以在宝宝高兴的时候，给他做个怪脸，或者给他看一些玩具的怪动作，也能逗笑他。

✿ **温馨小语**：宝宝一般在出生14～21天就会出现笑容。爱笑的宝宝都招人喜欢，也容易与外界建立起良好的人际关系。

✲ 培养宝宝的手部灵活能力

小小拨浪鼓

✿ **游戏目的**：锻炼宝宝手部的灵活性和肌肉强度，发展手部动作。

✿ **游戏方法**：在宝宝面前拿着拨浪鼓，轻轻摇晃，发出“咚咚”的响声，吸引宝宝的注意。将小棒放在宝宝手心，他会马上握住。妈妈帮他握住拨浪鼓，与宝宝一起摇晃，让拨浪鼓发出“咚咚”的响声，吸引宝宝的注意力，刺激他想用手摇动。

✿ **温馨小语**：手是认识事物的重要器官，同时，手部的锻炼也是身体协调能力中重要的一部分，手的活动可以刺激大脑的发育。所以父母要尽量创造条件，充分地让宝宝去抓、握、拍、挖、画等，使宝宝成为“心灵手巧”的孩子。

✲ 培养宝宝的空间感知能力

开动的小火车

✿ **游戏目的**：帮助宝宝感受空间中的位置关系。

✿ **游戏目的**：用颜色鲜艳的纸板剪一个10厘米长、6厘米宽的长方形小火车。拿着小火车放在宝宝面前，吸引宝宝注意，并对着小宝宝柔声说："宝宝快看啊，小火车要开车喽！"然后将小火车从左向右缓缓移动。边移动小火车，边模拟火车行驶时发出的"呜呜"声。

当小火车从宝宝身体的一侧移动到另一侧后，"呜"的一声停下来，然后再换方向，从右向左慢慢反方向移动。

✿ **温馨小语**：在这个游戏中，让小火车在宝宝的视线中移动，可以吸引宝宝的视线，帮助宝宝感受空间中的各种位置关系，提升他的空间知觉能力。同时，游戏还能帮助宝宝学习转头，提高宝宝的身体控制能力，锻炼其颈部肌肉。

5. 本月宝宝的智能测试

恭喜你，宝宝满月了！快来做做下面的智力开发效果测评吧！本测评共有12个题目，请你将宝宝的相应得分写在题目前面的横线上。

____1. 第一次注视离眼20厘米处模拟母亲脸容的黑白图画：

A. 10秒以上

B.7秒以上

C.5秒以上

D.3秒以上

记分：不眨眼连续注视的秒数，每秒可记1分。10分为合格

____2. 离耳15厘米处摇动内装20粒黄豆的塑料瓶时：

A. 转头眨眼（10分）

B. 皱眉（8分）

C. 纵鼻张口（6分）

D. 不动（0分）

10分为合格

____3. 大人将手突然从远处移至宝宝眼前：

A. 转头眨眼（6 分）

B. 眨眼（5 分）

C. 不动（0 分）

5 分为合格

____4. 手：

A. 双手可达胸前，可吸吮任一侧的手指（6 分）

B. 单手达胸前只吸一侧手指（5 分）

C. 吸单侧拳头（3 分）

D. 双手在体侧不动（0 分）

5 分为合格

____5. 放笔杆入宝宝手心：

A. 紧握 10 秒以上（10 分）

B. 握住 5 秒以上（7 分）

C. 握住 3 秒（5 分）

D. 不握或握后马上放开（0 分）

10 分为合格

____6. 啼哭时大人发出同样哭声：

A. 回应性发音两次（10 分）

B. 回应性发音一次（8 分）

C. 停止啼哭等待（7 分）

D. 仍继续啼哭（2 分）

10 分为合格

____7. 大人同他讲话时：

A. 发出喉音回答（12 分）

B. 小嘴模仿开合（10 分）

C. 停哭注视（8 分）

D. 不理（0 分）

10 分为合格

____8. 大人用手指挠宝宝胸脯，宝宝发出回应性微笑出现在：

A.5 天前（16 分）

B.10 天前（14 分）

C.15 天前（12 分）

D.20 天前（10 分）

E. 满月前（8 分）

12 分为合格（睡前脸部皱缩不经逗弄的笑不能算分）

____9. 两周后用声音、姿势、便盆为条件出现的排便及排尿：

A.15 ~ 20 天（12 分）

B.20 ~ 25 天（10 分）

C.25 ~ 30 天（8 分）

D. 不会（2 分）

10 分为合格

____10.10 天后俯卧时：

A. 头能抬起下巴贴床（12 分）

B. 眼睛抬起观看（10 分）

C. 头转一侧脸贴枕上（8 分）

D. 头不能动，埋入枕上，由大人转动（4 分）

10 分为合格

____11. 扶腋站在硬板上能迈步（每迈一步记 1 分）:

A.10

B.8

C.6

D.3

10 分为合格

____12. 俯卧时大人双手从胸部两侧将宝宝托起:

A. 头与躯干平，下肢下垂（8 分）

B. 头与下肢均下垂（4 分）

8 分为合格

评分说明：本测评所测的能力及对应的题号和合格分数已在下表中列出，请你将测得的分数填入相应的空格中。若总分在 70 分以下，说明宝宝的智能未达到理想水平，请多加训练；总分在 90 ~ 110 分，说明宝宝的智能已达到平均水平；总分在 110 分以上，说明宝宝的智能发展非常棒，请继续努力。

测试项目	题号	合格分数	宝宝得分
认知能力	1 2 3	25	
精细动作能力	4 5	15	
语言能力	6 7	20	
社交能力	8	12	
自理能力	9	10	
大动作能力	10 11 12	28	
总分		110	

注：本书中的所有智力开发效果测评结果只做参考。测试因人而异，若宝宝没达到预期结果（排除智力缺陷），妈妈不要泄气，可重复测试，让宝宝多学习，久而久之，宝宝便会做到。

1～2个月宝宝

1. 本月宝宝的成长发育特点

✼ 生理发育

项目	男宝宝			女宝宝		
	平均值	下限值	上限值	平均值	下限值	上限值
身高	58.3 厘米	56.3 厘米	60.8 厘米	57.1 厘米	55.0 厘米	59.2 厘米
体重	5.2 千克	4.9 千克	6.8 千克	4.7 千克	4.4 千克	6.2 千克
头围	约 39.4 厘米			约 38.4 厘米		
胸围	约 37.8 厘米			约 36.5 厘米		

✼ 心理发育

1 个月后，宝宝的表情越来越丰富，和宝宝打声招呼，或是摸摸他的脸颊，他都会即刻回应。宝宝依然喜欢听到妈妈柔和的声音、看到妈妈微笑的脸庞。妈妈走到哪里，宝宝的视线就会跟随到哪里。宝宝喜欢躺在妈妈的怀里，感受母亲的抚摸、交谈、喂奶、逗玩，时刻需要妈妈的温暖与爱护。小宝宝更懂得被母亲抱起喝奶的舒适，因此特别喜爱喝奶，若母亲经常充满爱心地哺育，将有助于婴儿的心理发育。

母爱是人世间最伟大的爱，也是宝宝成长过程中最需要的精神食粮。“有妈的宝宝像个宝，没妈的宝宝像棵草”，妈妈的爱对宝宝一生的成长来说都是非常重要的。妈妈无论多忙，生活压力多大，也要抽出更多的时间，与宝宝进行情感上的交流。

✲视觉发育

此时宝宝能看见活动的物体和大人的脸，如果将物体靠近他眼前，会不停地眨眼，被称为“眨眼反射”，这种反射一般出现在宝宝出生后的一个半月至两个月。如果宝宝斜视，可在8周前自行矫正，双眼能一致活动。

✲听觉发育

现在婴儿1个多月大了，此时的听力有了很大发展，对大人跟他说话能做出反应，对突然的响声能表现出惊恐。也更加熟悉妈妈说话的声音了，听到陌生的声音，小宝宝就会吃惊，声音太大他会感到害怕而哭起来。因此，妈妈要给宝宝听一些轻柔的音乐和歌曲，说话、唱歌的声音都要悦耳。婴儿玩具的声响不宜超过70分贝，生活环境的噪声不可超过100分贝。宝宝喜欢有人和他说话，没人说话就会感到寂寞而哭闹。到月底，有的宝宝能辨别声音的方向，能安静地听音乐，对噪声表现不满。

✲触觉发育

现在宝宝的皮肤感觉能力比大人敏感得多，家长不注意，把一丝头发或其他东西弄到宝宝皮肤上，宝宝就会全身左右乱动或者哭闹，表示不满。过冷、过热也会刺激到宝宝的皮肤，他会用哭闹表示自己的不满。两只眼睛看东西还不够协调，对亮光与黑暗环境都有反应。

✲味觉发育

1个多月的宝宝喜欢甜味和妈妈的奶味，不喜欢苦味与酸味的食品，如果给他吃，宝宝会表示拒绝。

✻ 动作发育

从出生到两个月的宝宝，各方面的动作发育处于活跃阶段，可以做出许多不同的动作，特别是面部表情逐渐丰富。睡觉时也会做出哭相，撇着小嘴好像很委屈的样子；有时也会不自觉地露出笑容。

现在宝宝俯卧位时，下巴能离开床的角度可达45°，但坚持不了多久。要到下个月，下巴和肩部才能都离开床面抬起来，在上肢支撑部分体重时，胸部也可以部分地离开床面。宝宝俯卧时，家长要注重看护，防止窒息，宝宝双脚的力量在加大，只要不是睡觉吃奶，手和脚就会不停地动，虽然不灵活，但动得很频繁。

2. 宝宝早教专家课堂

✻ 经常抚摸让宝宝更聪明

宝宝的皮肤缺少父母满怀爱心的抚摸，就像宝宝胃肠缺少了食物就会感到饥饿一样，皮肤也会感到“饥饿”。抚摸可以刺激宝宝的触觉神经，进而刺激宝宝的大脑。父母如果经常进行搂抱、亲吻宝宝等抚爱动作，不仅表达了自己的爱，还可以刺激感受器官，增加宝宝的智慧。父母可以采用下面的方法：

多抱抱宝宝，并为他做按摩

父母可以经常给孩子做全身抚摸。可边抚摸边哼些儿歌，让孩子接受父母轻轻的爱抚。全身抚摸，先让孩子仰卧，从头脸开始、然后腹部四肢。孩子还喜欢被按摩肚子，按摩肚子时，一只手接着一只手，从右边到左边。

触摸宝宝的小手

俗话说“孩子的智慧在他的手指尖上”，这句话是有道理的，大脑的不同区域掌管着人体的不同部位，换句话说，人体的不同部位在大脑中占有或大或小的位置。运动手掌与十指也必然会使大脑的神经受到刺激，得到锻炼，这就是“心灵手巧”最坚实、最有说服力的生理基础。因此，父母要多多抚摸、舒展、牵拉宝宝的双手。

触摸宝宝的头

头皮距离大脑最近，常摸摸它，有利于孩子情绪的稳定。

亲亲宝宝的脸

孩子喜欢被人亲近，多贴贴、亲亲孩子的脸，也有助于给他一个好情绪和好兴致。

✲ 做好“四浴”宝宝更健康

宝宝满月后，天气好的时候，父母可以坚持给宝宝做“四浴”了。“四浴”，也就是阳光浴、空气浴、温水浴、音乐浴。进行“四浴”时父母需要注意的细节：

阳光浴：我们知道，阳光中的红外线能扩张皮肤血管，紫外线可杀菌并有助于产生维生素 D 预防佝偻病。室外气温在 20 ~ 30℃时，应尽量让宝宝多晒太阳。春秋季可直接接触阳光，夏天可接受散射阳光，最初从 2 ~ 3 分钟开始，逐渐增至 10 分钟直至半小时。但不可让阳光直射宝宝的眼睛，可尽量多暴露皮肤。

空气浴：父母可以带宝宝去公园进行“空气浴”，摸摸小草、闻闻花香、看看小桥流水都是很不错的生活体验。让宝宝的皮肤大面积暴露在空气中，利用外界气温和体表温度之间的差异引起的刺激作用锻炼身体。可先在室内开窗配合婴儿抚触操进行，室温不低于 20℃，宝宝开始可穿衣（去尿布），随着外界气温升高，逐渐减少衣服直至穿短裤。当宝宝较能适应时，在室外温度 20℃以上且无强风时，可移至室外进行。

温水浴：胎儿期生活在羊水里，宝宝生下后就喜欢水。水的热传导能力比空气高几十倍，对体温调节有更大的作用。水温以 33 ～ 37℃为宜。浸浴时，宝宝在浴盆里取半卧位，可用水冲洗其躯干和四肢，水量应不超过其锁骨，每次浸浴 4 ～ 5 分钟即可。

✿ **音乐浴**：音乐能调节大脑功能，提高孩子们的思维能力和想象能力，陶冶心灵，培养高尚情操，给人以鼓舞和力量。经常听音乐的婴幼儿总是笑眯眯的，不怕生人，说话早，活泼可爱，眼神聪慧明亮，左右脑综合发展，长大后聪明、情商高，创造性强。父母对婴幼儿进行音乐训练，应贯穿在日常生活中，如唤醒宝宝时，可以选用较为轻快、活泼的音乐，播放时音量从小慢慢放大，待小儿醒来后，音乐可继续一段时间再停止播放；给婴儿哺乳时，可辅之以悠扬的音乐，这样能激起宝宝的食欲；引导宝宝入睡，可选用徐缓的《摇篮曲》，音量要逐渐放小，待宝宝入睡后，再徐徐消失。音乐可以选择欧美经典和中国古典音乐。

3. 宝宝左脑的开发方案

❉ 宝宝“哗哗哗”——逻辑思维能力

✿ **游戏目的**：培养宝宝“识把”的条件反射，训练宝宝主动表现的能力。

✿ **游戏方法**：妈妈要注意观察宝宝的排泄规律，在摸清宝宝的排泄规律后，每次到了宝宝要排便的时间，妈妈就将宝宝抱起，让宝宝背靠自己的前胸，并用双手托稳宝宝的双腿，对宝宝发出“哗哗”声，刺激宝宝排便。如果宝宝真的形成了条件反射，某天识把了，妈妈不要忘了亲亲宝宝，作出对宝宝的鼓励，并告诉宝宝：“宝宝可真棒，学会哗哗啦！”

✿ **温馨小语**：宝宝早日学会“识把”，可促进宝宝内脏的充盈感，刺激宝宝大脑，从而支配宝宝的排泄系统。养成“识把”习惯的宝宝，有排泄要求时会自己用动作和声音等发出警示，要求大人去“把”他。这种信号对宝宝的智力发育非常有益，是促进宝宝神经系统建立的一种益智行为，对宝宝的逻辑思维锻炼有帮助。

✲ 朗诵数字儿歌——提高数学能力

✿ **游戏目的**：让宝宝形成数字的概念，初步理解数字。

✿ **游戏方法**：在宝宝睡醒或吃饱后，妈妈可以把宝宝抱在自己的腿上，用手支撑起宝宝的头部，让宝宝看着妈妈的脸，然后给宝宝唱儿歌：“1”像铅笔能写字；“2”像小鸭能浮水；“3”像耳朵能听话；“4”像红旗飘啊飘……

妈妈也可以一边给宝宝唱数字儿歌，一边逗引宝宝发笑，让宝宝在妈妈的声音、逗乐中接受数字的熏陶。

✿ **温馨小语**：两个月的宝宝对数字的概念还很模糊，数学能力发展还处于萌芽阶段，还不能理解抽象的数学概念。不过，如果妈妈能经常这样与宝宝玩数字游戏，便能逐渐促进宝宝的数学能力发展。新生儿的数学能力提升活动，都是一些简单有趣又好玩的游戏，父母应寓教于玩，只要是能用具体事物表达出来的数学概念，都能通过游戏来让宝宝有初步的认识。

✲ 宝宝要唱歌——培养语言能力

✿ **游戏目的**：初步训练宝宝的发音能力，提高其“说话”的热情。

✿ **游戏方法**：选择宝宝精神状态很好的时候，妈妈和宝宝面对面，视线相对。妈妈可自编一些简单的小曲调，如“咿咿——咿咿咿——咿”，反复唱给宝宝听。妈妈要放慢速度，引导宝宝学着发出“咿咿——咿咿咿——咿”的声音。宝宝每发一个音，妈妈要及时鼓励宝宝，亲亲宝宝。

✿ **温馨小语**：两个月以内的宝宝虽然还不能说话，但已经能够发出一些模糊的短音。妈妈经常与宝宝“交流”，可以提高宝宝说话的积极性。妈妈也可将宝宝自己发出的声音录下来给宝宝听，这对宝宝的语言、交往等智能发育很有帮助。更重要的一点，通过宝宝这种有节奏的发音，也能提高宝宝对节奏的敏感程度。

✲ 享受日光浴——自然感知能力

游戏目的：借助阳光，来提升宝宝的自然感知能力。

游戏方法：在阳光充足、无风的时候，给宝宝戴上一顶遮阳帽，避免阳光直射宝宝的面部。然后让宝宝仰卧在婴儿车里，脱去宝宝的衣服，用小浴巾遮住腹部，到阳光下晒太阳。

妈妈可以边念儿歌边轻揉宝宝被太阳晒的部位，然后再让宝宝俯卧，重复上述的过程。

温馨小语：培养宝宝的自然感知能力，一定要让孩子接触自然。伴随对宝宝身体的抚触进行的日光浴，对宝宝的情绪和身体素质都有极大的好处，温暖的阳光也对宝宝的自然感知能力的提升有所助益。

4. 宝宝右脑的开发方案

✲ 蹬过来蹬过去——身体协调能力

游戏目的：训练宝宝的手眼协调能力，发展触觉，锻炼身体。

游戏方法：在宝宝的摇篮上方，低低地垂下一些色彩鲜艳的小布片、小塑料环、小软塑动物玩具等（选一种即可），逗引宝宝伸出小手来抓。当宝宝能从正面抓到后，再将玩具移到侧面摇晃，逗引宝宝继续从侧面抓。当宝宝能熟练地抓到后，再将玩具移到宝宝的脚部，逗引宝宝用脚蹬。

宝宝开始可能抓不到或蹬不准，妈妈要给宝宝一定的帮助，抬着宝宝的小手去触碰玩具。试着在宝宝用手要抓住玩具的一瞬间，将玩具突然提高。这样，宝宝的兴趣就会被激发出来，慢慢地宝宝自己也会挥舞着小手去抓或伸着小脚去蹬小玩具。

✿ **温馨小语：** 出生两个月的宝宝，他们的身体协调能力主要是学习基本的动作，如翻、坐、爬、抓、蹬等，提高身体的控制能力，掌握身体平衡，并学会控制自己的双手等。妈妈与宝宝玩这个游戏，可锻炼宝宝用手抓和用脚蹬的能力，锻炼宝宝的手部和脚部的力量和灵活性，使宝宝逐渐能控制自己的双手和双脚。

妈妈带我飞——创造性思维能力

✿ **游戏目的：** 通过这个游戏可以帮助宝宝认识世界，激发宝宝探索世界的欲望。

✿ **游戏方法：** 在宝宝精神状态较好时，妈妈平躺在床上，让宝宝两臂屈曲于胸前方，舒服地俯卧在妈妈的腹部。

妈妈将双手放在宝宝的脊背上轻轻按摩后进行深呼吸，让腹部稍有起伏，并对宝宝说："宝宝坐飞机喽！"让宝宝感受到妈妈腹部的缓慢运动。当妈妈躺在床上时，可以轻轻地举起宝宝，再放下，或搂着宝宝的胸部或腹部，让宝宝向前"飞"，向后"飞"，或从一边"飞"向另一边；还可以缓缓地放低宝宝的头，然后放低他的脚，让他缓慢而轻柔地朝各个方向移动，使宝宝沉浸在一种舒适的飞翔感觉中。

✿ **温馨小语：** 宝宝的创造性思维要从小发展，要让宝宝从小就感受到外界种种新奇的事物，从而愿意去探索。

宝宝的五官——人际交往能力

✿ **游戏目的：** 帮宝宝认识自己，提高自我认知能力。

✿ **游戏方法：** 妈妈和宝宝对视，一边温柔地看着宝宝，一边用手指点着宝宝的小鼻子、小嘴巴等，并告诉宝宝他的脸上各个部位都长什么样。比如："宝宝的眼睛长得好漂亮哦，就像小露珠一样！"宝宝虽然还听不懂话，但能感受到妈妈的爱，并逐渐认识自己的五官。

✿ **温馨小语：** 出生两个月的宝宝，大人逗引他时他会有反应，比如有微笑、发声或手脚乱动等反应。如果能经常与宝宝做游戏，宝宝会更乐意与大人相处。通过上面这个游戏，不仅能增进母子间的感情，让宝宝在良好的氛围中受到熏陶和培养，且能提高宝宝的自知能力，发展人际交往能力。

❋ 光在哪里——视觉记忆能力

✿ **游戏目的**：找光的游戏能刺激宝宝的视觉，从而锻炼宝宝对暗光的适应能力。

✿ **游戏方法**：妈妈在白天给宝宝喂奶时，可以将窗帘拉上，让房间逐渐变暗；夜间喂奶时也不要开灯，而用不同颜色的布包上手电筒，在不同色彩的昏暗光线下喂奶，或在最暗的灯光下换尿布。宝宝听到妈妈熟悉的声音，看到人的轮廓并躺在妈妈温暖的怀抱中不至于害怕，而且不同的光线又会让宝宝获得新的经历，注意到环境的变化。

✿ **温馨小语**：宝宝对明亮的窗户和亮亮的灯光很敏感。在妈妈的陪同下，尤其是在妈妈温暖的怀抱中感受一些不经常遇到的黑暗，能刺激宝宝的视觉，训练宝宝在暗光下的适应能力；当宝宝习惯暗淡的光线后，也能辨别出妈妈的位置和床的位置，逐渐适应昏暗的环境。

❋ 摇黄豆

✿ **游戏目的**：通过听到声音再转动头部看到瓶子，培养宝宝的视、听觉记忆能力。

✿ **游戏方法**：在宝宝睡醒的时候，将几粒黄豆放在小塑料瓶中，在宝宝的左右侧轮流轻摇。一般情况下，宝宝便会转动头部，眼睛移动到发出声音的一侧，然后认真观察塑料瓶，他对能动的东西都特别好奇。

✿ **温馨小语**：这个游戏要确保在宝宝精神状态较好时进行，千万不要在宝宝睡得迷迷糊糊的时候玩这个游戏。

❋ 辨别图形——形象思维能力

✿ **游戏目的**：此游戏培养宝宝对图形的认知能力。

✿ **游戏方法**：父母为宝宝准备一些不同颜色的图形，比如红色的三角形、黄色的圆形、绿色的长方形等。让宝宝躺在床上，然后出示不同的图形给宝宝看，每种图形让宝宝看 1 分钟，同时观察宝宝的反应。每天进行这样的训练，每次不要超过 5 分钟。

✿ **温馨小语**：形象思维能力强的人，对形象的图和画都很感兴趣，喜欢看书中的插图和图表，这种特征在很小的时候就会表现出来。发展这种能力，能让宝宝以后善于形象地把握事物，有利于培养观察能力、形象思维能力、对空间关系的把握能力等。

✽ 消失的小手——空间感知能力

✿ **游戏目的**：有利于发展空间感知能力，提高宝宝的空间智能。

✿ **游戏方法**：妈妈准备一块浅色的绒布，在宝宝睡醒后正举着小手玩时，妈妈将绒布挡在宝宝的眼睛和小手中间，把宝宝的小手遮住。妈妈用好奇的声音问宝宝："宝宝的小手呢？小手去哪里了？"当宝宝表现出诧异时，妈妈再把布拿开，让宝宝看到自己的小手。

✿ **温馨小语**：这个阶段的宝宝已经开始喜欢玩自己的小手了，妈妈可以通过这个游戏为宝宝创造发展空间感知能力的机会，逐渐理解自己与空间的关系。同时，游戏还能帮助宝宝认识自己的手与身体的关系，提高自我认知能力。

5. 本月宝宝的智能测试

恭喜你，宝宝满 2 个月了！快来做做下面的智力开发效果测评吧！本测评共有 12 个题目，请你将宝宝的相应得分写在题目前面的横线上。

____ 1. 看画：

A. 对喜欢的图画笑，对不喜欢的图画一扫而过并表情分明（10 分）

B. 对所有图画表现一样（6 分）

C. 从不看图画（0 分）

10 分为合格

____ 2. 追视红球：

A. 向左右追视达 180 度，头和眼同时转动（10 分）

B. 仅双眼转动，幅度小于 60 度（6 分）

C. 不追视，双眼不动（0 分）

10 分为合格

____3. 看手，仰卧时伸手到眼前观看：

A.10 秒以上（12 分）

B.5 秒（10 分）

C.3 秒（6 分）

D. 不看（0 分）

10 分为合格

____4. 随声转头：

A. 随妈妈的声音转头观看（10 分）

B. 眼看不转头（5 分）

C. 不动（0 分）

10 分为合格

____5. 物放入手心：

A. 紧握放入口中（12 分）

B. 握紧达 1 分钟（10 分）

C. 握住马上放手（8 分）

D. 不握掉下（0 分）

10 分为合格

____6. 高兴时发出元音，如啊、咿、哦、噢、呜等：

A.3 个（10 分）

B.2 个（6 分）

C.1 个（3 分）

D. 不发音（0 分）

10 分为合格

____7. 饥饿时听到脚步声或奶瓶声：

A. 停哭等待（10 分）

B. 哭声变小（8 分）

C. 仍大声啼哭（2 分）

8 分为合格

____8. 逗笑时：

A.45 天前笑出声音（12 分）

B.45 天后笑出声音（10 分）

C. 微笑无声（8 分）

D. 不笑（0 分）

8 分为合格

____9. 用勺子喂钙剂时：

A. 吸吮吞咽（8 分）

B. 舌头顶出（4 分）

8 分为合格

____10. 俯卧抬头：

A. 下巴离床（10 分）

B. 下巴贴床（8 分）

C. 抬眼观看（4 分）

D. 脸全贴床（2 分）

10 分为合格

____11. 竖抱时：

A. 头部直立不用扶持（6 分）

B. 头垂前方（4 分）

C. 头仰向后（2 分）

6 分为合格

____12. 扶腋在硬板床上自己迈步（每步 1 分）：

A.10 步（10 分）

B.8 步（8 分）

C.6 步（6 分）

D.4 步（4 分）

E. 不动（0 分）

4 分为合格

评分说明：本测评所测的能力及对应的题号和合格分数已在下表中列出，请你将测得的分数填入相应的空格中。若总分在 70 分以下，说明宝宝的智能未达到理想水平，请多加训练；总分在 90 ~ 110 分，说明宝宝的智能已达到平均水平；总分在 110 分以上，说明宝宝的智能发展非常棒，请继续努力。

测试项目	题号	合格分数	宝宝得分
认知能力	1　2　4	30	
精细动作能力	3　5	20	
语言能力	6　7	20	
社交能力	8	12	
自理能力	9	8	
大动作能力	10　11　12	20	
总分		110	

2～3个月宝宝

1. 本月宝宝的成长发育特点

生理发育

项目	男宝宝			女宝宝		
	平均值	下限值	上限值	平均值	下限值	上限值
身高	61.4 厘米	59.3 厘米	63.6 厘米	59.8 厘米	57.7 厘米	62.0 厘米
体重	6.0 千克	5.6 千克	7.8 千克	5.4 千克	5.2 千克	7.3 千克
头围	约 41.3 厘米			约 40.0 厘米		
胸围	约 41.0 厘米			约 39.6 厘米		

心理发育

这时的宝宝喜欢听柔和的声音，自己会有声有色地笑，一派天真快乐的表现。对外界的好奇心也是不断增长，如果你和他说话，他也开始用咿呀的发音与你对话。这个月是宝宝大脑发育生长期的第二个高峰的前夕，一定要有足够的母乳喂养，还要给予视、听、触觉神经系统的训练。

这个时期的宝宝最需要人来陪伴，睡醒后，最喜欢有人在他身边照料他，逗引他，爱抚他，与他交谈玩耍，这样他才会感到安全、舒适和愉快。

早教专家说，爸爸妈妈的身影、声音、微笑、目光、抚爱和接触，都会对宝宝心理造成很大影响，对宝宝未来的身心发育，建立自信、坚毅、勇敢、坦率、开朗、有责任感和同情心的优良性格，会起到很好的作用。

❊感觉发育

听觉发育

宝宝出生马上就3个月了，听觉能力正逐步提高，在听到声音后，头能转向声音的方向，并表现出极大的兴趣；当父母与他说话时，他会发出欢快的声音来表示应答。所以，爸爸妈妈在日常生活中，要多和宝宝说话，还可以给宝宝听一些轻松愉快的音乐，这都有利于宝宝的听觉发展，同时也有利于宝宝语言的发展。

视觉发育

3个月的宝宝能够通过视线来追随移动的物体，父母可以用气球进行练习。此时宝宝对颜色的辨析能力也逐渐加强了，对红色最为敏感，其次是黄色，见到这两种颜色反应最快，其他颜色则相对较慢。而且看见妈妈手里拿着奶瓶，就知道是要给自己喂奶或者喂水了。

❊语言发育

在有人逗宝宝时，他非常高兴，会笑，并能发出“阿”“呀”“咕咕”的语音；如果不高兴，哭声也会比平常大得多。这些特殊的语言是宝宝与成人进行情感交流的主要方式，也是宝宝内心意思的一种表达方式，看护人要及时做出相应的反应，没有效果，下次宝宝就不“说话”了。

❊动作发育

3个月的宝宝会看自己的小手，能用眼睛追踪物体的移动，仰卧时，大人稍拉他的手，他的头可以自己稍抬起，不完全后仰了。他的双手从握拳姿势逐渐松开。你给他一个小玩具，他可无意识地抓握片刻，要给他喂奶时，他会立即做出吸吮动作，还会用小脚踢东西。

每日生活逐渐规律化，如每天给予俯卧、抬头训练 10 ~ 20 分钟。宝宝睡觉的位置应有意识地变换几次。爸爸妈妈可以对宝宝进行翻身训练了，这个月底，宝宝马上就要掌握翻身的本事了。

2. 宝宝早教专家课堂

重视宝宝的情绪发育

情绪是一个人活动时心理的状态，是较为原始简单的情感，短暂而外显。婴儿的情绪社交发展是由内而外逐步展开的，最先接触到的就是父母、家庭成员，亲子关系是他发展所有情绪与人际关系的起点，亲子关系密切可以稳定婴儿的情绪，让他感到安全。

曾经有人做过实验：把一个每天生活得多姿多彩、情绪良好的宝宝和一个在单调无聊的生活中成长起来的宝宝作比较，最后发现：前者的反应较后者灵敏，而且在以后的教育中也显示出很大的优势。由此可见，良好的情绪对宝宝智力发展、语言发展都有积极的影响。

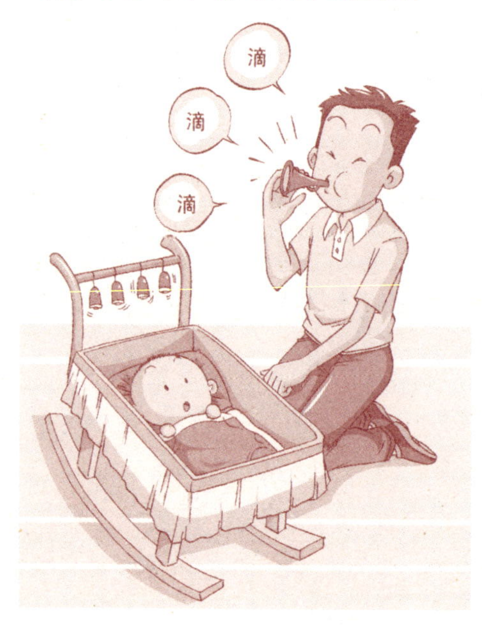

宝宝情绪具有时间短暂、反应强烈、容易变化、外显而真实等特点。随着年龄增长，语言能力发展，情绪反应逐渐稳定，能有意识地控制自己的情绪。儿童心理专家建议，保证和睦的家庭气氛，有规律的生活，适度的社交活动，避免精神紧张与创伤，能使宝宝维持良好的情绪和情感，有益于智能发展和优良品德的养成。对于维护这个阶段宝宝情绪的具体方式有：

首先，关注宝宝的哭。哭是婴儿与外界沟通的第一种方式。通过婴儿的哭泣，父母可以知道：宝宝是饥饿、困了、不舒服，大小便了，还是感到寂寞了。6 个月以内的宝宝只会用哭来表达他的需要和请求，如果没人理会宝宝的哭，他会感到很无助，时间一长就会变得悲观消极，并且不再为达到某一目的而想方设法去表达自己的想法。当宝宝感到寂寞了，家人要多哄哄他，逗他乐或唱歌给他听。

其次，多抱抱宝宝。让宝宝通过与母亲肌肤的接触知道自己是被疼爱的，这对婴儿来说非常重要，所以父母要多抱抱宝宝，这是一种很好的精神喂养方式。宝宝在妈妈那温暖的怀抱中，会感到妈妈的爱护和关怀，他会凝视着妈妈的脸，看着妈妈的口形，听着妈妈那亲切的声音。

第三，让宝宝睡在父母身边。在宝宝 6 个月之前，妈妈最好能在宝宝身边睡，适时地拍拍、哄哄、抱抱他，或者唱一首摇篮曲，让宝宝心满意足地安然入睡。有的父母在宝宝一出生就让他离开父母单独睡。如果让宝宝从小离开母亲，在他需要听到母亲的声音、嗅到母亲身上的气味、得到母亲的精心照料时，却得不到应该得到的满足，宝宝就会产生不安全感，非常不利于宝宝的心理健康成长。

最后，不要把坏的情绪传染给宝宝。父母与宝宝在一起时，要把所有的不愉快抛诸脑后，心情尽量轻松愉快，否则宝宝会受到你紧张的情绪影响，显得不安退缩。

3. 宝宝左脑的开发方案

✻会动的玩具——逻辑思维能力

✿ **游戏目的：**激发宝宝的好奇心，提高宝宝的分析、对比及判断能力。

✿ **游戏方法：**妈妈准备几首舒缓、宁静、愉悦的音乐，再准备一些玩具，如转铃、风铃、摇铃、小猫、小狗、小鸭等。游戏开始时，妈妈把会转动的玩具悬挂在宝宝的床前上方，每次悬挂一种即可。然后播放音乐，伴随着音乐让玩具缓缓地移动，刺激宝宝去看，并用目光追逐玩具。

如果玩具本身有声音，就不必再放音乐，如电动飞鸟。若再用音乐，就会干扰宝宝的注意力，影响游戏效果。每样玩具挂上一段时间后，再换上其他玩具。

✿ **温馨小语：**3个月的宝宝，两侧眼肌已经能互相协调了，能比较熟练地追视各种运动的事物。这个游戏不仅能训练宝宝学会视线的转移，还能培养宝宝对颜色、事物的分辨能力，并逐渐学会区别各种事物间的特征，提高其逻辑思维能力。

✻大球和小球——培养数学能力

✿ **游戏目的：**通过游戏帮助宝宝认识大小的概念。

✿ **游戏方法：**妈妈准备两个球，一个大的，一个小的，放在桌子上。妈妈抱着宝宝坐在桌子旁，让宝宝看球，妈妈指着大球告诉宝宝：“宝宝看，这是大球。”再指着小球告诉宝宝：“这是小球。”然后妈妈把大球和小球分别拿起来让宝宝抱抱，让宝宝感觉一下大球与小球在触觉上的不同。

✿ **温馨小语：**数字来源于生活，利用日常生活中的各种事物，或者宝宝的玩具等，丰富宝宝的数学经验，充分调动宝宝的各种感官来体会数字概念。3个月的宝宝，已经能够分辨简单的形状了，比如大小。所以大人要尽量创设条件，通过游戏让宝宝感受到数学的快乐和体验数学信息，帮助宝宝提高数学能力。

✽妈妈念儿歌——培养语言能力

✿ **游戏目的：**丰富宝宝的语言基础，让宝宝感受明快的语音节奏。

✿ **游戏方法：**父母有时间要多收集一些儿歌，空闲时抱着宝宝，一边摇，一边给宝宝念儿歌。比如："小老鼠，上灯台；偷油吃，下不来；叫奶奶，拿猫来；骨碌碌，滚下来。"丰富宝宝的基础语言，促进宝宝的语言能力发展。

✿ **温馨小语：**歌声是宝宝最乐于接受的语言形式，通过歌曲或儿歌，不仅能让宝宝感受到优美的旋律、明快的节奏，还能给宝宝语音的刺激，帮助宝宝逐渐记住儿歌中典型有趣的词及末尾押韵的音，这对宝宝语言的表现力、表达的音准都很重要。

✽妈妈弹响指——听觉记忆能力

✽✿ **游戏目的：**通过妈妈弹响指、拍手等发音动作训练宝宝的听力。

✿ **游戏方法：**让宝宝仰卧在床上，妈妈坐在宝宝的身边，微笑注视着宝宝，让宝宝注意到妈妈的表情，并引起宝宝愉快的情绪。妈妈用拇指和中指在宝宝面前弹几下响指，发出清脆响亮的声音，吸引宝宝的注意力。响指游戏进行三四次后，妈妈开始有节奏地轻快地拍手，吸引宝宝的注意力，拍手游戏也可进行三四次。游戏进行2分钟后，妈妈可换到宝宝的另一侧，继续重复进行上面的游戏；宝宝的头也会转到另一侧，眼睛也随之转动。

✿ **温馨小语：**3个月的宝宝对声音的反应也有了目标性。通过上述游戏，妈妈能帮助宝宝更好地锻炼听觉，并能训练宝宝对声音节奏的感知能力。

✽一起来跳舞

✿ **游戏目的：**发展宝宝的听觉、动觉和节奏感。

✿ **游戏方法：**选择一些轻柔而节奏舒缓的音乐，如一曲华乐兹或一首民谣，放录音或自己哼。把宝宝温柔地抱在怀里，轻轻地从一边到另一边摇摆，向前、向后迈着舞步，合着音乐的节拍转身或旋转。这项运动将刺激宝宝耳朵里的感觉器官和小脑，发展他的听觉、位置觉和平衡觉，这些感觉能力是他试图学会坐、站和开步走时所必需的。

随着音乐的哼唱，宝宝还会受到来自妈妈胸部振动的刺激，妈妈温暖怀抱的爱抚，这样妈妈就会和宝宝一起度过令人神往的几分钟。

✿ **温馨小语**：这个时候的宝宝已经能有自己的喜好，喜欢听哪些音乐，不喜欢听哪些音乐，妈妈要有所察觉；看哪个游戏能增强母子间的关系。

4. 宝宝右脑的开发方案

✻ 逗逗飞——身体协调能力

✿ **游戏目的**：训练宝宝的手眼协调能力，对以后手的精巧发展有帮助。

✿ **游戏方法**：让宝宝仰卧在小床上，妈妈用两手分别拿着宝宝的双手，用食指和拇指抓住宝宝的食指。教宝宝将两个食指的指尖对拢又分开，对拢时对着宝宝说“逗、逗”，分开时说“飞”。每说一次，食指尖对拢一次。

✿ **温馨小语**：出生3个月左右的宝宝，已经能灵活地合拢手指了。为了锻炼宝宝手部的灵活性，大人要多创设类似的游戏，促进宝宝手眼的协调发育，从而提高身体的协调能力。

✻ 哪里动，哪里响——创造性思维能力

✿ **游戏目的**：让宝宝通过看和听来促进他的大脑判断能力。

✿ **游戏方法**：在宝宝的床上方吊一个系着铃铛的大花球，让宝宝能看到。在大花球上系一根绳子，绳子的另一头系在宝宝的左侧手腕上，然后妈

妈握住宝宝的左手摇动，绳子会带动大花球上的铃铛作响。妈妈松开手，让宝宝自己玩，宝宝也会挥动四肢甚至左臂，牵动花球，让铃铛响起来。

然后，妈妈再将绳子系在宝宝的右手腕上，宝宝会继续晃动全身，最后知道只有挥动右手腕，才能让铃铛响起来。以后，妈妈还可以将绳子分别系在宝宝的左、右脚踝上，帮助宝宝感知通过动哪个肢体能让花球运动，使铃铛作响。

✿ **温馨小语**：这个游戏可以从宝宝第三个月开始，父母每天给宝宝做个记录，看看宝宝是从哪天开始只用一个肢体就能直接拉响铃铛。一般来说，宝宝到了第85天左右，无论妈妈给宝宝套上哪个肢体，宝宝都能动哪个肢体摇响铃铛了。

❋认妈妈——人际交往能力

✿ **游戏目的**：认识自己的父母，培养宝宝与父母的愉快交往能力。

✿ **游戏方法**：当爸爸抱着宝宝，对面有奶奶、妈妈或邻居阿姨等，宝宝会毫不犹豫地转头找妈妈。宝宝认识妈妈是一种综合印象，综合形象、声音、气味、拥抱的姿势等。

母乳喂养的宝宝会提早认识妈妈，有的在两个半月就能认识了，因为母乳的气味会让宝宝特别容易分辨。只要宝宝和妈妈住在一起，3个月的宝宝基本都能认识自己的妈妈了。

✿ **温馨小语**：3个月前后，宝宝会逐渐分辨爸爸及其他家人。如果父母经常让宝宝接触其他亲戚邻居，宝宝容易与他们建立友好的关系。既能帮助宝宝建立良好的交往关系，同时还能帮助区分自己与他人的身体，让宝宝认识自己，培养宝宝的自我认知能力。

❋摸摸是什么——形象思维能力

✿ **游戏目的**：帮助宝宝认识和

了解不同物体间的特性，锻炼形态认知能力。

✿ **游戏方法**：妈妈为宝宝找来各种质地的物品，如木制的拨浪鼓、小毛巾、布娃娃等。将这些东西逐个放入宝宝的小手内，让宝宝握住并告诉宝宝这些不同质地的东西。比如，将小布娃娃放入宝宝的小手内时，对宝宝说："这是可爱的布娃娃，是布做的，是不是非常柔软？"

✿ **温馨小语**：父母要培养宝宝的形象思维能力，就要注意与具体的形象相结合，所以应该有意识、有计划地给宝宝安排一些富有思维能力的活动，使其在游戏中逐渐提高形象思维能力。

❉玩小汽车——空间感知能力

✿ **游戏目的**：这个游戏可以帮助宝宝理解空间物体的运动。

✿ **游戏方法**：妈妈为宝宝准备一辆彩色的玩具小汽车，在宝宝睡醒并空腹时，让宝宝两臂屈曲于胸前，俯卧在床上，然后拿出玩具车，在前面逗引宝宝："宝宝看，小汽车，嘀嘀嘀！"

当宝宝注意到汽车玩具时，妈妈慢慢地移动小汽车，同时发出"嘀嘀嘀"的声音，让小汽车离宝宝的眼睛越来越远。将小汽车移出30厘米左右后，再慢慢地往回移动到宝宝的眼前。反复做2～3次游戏，观察宝宝的反应。

✿ **温馨小语**：宝宝在3个月时，对空间中的一些物体开始产生兴趣。通过这种由近及远、由远及近的视线活动，可以帮助宝宝认识空间，理解空间物体的运动关系，游戏还能锻炼宝宝的颈部肌肉。

❉照镜子——视觉记忆能力

✿ **游戏目的**：训练宝宝的视觉能力，同时发展宝宝的自我意识。

✿ **游戏方法**：把宝宝抱到梳妆镜前，让宝宝从镜子里看到自己的形象。宝宝笑时，镜中的宝宝也笑；妈妈拉宝宝的手去摸镜子，镜中宝宝也照样伸手；妈妈对着镜子做鬼脸，镜中的妈妈也做鬼脸；宝宝开始用头去碰镜子，用身体去撞，用脚去踢，在镜前做各种动作。妈妈告诉他"这是宝宝，那是妈妈"，让他认识自己的形象。

✿ **温馨小语**：宝宝在2～3个月时，还不能明确什么是自我。让宝宝照镜子，并让宝宝摸摸镜子，让宝宝感受到玻璃的触觉刺激，对培养宝宝的视觉和触觉都是有帮助的。

5. 本月宝宝的智能测试

恭喜你，宝宝满 3 个月了！快来做做下面的智力开发效果测评吧！本测评共有 12 个题目，请你将宝宝的相应得分写在题目前面的横线上。

____1. 认母：

A. 见到母亲主动投怀（5 分）

B. 母亲离开时哭叫（4 分）

C. 对谁都一样（1 分）

5 分为合格

____2. 追视红球：

A. 头颈活动，上下左右环形追视（9 分）

B. 会上下追视（6 分）

C. 会左右追视（3 分）

D. 小于 60 度追视，眼动头不动（1 分）

9 分为合格

____3. 眼看双手：

A. 互相抓握玩耍，抓脸、衣服、被子（10 分）

B. 手乱抓，眼看不着（6 分）

C. 手不会抓物（0 分）

10 分为合格

____4. 牵铃的绳子套在某一肢体上：

A. 知道动哪一肢体使铃打响（12 分）

B. 全身滚动使铃响（10 分）

C. 不会牵绳，弄不出声音（2 分）

12 分为合格

____5. 会发长元音或双元音：

A.3 个（9 分）

B.2 个（6 分）

C.1 个（3 分）

D. 不会（0 分）

9 分为合格

____6. 大人讲话时：

A. 大声答话（12 分）

B. 小声答话（10 分）

C. 笑而不答（8 分）

D. 毫无表示（0 分）

10 分为合格

____7. 常常笑：

A. 见熟人笑，对镜子笑（10 分）

B. 见人就笑（8 分）

C. 人逗才笑（6 分）

D. 很少笑（4 分）

10 分为合格

____8. 识把：

A. 会做表示，白天很少尿湿床铺（10 分）

B. 偶然成功 1 次（6 分）

C. 常用尿不湿，不把（0 分）

10 分为合格

____9. 翻身 90 度：

A. 仰卧转侧卧（12 分）

B. 俯卧转侧卧（10 分）

C. 侧卧转仰卧（8 分）

D. 侧卧转俯卧（6 分）

10 分为合格

____10. 俯卧抬头：

A. 抬起半胸，用肘支撑（10 分）

B. 抬头，下巴离床（8 分）

C. 眼睛往前看，下巴贴床（6 分）

10 分为合格

____11. 俯卧，大人双手从两侧托胸并举起宝宝：

A. 头、躯干和髋部成一直线，膝屈成游泳状（10 分）

B. 头、躯干成直线，下肢下垂（6 分）

C. 头及下肢均下垂（2 分）

10 分为合格

____12. 扶腋站在硬板床上迈步：

A.5 步（6 分）

B.4 步（5 分）

C.3 步（4 分）

D.1 步（2 分）

5 分为合格

评分说明：本测评所测的能力及对应的题号和合格分数已在下表中列出，请你将测得的分数填入相应的空格中。若总分在 70 分以下，说明宝宝的智能未达到理想水平，请多加训练；总分在 90 ~ 110 分，说明宝宝的智能已达到平均水平；总分在 110 分以上，说明宝宝的智能发展非常棒，请继续努力。

测试项目	题号	合格分数	宝宝得分
认知能力	1 2	14	
精细动作能力	3 4	22	
语言能力	5 6	19	
社交能力	7	10	
自理能力	8	10	
大动作能力	9 10 11 12	35	
总分		110	

第4节 3～4个月宝宝

1. 本月宝宝的成长发育特点

✿ 生理发育

项目	男宝宝			女宝宝		
	平均值	下限值	上限值	平均值	下限值	上限值
身高	64.6 厘米	62.1 厘米	67.2 厘米	62.5 厘米	60.5 厘米	64.6 厘米
体重	6.7 千克	6.5 千克	8.5 千克	6.5 千克	6.2 千克	7.7 千克
头围	约 42 厘米			约 40.6 厘米		
胸围	约 41.2 厘米			约 40.0 厘米		

✿ 心理发育

4 个月的宝宝特别喜欢自己的小手，小手就是宝宝最好的伙伴了，从不同的角度玩，还喜欢用手触摸玩具，并且喜欢把能拿到手的东西往嘴里放，用嘴去试探着“这是什么？”高兴起来，会用咕咕噜噜的语言与父母交谈，有声有色地说得还挺热闹。喜欢听见自己的声音，对妈妈显示出格外的偏爱，离不开。

父母要多进行亲子交谈，不要把他当成不懂事的“小宝宝”，一家人说说笑笑多好，也可以给宝宝唱歌。或用玩具逗引，还要轻柔地抚摸、鼓励他。

✲ 感觉发育

听觉发育

4 个月的宝宝，听力明显增强，只要在耳朵边发出声音，宝宝就会跟着声音的来源转头。宝宝吃饱奶后，一般都会心满意足地躺在那里，舞动着手脚撒欢。只要妈妈轻轻叫一声"小宝贝"，宝宝马上会寻声把头和眼睛转向妈妈，听见妈妈的声音对于宝宝来说是一件非常开心的事情。但声音太大或刺耳，宝宝就会因惊恐而啼哭。此时能区分男女的声音，对于爸爸妈妈的叫声都会表示高兴，叫他的名字，他会马上应答。

视觉发育

4 个月的宝宝能固定视物，看清大约 80 厘米远的物体，视力约为 0.1。注视的时间明显延长了，视线还能跟随移动的物体而移动，如母亲从身边走过时，他的眼睛可以跟着母亲的身体转动，喜欢看自己的手。对颜色很敏感，婴儿对色彩有偏爱，喜欢看明亮鲜艳的颜色，尤其是黄色和红色，不喜欢看暗淡的颜色。他们偏爱的颜色依次为红、黄、绿、橙、蓝等，父母要经常用红色的玩具来逗引宝宝也正是这个道理。妈妈也可以有意识地在宝宝面前走动，吸引宝宝的关注，观察宝宝眼睛是否会追随。

✲ 语言发育

在语言上，这个月的宝宝有一定的发展，有人跟他逗着玩，他就发出欢快的笑声，当看到妈妈时，嘴里还会不断地发出咿呀的学语声，似乎在向妈妈吐露心声。

✲ 动作发育

4 个月的宝宝各种动作比以前更加熟练了，还能成对称性。俯卧时，宝宝上身完全抬起，与床垂直；腿能抬高踢去衣被及踢吊起的玩具；拿东西，手指比以前更灵活了。手的活动范围扩大了，宝宝的两只手能在胸前握在一起，喜欢用自己的一只手玩另一只手，这也是这个月宝宝动作发育的主要标志。

2. 宝宝早教专家课堂

❇ 婴幼儿健脑益智的九大真经

0～3岁是大脑细胞，尤其是突触生长的旺盛期。周围环境带来的新鲜美好的刺激会使脑细胞更容易产生大量突触和树突分支，从而使宝宝的大脑功能得到迅速发展。父母想要宝宝更加聪明，就要采取合理的方式激发宝宝的大脑。我们下面就介绍可以帮助婴幼儿健脑益智的“九大真经”。

第一招，爱。婴儿降临人间后，除了物质需求外，最需要的就是爱——母爱、父爱和周围人的爱，尤其是最早的几个月。婴儿并不是要操纵或控制大人，而是需要大人的关心。谁一直对婴儿的哭闹采取行动，婴儿就会信任谁，并会感到强烈的自我尊重。如果在最初的几个月得不到关心，婴儿长大后可能会内向、孤僻。当婴儿哭闹时，父母可以通过抚摸和安慰使他平静下来，而不是让他继续哭泣。总之，父母要从为婴儿提供温馨的充满爱的环境开始。

第二招，抚触。抚触是强有力的刺激和学习工具，可以让宝宝变得聪明，还可使婴儿平静下来。妈妈在喂养时要抱紧她，经常拥抱她。给婴儿沐浴后，轻轻地全身按摩，爸爸也要经常给宝宝做按摩。

第三招，说话。说话，也就是跟宝宝聊天，家长要用温和慈爱的声音，像对待大人一样。妈妈的话语是宝宝最爱听的声音，还要使用尽可能多的词汇。如果作出夸张的表情，配合一些手语，婴儿会更乐意与你交流。

第四招，外出。外出散步，带他到不同的地方，如公园、超市、游乐场和商业街。让他接触不同的视觉与声音，给他带来丰富多彩的体验，大脑受到的刺激就会增多。

第五招，模仿。婴儿最擅长的就是模仿，从出生起，他就喜欢模仿大人的动作与表情。抱婴儿时保持大约30厘米的距离，作鬼脸，如吐舌头。

第六招，阅读。不要以为婴儿小，听不懂什么，其实他无时无刻不在学习语言。因此家长要多给宝宝阅读，还可以给宝宝讲故事，给他看看故事书上的图片。

第七招，探索。父母要鼓励宝宝多去探索发现，尤其是宝宝可以爬行以后，并为婴儿提供安全的探索环境，如纸箱，在里面放点玩具。

第八招，游戏。玩耍是宝宝的天性，在玩耍的过程中，宝宝可以很好地锻炼肢体，还可以开发他的协调能力。父母可以多抽出时间来，陪宝宝做一做亲子游戏。

第九招，音乐。婴儿出生后，跟视觉、触觉、味觉相比，听觉是最为发达的，研究发现，音乐可以很好地开启宝宝智慧的大门，尤其是节奏轻快、连续的音乐。

❊遵循宝宝动作发展的规律

宝宝的动作发展有一定的规律，一般都是从上到下，最早发展的动作是头部动作，接着是躯干，最后才是脚部动作。父母要遵循孩子动作发展的规律，注重各种动作训练。

时间	动作内容	方法建议
2个月内	抬头练习	竖抱时让他抬头，俯卧时抬头
3个月	训练翻身	翻身是一项里程碑式的动作，是为今后的爬的动作做准备
4个月	抓握物件	抓握反射是婴儿的本能反射动作，父母要把这种本能反射动作演变成有意义的社会行为
5个月	换手游戏	将一个物件有意识地从一只手传递到另一只手，这是一件十分值得高兴的事
6个月	训练坐	先练习拉坐，接着训练宝宝靠着坐，最后进行独坐训练
7个月	训练爬行	爬行对宝宝来说是非常有益的，爬得早、爬得长、爬得好的孩子智商高，语言能力发育快

8个月	拇食对捏	精细动作的起点是拇指和食指对起来捏东西，父母可以训练宝宝捏黄豆、捏花生等
10～11个月	训练站立	让宝宝扶物站立，最后能移动几步，这是学步的开始
12个月	搭积木	搭积木是孩子最受欢迎的游戏，可以练习宝宝的手眼配合
1岁2个月	行走自如	训练宝宝独立行走，可以把球抛出去，让他来回捡球
1岁4个月	穿珠子	准备一些算盘珠子，手把手地教宝宝穿珠子，这是一项精细动作，可以培养孩子专注能力
1岁半	爬楼梯	父母可以开始扶宝宝一步一步下楼梯
1岁6个月	投球入瓶	用食拇指对捏小球，然后拿到瓶口时放松，让球落入瓶中
1岁10个月	踢球	宝宝踢球，能踢出去就行
2周岁	倒水入杯	教宝宝拿一只杯子倒入另一只杯子里
2岁3个月	使用筷子	可以训练宝宝用筷子夹红枣到盘子里
2岁半	走平衡木	走平衡木能锻炼宝宝的身体平衡
2岁9个月	泥捏（或面团）	让宝宝用手将泥巴捏成各种熟悉的东西
3岁	玩球	玩球是孩子最喜欢的游戏，尤其是男孩子，给他一个球，让他随意玩

3. 宝宝左脑的开发方案

✼妈妈也要给宝宝吃——逻辑思维能力

✿ **游戏目的：** 培养宝宝初步的观察力，以及简单的思维、分析能力。

✿ **游戏方法：** 妈妈先在桌上铺一张彩色的餐巾纸，在纸上放几粒爆米花。在引起宝宝注意后，妈妈捏起一粒放入口中咀嚼，并做出很好吃的表情。这时，宝宝一定也会急着想吃到。妈妈可捏起一粒放入宝宝口中，看看宝宝的反应。如果宝宝想吃，他会用口水化开爆米花咽下去；如果不喜欢，就会吐出来。这样，宝宝就有了初步的注意细小物体的经验。

妈妈再铺一张白色的餐巾纸，在上面放一粒红色的小豆豆，最好是膨化食品，宝宝会伸手去摆弄并专心地玩上几分钟。如果宝宝未发现红色的小豆豆，妈妈可抖动餐巾纸，让小豆豆滚动，引起宝宝注意。

✿ **温馨小语**：4个月左右的宝宝，手指还没有捏取能力，但视觉分辨率开始精确，能看到细小的物品，对于自己感兴趣的物品，愿意去观察和探索。所以，父母应该多创造机会，训练宝宝对物体的观察能力，从而促进宝宝多思考、多分析。

✲ 妈妈和宝宝藏猫咪

✿ **游戏目的**：让宝宝理解暂时看不到的事物仍然存在，要设法去寻找它。

✿ **游戏方法**：先用大手帕蒙住自己的脸或玩具。妈妈问：在哪儿？当宝宝寻找时，突然拉掉手帕露出笑脸并叫一声“猫儿”，逗宝宝笑。然后，将大手帕蒙住宝宝的脸，让他学着将手帕拉开，妈妈高兴地叫一声“猫儿”，和宝宝一起开心地笑起来。

✿ **温馨小语**：4个月左右的宝宝都很喜欢这个游戏，他会学着用手帕、衣服、被单蒙住自己反复地同妈妈玩，而且学着发出“猫儿”的声音，这个游戏使母子都很快乐。

✲ 我会数数——数学学习能力

✿ **游戏目的**：培养宝宝对数字顺序的认识，逐渐熟悉数目的顺序。

✿ **游戏方法**：妈妈将宝宝放在摇篮里，一边摇摇篮，一边跟着摇篮的节奏数数给宝宝听。妈妈也可以在抱着宝宝上楼梯时，有节奏地从1数到10给宝宝听。妈妈还可以拿着宝宝的小手，一个一个地拨弄宝宝的小手指，数数：1、2、3、4……

✿ **温馨小语：**对于 0~1 岁的宝宝而言，他们的数学能力发展还处于萌芽阶段，不能理解抽象的数学概念，所以在这一阶段培养宝宝的数学能力，应让宝宝学会用感官去了解和体验数学。每天与宝宝有目的地进行上述游戏，通过宝宝的听觉逐渐强化宝宝对数的概念，从而逐渐熟悉数字。

宝宝学发音——培养语言能力

✿ **游戏目的：**锻炼宝宝的发音水平，提高语言能力。

✿ **游戏方法：**将宝宝抱起来，让宝宝与妈妈面对面，然后妈妈用愉快的语气与表情发出“a-a-”“u-u-”“ba-ba-”“ma-ma-”等重复音节，逗引宝宝注视你的口型。每发一个重复音，停顿一下，给宝宝模仿的时间。妈妈也可以拿一个色彩鲜艳带响的玩具，在宝宝面前一边摇动一边说：“宝宝，拿（na）!”鼓励宝宝发出“na”的音。这样做，可以逗引宝宝学发音，逐渐由单音向双音发展。

✿ **温馨小语：**宝宝在这一时期会无意中发出“ma”或“ba”的声音，这是宝宝自己咿呀叫唤时无意发出的音，还没有意识。不过，辅音要有口唇的参与，比仅仅会发元音要难一点，所以父母要多与宝宝“交流”，教宝宝重复发出辅音，提升语言能力。

高高低低——听觉记忆能力

✿ **游戏目的：**帮助宝宝感受高音、低音的变化。

✿ **游戏方法：**准妈妈弹有明显高、低音区别的曲子（也可放录音），爸爸抱着宝宝倾听，并不时地对宝宝说：“宝宝听，妈妈弹得多好听。”当听到音乐的高音时，爸爸将宝宝高高举起，并说道：“高喽！宝宝比爸爸还高。”当听到低音处时，爸爸就把宝宝放低，对宝宝说：“宝宝低喽。”反复数次。

✿ **温馨小语：**3 个月以后的宝宝，就能区别各种不同的声音了，所以父母要经常与宝宝玩一些声音游戏。每次进行上述游戏时，要先使宝宝留意听音乐，感受到宝宝在听音乐时，再将他举高放低，让宝宝在运动中去感受声音的高低变化，这对于提升宝宝的听觉记忆能力大有好处。

4. 宝宝右脑的开发方案

✲ 小脚踩踩踩——身体协调能力

✿ **游戏目的**：锻炼宝宝的腿部力量，增强其肢体协调感。

✿ **游戏方法**：宝宝洗完澡后，让宝宝躺在舒服的小床上，妈妈用两手稍微抓住宝宝的小脚。不要太用力，让宝宝的脚踝像踏脚踏车一样来回运动。妈妈可以对宝宝说："宝宝要骑脚踏车去花园玩喽！"同时，还可以配合优美舒缓的音乐进行游戏，增强宝宝的愉快情绪。

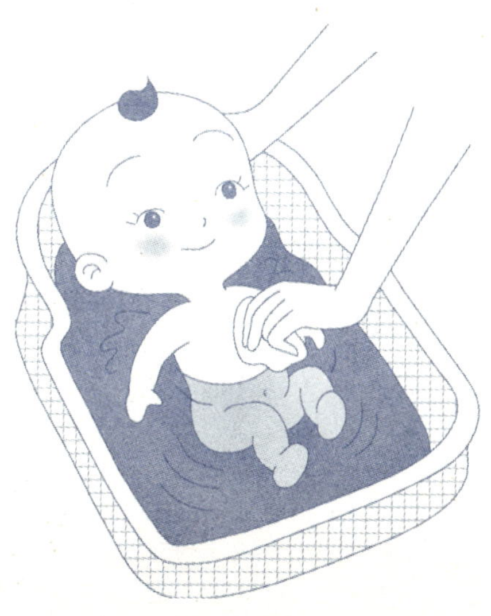

✿ **温馨小语**：这个时候的宝宝，躺着时已经能看到自己翘起的小脚了，因此父母要多创造机会与宝宝做运动游戏，锻炼宝宝身体的各部分功能。游戏主要锻炼的是宝宝的腿部力量，以及整个肢体的协调感，能促进宝宝身体协调能力的发展。

✲ 踢水花

✿ **游戏目的**：锻炼宝宝的全身力量，增强其大动作能力。

✿ **游戏方法**：在浴盆或小的婴儿浴缸里放入10~15厘米深的水，让宝宝仰面躺在水里。妈妈可以用手托住他的头，让他的脸和耳朵露在水外面。多数宝宝都喜欢在水里的感觉，会高兴地开始踢腿，他们踢得越用力，水花就溅得越高。所以，只要宝宝一发现是自己的腿制造了水花四溅，那么他就会更加兴奋地踢水花。

温馨小语：游玩时注意不要让水溅到宝宝的脸上。

拉大锯，扯大锯——创造性思维能力

游戏目的：帮助宝宝学会从不同角度感知世界，开启宝宝的新奇想法。

游戏方法：在宝宝睡醒后，让宝宝保持仰卧，并帮助宝宝放松上肢。妈妈握住宝宝的两个小胳膊，然后慢慢将宝宝拽起来，边拽边念歌谣："拉大锯，扯大锯，外婆家门口唱大戏；妈妈去，爸爸去，小宝宝也要去。"

将宝宝拉起来后，再轻轻将宝宝放下，让宝宝保持仰卧。重复游戏3～4次。

温馨小语：这个游戏首先能锻炼宝宝的腰背部肌肉、骨骼力量及上臂的支撑力，让宝宝的身体发育更结实。

认识小朋友——人际交往能力

游戏目的：这个游戏可以促进宝宝和同龄小朋友建立良好的同伴关系。

游戏方法：父母应经常抱着宝宝到户外，让宝宝观看其他小朋友玩耍，而且要不断对宝宝说："宝宝看，这是小哥哥（小姐姐），他们在玩踢球哎，他们在堆雪人哦。"

温馨小语：与同龄小伙伴交往是宝宝整个社会交往系统中的重要组成部分，也是培养宝宝人际关系能力的一个重要内容。经常带宝宝参与到小朋友的游戏中，能激发宝宝想一起玩耍的欲望，提高宝宝的交往技能，培养其日后的良好个性。

宝宝看电视——视觉记忆能力

游戏目的：让宝宝适量地看电视可以刺激宝宝的视觉，延长宝宝对事物的注视时间，训练宝宝一定的专注力。

游戏方法：妈妈把宝宝抱到距离电视适当的距离，让宝宝看上4～5分钟电视，同时用简单的语言对宝宝解释电视画面内容。比如，"宝宝看，电视上有大飞机。"关掉电视后，妈妈可对宝宝说一些有关电视的话，如："电视可好看了，有宝宝喜欢的大汽车、大老虎、小猴子……宝宝以后可以经常看电视……"

温馨小语：父母可以有选择

地让宝宝看一些电视节目，里边的内容会让宝宝较长时间专注于电视，这对锻炼宝宝的专注力是有好处的。

✲ 这都是什么做的——形象思维能力

✿ **游戏目的**：通过让宝宝接触不同物体，了解各种事物的不同特征，来丰富宝宝的触觉。

✿ **游戏方法**：在宝宝情绪较高时，让宝宝抓取桌上的物品，如毛绒玩具、纸质的小盒、塑料玩具、软橡皮制的能捏响的小熊等。宝宝伸手拿到某种物品时，妈妈要告诉宝宝玩具是“硬的、软的、空的、响的”等。洗澡时，还可以让宝宝摸摸浴巾、丝瓜瓤等，或让宝宝感受一下浴巾的柔软，与又硬又粗的丝瓜瓤的不同。当然，丝瓜瓤不能用来给宝宝擦身体。

✿ **温馨小语**：让宝宝接触硬、软、粗、细、中空等不同的物体，不仅能增强宝宝的触觉感受、分辨能力，还能让宝宝了解不同事物的不同特征，从而增强宝宝的形态认知能力。

5. 本月宝宝的智能测试

恭喜你，宝宝满 4 个月了！快来做做下面的智力开发效果测评吧！本测评共有 12 个题目，请你将宝宝的相应得分写在题目前面的横线上。

____1. 追视滚球：

A. 从桌子一头看到另一头（10 分）

B. 追视到桌子中央（5 分）

C. 不追着看（0 分）

10 分为合格

____2. 在白纸上放 1 粒红色小丸：

A. 马上发现（10 分）

B. 大人用手指着才能看到（8 分）

C. 未看到（3 分）

10 分为合格

____3. 听胎教音乐：

A. 微笑而入睡（10 分）

B. 微笑（8 分）

C. 听到胎教音乐时转头观看（5 分）

D. 无表情（2 分）

10 分为合格

____4. 认人：

A. 对母、父、照料者皆投怀（12 分）

B. 对父母均投怀（8 分）

C. 对生人注视，无亲热表情（5 分）

12 分为合格

____5. 吊球：

A. 会用手拍击横吊在胸前的小球（10 分）

B. 试击不中（8 分）

C. 只看不动手（4 分）

10 分为合格

____6. 模仿大人唇形发出辅音，如"妈""爸""不""哥""姑"等：

A.3 个（15 分）

B.2 个（10 分）

C.1 个（5 分）

10 分为合格

____7. 大人蒙脸玩藏猫猫时：

A. 笑且动手拉布（6 分）

B. 笑不动手（3 分）

C. 毫无表情（0 分）

6 分为合格

____8. 晚上睡眠延长：

A. 晚上能连续睡 5 ~ 6 个小时，白天觉醒时间增加（8 分）

B. 晚上能连续睡 4 小时（6 分）

C. 晚上能连续睡 3 小时（4 分）

8 分为合格

____9. 用勺子喂：

A. 张口舔食（4 分）

B. 撅嘴吸吮（0 分）

4 分为合格

____10. 俯卧时：

A. 用手撑胸（10 分）

B. 用肘撑胸（8 分）

C. 只能抬头（6 分）

10 分为合格

____11. 仰卧抬腿：

A. 踢打吊球（10 分）

B. 会踢但不中（8 分）

C. 不能抬腿（0 分）

10 分为合格

____12. 仰卧大人说“坐起”：

A. 双手拉坐时头伸直（10 分）

B. 拉坐时头向前倾（8 分）

C. 拉坐时头向后仰（4 分）

10 分为合格

评分说明：本测评所测的能力及对应的题号和合格分数已在下表中列出，请你将测得的分数填入相应的空格中。若总分在 70 分以下，说明宝宝的智能未达到理想水平，请多加训练；总分在 90 ~ 110 分，说明宝宝的智能已达到平均水平；总分在 110 分以上，说明宝宝的智能发展非常棒，请继续努力。

测试项目	题号	合格分数	宝宝得分
认知能力	1 2 3 4	42	
精细动作能力	5	10	
语言能力	6	10	
社交能力	7	6	
自理能力	8 9	12	
大动作能力	10 11 12	30	
总分		110	

4～5个月宝宝

1. 本月宝宝的成长发育特点

✽ 生理发育

项目	男宝宝			女宝宝		
	平均值	下限值	上限值	平均值	下限值	上限值
身高	66.0 厘米	63.5 厘米	68.0 厘米	64 厘米	61.9 厘米	66.3 厘米
体重	7.3 千克	6.7 千克	9.1 千克	6.7 千克	6.2 千克	8.5 千克
头围	约 42.8 厘米			约 41.5 厘米		
胸围	约 42.1 厘米			约 40.6 厘米		

✽ 心理发育

5 个月的宝宝喜欢被亲吻、搂抱，有亲人抱着的时候可以表现得安静和愉快。还喜欢照镜子，对着镜子里的人笑，并用手拍打，爱玩藏猫猫、摇铃铛、看电视、用东西对敲。

现在的宝宝越来越好玩了，家长可以每天陪着宝宝看周围世界丰富多彩的事物，带宝宝到公园或者小区外面逛一逛，看到什么就对他介绍什么，告诉他那是干什么用的。如树上的小鸟会飞，马路上的小汽车跑来跑去，家里的电视会说话、唱歌、讲故事等。

✿ 感觉发育

听觉发育

5 个月的宝宝听觉能力有了很大发展，能集中注意倾听音乐，并且对柔和动听的音乐声表示出愉快的情绪，而对刺耳嘈杂的声音表示出不快。当爸爸妈妈发现宝宝啼哭的时候，放一段音乐或者歌曲，正哭的宝宝会停止啼哭，扭头寻找发出音乐的地方，并集中注意力倾听。听到高兴时还会发出咯咯的笑声，而且小嘴里也咿咿呀呀地应和着，舞动着小手，显示出愉快、满意的表情。有时，爸爸妈妈叫宝宝的名字，宝宝会很快转过头来，眼睛热切地望着爸爸妈妈，似乎有应答的样子。对于能发出声音的玩具，更是喜爱，拍一拍，抓一抓，咬一咬，反复地玩，似乎像个研究者，想搞清楚，玩具是怎么发出声音的。

视觉发育

5 个月的宝宝眨眼次数增多，可以准确看到面前的物品，还会将其抓起，在眼前把玩。当宝宝坐起来玩时，双手可以在眼睛的控制下摆弄物体，会盯住他拿到的东西，手眼开始协调。当宝宝头顶悬吊着一只气球，宝宝的眼睛又会随着气球的漂浮而左右转动。如果宝宝面前滚动着一个皮球时，宝宝就会紧盯着皮球，皮球滚到哪儿，宝宝的视线就追逐到哪儿。如果给宝宝面前放一面镜子，宝宝看到镜子中的自己，还会误认为是个“小伙伴”，脸上浮现出欢乐的表情，伸手去摸一摸，还想同这个“小伙伴”亲昵一番，很是自恋。

✿ 语言发育

5 个月的宝宝在语言发育和感情交流上进步较快。高兴时，会发出大笑声，清脆悦耳。当有人与他讲话时，他会发出“咯咯咕咕”“咿咿呀呀”的声音，好像在跟你对话。

✿ 动作发育

这个月宝宝的动作能力更强了。抱在怀里时，他的头能稳稳地直立起来。

俯卧位时，能把头抬起并和肩胛成90度角。宝宝趴着时，能两手支撑起身体，而且能较长时间地抬起头。拿东西时，拇指较以前灵活多了。拉腕坐时背能挺直；仰卧时抬起双脚蹬踢；能在帮助下从俯卧翻向仰卧。喜欢敲东西，用手拍或脚踢玩具；抓着东西就往嘴里送，被制止后仍放到嘴里。

如果爸爸妈妈扶住宝宝的腰部，宝宝还能勉强坐一会儿，但自己还不能坐稳。这个时期的宝宝，只要一醒，就不会老实躺着，总想翻身，晚上还会蹬被子。

2. 宝宝早教专家课堂

❇ 学会让宝宝爱上音乐

音乐具有强烈的感染力，最容易让孩子产生感情共鸣，婴幼儿听觉器官的发育完善，要早于其他器官。当孩子还不会说话、不能走路时，他已经能听音乐，并能感受到音乐作品所表现的情绪，如听到欢快的乐曲就喜悦、微笑，听到柔美的摇篮曲就会平静下来。可以说，孩子最早接受教育就是从感受音乐开始的。随着幼儿年龄的增长，父母可因势利导，为孩子创造多接触音乐的环境，注意培养孩子对音乐的兴趣。而且，专家指出，通过音乐教育还可以开发孩子的智力。

第一，音乐可以促进听力能力，感知觉的发展是智力发展的基础。

父母在对孩子进行音乐教育时要及早重视孩子的感官训练。如让孩子闭上眼睛用耳朵听听周围的声音，说出哪个声音高，哪个声音低，哪个声音长，哪个声音短。可让孩子模拟其熟悉的音响节奏，如青蛙叫，小鸭叫，汽车、火车的笛声等，并鼓励孩子用简单的动作把对节奏的感受和反映表达出来。让孩子拍拍手，跺跺脚，说一说，敲一敲，培养孩子的眼、口、耳、手、脚的协同配合。

第二，音乐可以促进语言发育，

而语言能力是智力发展的重要条件。

父母可以借助歌曲对孩子强烈的感染力，选择一些经典的儿歌或者儿童歌曲，使孩子在听听唱唱中不知不觉地丰富词汇。可以让孩子欣赏一些富有儿童情趣的乐曲，让孩子用听觉辨别各种不同音色的乐器，同时还可以为孩子创设一个编故事的环境，促进孩子语言的发展。

第三，音乐可以促进孩子的思维能力。

孩子的思维是随着语言的掌握而发展起来的。父母在教孩子唱歌时，可以鼓励宝宝自己想，自己编，填上自己想唱的歌词，并配上与歌词相适应的动作，以达到促进孩子思维能力发展的目的。

❇ 建立良好的母子依恋关系

初生婴儿无法独立生活，他必须依赖父母的照顾，尤其是妈妈无微不至的关怀，才能正常地生长发育，养成良好的性格。孩子一般都会对妈妈形成一种依恋——婴儿与妈妈间的感情联结。

母子依恋不是天生的，是婴儿在和妈妈长时间的相互作用中逐渐建立起来的，可分为四个阶段：

0～3个月

无差别的社会反应期。这个阶段的宝宝不能区分妈妈和别人，只要看到人的脸，听到有人说话就高兴，有时还会手舞足蹈。

3～6个月

有差别的社会反应阶段。这个阶段的宝宝对人的反应有了区别，对妈妈的脸更为偏爱，在妈妈面前表现出更多的微笑、咿呀学语、依偎、接近，对陌生人反应更少。

6～24个月

特殊的情感联结阶段。这个阶段的宝宝出现了明显的对妈妈的依恋。与妈妈在一起特别高兴，当妈妈离开时则哭闹不停，别人无法让其安静，而当妈妈一回来，他就马上停止哭泣并转为高兴。有妈妈在身边，就能安心地玩，没有妈妈在身边则紧张、哭泣、大喊大叫或边哭边追随，对陌生人则有怯生反应。

24个月以后

目标调整的伙伴关系阶段。这个阶段的宝宝把妈妈作为一个交往的伙伴，并认识到他有自己的需要和愿望，会有自己的考虑了，也会适当调整自己的目标。此时可以渐渐离开妈妈，如妈妈要离开一会儿时，只要给孩子解释清楚，他就会允许妈妈离开，自己可以待在一旁玩。

3. 宝宝左脑的开发方案

✽“一”和“二”——数学学习能力

✿ **游戏目的：** 通过此游戏，让宝宝体验数字的概念。

✿ **游戏方法：** 妈妈在高处用皮筋拴住两个小球，然后抱着宝宝站在小球的下方。妈妈先用手去推打其中的一个小球，并引导宝宝来依次推打。宝宝在推打其中的一个球时，妈妈可以对宝宝说：“宝宝打

到了第一个小球。”当宝宝推打另一个小球时，妈妈再对宝宝说：“宝宝打到了第二个小球。”可以重复游戏多次。

✿ **温馨小语：** 若想发展宝宝的数学能力，父母首先应重视发展宝宝的感官，让宝宝学会用感官去了解和体验数学。游戏中，妈妈和宝宝边推打小球边说数字，就会逐渐将数字的信息传递到宝宝的大脑中，并会逐渐自己用动作配合。

❈ 叫宝宝名字——培养语言能力

✿ **游戏目的：** 训练宝宝对自己名字的反应，培养宝宝的语言理解能力及自我意识。

✿ **游戏方法：** 妈妈在逗引宝宝的时候，有意识地用宝宝的名字来代替“宝宝”。经常用轻柔的语气叫宝宝的名字，训练宝宝对自己名字的初步记忆。刚开始在宝宝看不到的地方叫他的名字，使他的头转向声音方向。反复几次后，转换地点进行，让宝宝寻找声音的来源。

✿ **温馨小语：** 开始叫宝宝的名字，也是一种刺激，刺激多了就会形成条件反射。4 ~ 5 个月的孩子对别人叫他的名字已有反应，但还不是自我意识，也不一定能理解声音的含义，但经常呼唤后，宝宝就会逐渐明确地将你的声音与他自己联系起来。

❈ 嘘！听一听

✿ **游戏目的：** 培养语言表达能力，增强宝宝对物体恒存性的理解。

✿ **游戏方法：** 让宝宝躺在小床或地板上，把事先录好的一段话（一两分钟就可以）用录音机放给他听，而大人则要躲到宝宝看不见的地方。录音的内容可以是你在做什么，或者说一说天气、你一天的计划，或谈谈宝宝，等等。如果家里有其他人在旁边加入到录音中，那么这个游戏就会更有意思。当大人再次回到宝宝的房间时，多数宝宝会大感惊喜。

✿ **温馨小语：** 注意录音的时间不要太长，如果宝宝一时间还不能适应，则可以消失几秒钟后就看看宝宝。

✼ 认识门——自然感知能力

✿ **游戏目的：** 帮助宝宝认识周围的新事物，加深对周围事物的了解。

✿ **游戏方法：** 抱着宝宝到门口，用手指着门告诉宝宝："宝宝看，这是门。"并引导宝宝摸到门。握住宝宝的手打开门，边开门边对宝宝说："乖宝宝把门打开啦。"然后再和宝宝一起关门，同样边关门边对宝宝说："乖宝宝关门啦。" 和宝宝重复玩关门和开门的游戏，直到宝宝玩够为止。

✿ **温馨小语：** 开关门的游戏可以让宝宝对世界的认识多一种经验的感知和体会，并逐渐培养宝宝的自立能力，同时还能帮助宝宝认识门里与门外事物的关系，提升自然智慧。父母也可以适度地延伸这个游戏，比如变成电灯开关等。

4. 宝宝右脑的开发方案

✼ 匍匐爬行——身体协调能力

✿ **游戏目的：** 此游戏可以增强颈部支撑力，锻炼腿、膝盖、臂、胸、背肌肉的支撑力和整个身体的平衡能力。

✿ **游戏方法**：让宝宝俯卧在床上，妈妈帮助宝宝支起双手，再用上膝盖支撑着身体。此时爸爸拿玩具在宝宝前面逗引，妈妈在后面先推动宝宝一个膝窝到腹下，然后再推另一个膝盖，并齐后，再重复进行，帮助宝宝向前爬行，抓到玩具。

✿ **温馨小语**：扭动、匍匐爬行，能帮助宝宝的大脑形成突触，以控制将来整体运动智能的发展。而且，宝宝在练习爬行时，头颈抬起，胸腹离地，用四肢支撑身体重量，这也锻炼了胸腹背与四肢的肌肉，促进了骨骼生长。

✲ 递来递去

✿ **游戏目的**：锻炼宝宝手部灵活性。

✿ **游戏方法**：将宝宝扶坐在床上，妈妈递给宝宝一块积木，等宝宝拿好后，再递给宝宝一块。宝宝有可能将右手拿着的积木放到左手，右手再去接新的积木，也可能扔下手里的积木，再接新积木。这时候，妈妈要引导宝宝将积木换手接新的，而不是把手里的积木扔掉。

✿ **温馨小语**：用手接被人递过来的东西，能锻炼宝宝的手部灵活性。在游戏中，宝宝要考虑再次接到积木时应该怎么办，这在一定程度上也锻炼思维能力。

✲ 爸爸妈妈你们好——人际交往能力

✿ **游戏目的**：增强亲子关系，促进宝宝与他人交往的能力。

✿ **游戏方法**：当爸爸或妈妈下班或从外边回来后，家里的照料者要抱着宝宝迎上去，并告诉宝宝："爸爸（妈妈）回来了，宝宝瞧瞧，爸爸（妈妈）回来了。"让宝宝亲一下爸爸（妈妈）后再将宝宝交给爸爸（妈妈）。同时，爸爸（妈妈）接过宝宝后，要对宝宝说："宝宝，叫爸爸（妈妈）。"同时耐心地教宝宝发出"baba""mama"的音节。

✿ **温馨小语**：父母要利用一切机会，与宝宝亲切对话，为宝宝创造良好的生活氛围。同时，在与宝宝的交谈中，还能增强与宝宝之间的感情，使宝宝乐于与他人交往。

✲变魔术——视觉记忆能力

✿ **游戏目的**：这个游戏训练宝宝的视觉观察能力。

✿ **游戏方法**：妈妈抱着宝宝坐在地上，在眼前一会儿放一个苹果，一会儿放一个奶瓶，过一会儿再放一个食品盒，看看宝宝是否能马上发现眼前的东西变了，看看宝宝对哪件东西更感兴趣。妈妈还可以拿一个小硬币放在地上，过一会儿将硬币旋转起来，并说："转转转。"待硬币倒下后，用宝宝的小手将硬币按住，并说："停！"

✿ **温馨小语**：5个月的宝宝，视觉有了进一步发展，他的眼睛也能随着活动的玩具移动。看到移动的玩具，宝宝也会想伸手去触摸，去抓拿。和宝宝玩这样的游戏，因为眼前物品不断变化，会让宝宝感到特别新鲜，也能吸引宝宝的视觉注意力。在游戏过程中，宝宝就会慢慢学会用头部的活动来扩大视觉范围，追寻自己想要观察的事物。

✲玩具又出现了——形象思维能力

✿ **游戏目的**：训练宝宝的视觉、触觉，增进宝宝的形象思维能力。

✿ **游戏方法**：妈妈找一件色彩鲜艳、较大的玩具悬吊在宝宝的小床上方，让宝宝双手摆弄玩具。两天后，将玩具换到宝宝的小脚可以触碰到的地方，让宝宝用双脚蹬踢玩具玩耍。再过两天后，妈妈再将玩具调至中间。此时宝宝就会手脚并用玩玩具，非常有趣。

✿ **温馨小语**：5个月的宝宝开始对周围事物产生浓厚的兴趣。宝宝的眼睛能随活动玩具移动，看见东西就想去抓，手眼动作协调，并能注意到远距离的物体。游戏中，不仅锻炼了身体协调能力、训练观察能力和形态认知能力，还促进了形象思维能力。

✲ 捅落的乒乓球——空间感知能力

✿ **游戏目的**：这个游戏可以培养宝宝的空间智慧。

✿ **游戏方法**：妈妈抱着宝宝坐在床上，递给宝宝一个乒乓球，让宝宝伸手抓住。当宝宝看着自己手中的球时，妈妈轻轻用手指由上面将球从宝宝手中捅落在床上。妈妈捡起乒乓球，再次放入宝宝手中。然后再次轻轻用手指由上面把球从宝宝手中捅落。

✿ **温馨小语**：在游戏中，宝宝看到自己手中的物品掉落，眼睛会追随着物品掉落的路线。这个游戏可以提高宝宝的视觉追随能力和双手抓握能力，更重要的是，能增强宝宝的空间智慧，帮助宝宝明白事物的不同变化。

5. 本月宝宝的智能测试

恭喜你，宝宝满 5 个月了！快来做做下面的智力开发效果测评吧！本测评共有 12 个题目，请你将宝宝的相应得分写在题目前面的横线上。

____1. 听到物名时：

A. 眼睛找到目标（10 分）

B. 眼看大人的手（8 分）

C. 眼看大人的脸（6 分）

D. 乱看（2 分）

10 分为合格

____2. 听到金属着地的声音：

A. 用目光看地面寻找（10 分）

B. 眼睛乱找（8 分）

C. 不找（2 分）

10 分为合格

____3. 够吊球：

A. 单手够取（10 分）

B. 双手抱取（8 分）

C. 击中但够不着（6 分）

D. 不够取（0 分）

10 分为合格

____4. 仰卧时自由抬腿：

A. 手能抓足（10 分）

B. 手够不着足（8 分）

C. 不抬腿（4 分）

10 分为合格

____5. 发双辅音“爸爸”“妈妈”“打打”等：

A.3 个（15 分）

B.2 个（10 分）

C.1 个（5 分）

10 分为合格

____6. 喜欢玩“藏猫猫”：

A. 自己蒙脸逗大人笑（12 分）

B. 大人蒙脸宝宝去拉开会笑（10 分）

C. 不会拉开，自己也不蒙脸，少笑（4 分）

12 分为合格

____7. 吃奶时：

A. 双手抱奶瓶（或抱乳房）（4 分）

B. 不动手（0 分）

4 分为合格

____8. 吃奶时：

A. 自己将奶嘴放入口中（或自己寻找乳头）（4 分）

B. 大人给放入口中（2 分）

4 分为合格

____9. 翻身：

A. 从俯卧翻到仰卧或从仰卧翻到俯卧，翻 180 度（10 分）

B. 从侧卧转俯卧或仰卧，翻 90 度（5 分）

10 分为合格

____10. 扶腋蹦跳：

A. 双腿能短时伸直负重（10 分）

B. 双腿屈曲不能伸直负重（4 分）

10 分为合格

____11. 靠垫扶坐：

A. 头能伸直（10 分）

B. 头向前倾（8 分）

C. 头向后仰（6 分）

10 分为合格

____12. 仰卧拉坐时：

A. 双腿伸直能站起来（10 分）

B. 头向前倾只能坐起（6 分）

C. 头向后仰靠人拉起（2 分）

10 分为合格

评分说明：本测评所测的能力及对应的题号和合格分数已在下表中列出，请你将测得的分数填入相应的空格中。若总分在 70 分以下，说明宝宝的智能未达到理想水平，请多加训练；总分在 90 ~ 110 分，说明宝宝的智能已达到平均水平；总分在 110 分以上，说明宝宝的智能发展非常棒，请继续努力。

测试项目	题号	合格分数	宝宝得分
认知能力	1　2	20	
精细动作能力	3　4	20	
语言能力	5	10	
社交能力	6	12	
自理能力	7　8	8	
大动作能力	9　10　11　12	40	
总分		110	

5～6个月宝宝

1. 本月宝宝的成长发育特点

生理发育

项目	男宝宝			女宝宝		
	平均值	下限值	上限值	平均值	下限值	上限值
身高	67.6 厘米	65.5 厘米	69.9 厘米	65.7 厘米	63.5 厘米	68.0 厘米
体重	7.8 千克	7.2 千克	9.7 千克	7.2 千克	6.5 千克	9.0 千克
头围	约 43.6 厘米			约 42.6 厘米		
胸围	约 43.0 厘米			约 42.1 厘米		

心理发育

宝宝 6 个月大的时候，睡眠明显减少了，玩的时候多了。高兴时会笑，受惊吓或心情不好时会哭，而且情绪变化快，刚才还哭得极其投入，转眼间又笑得忘乎所以。当妈妈离开时，小嘴一扁一扁地似乎想哭。当宝宝听到妈妈的话语时，又会张开小嘴咯咯地笑着，并把小手聚拢到胸前一张一合地像是拍手。

宝宝现在对周围的事物开始有了自己的观察力和理解力，似乎也会看大人们的脸色了。宝宝对外人亲切的微笑和话语也能报以微笑，看到严肃的表情时，就会不安地扎在妈妈的怀里不敢看。此时宝宝开始学习认东西了，学认一样东西需要 15 ~ 20 天，学认第二样东西需 12 ~ 16 天，以后就越来越快了。父母不要性急，遵循客观发展规律，一样一样地教，还要按宝宝的兴趣去教。一般来说，5 个半月时就会认识一件物品，满 6 个月时就会认识 3 件物品了。

✲ 感觉发育

听觉发育

听力越来越成熟了，现在能辨别不同的声音，特别是熟人和陌生人的声音，如果家里有小动物，如猫、狗、鸟等，还能辨别它们的声音。

视觉发育

6 个多月时，宝宝的目光可向上向下跟随移动物体转动 90 度。能注视较远距离的物体，如街上行人、车辆等。凡是宝宝能看见的东西，他都会仔细地观察一番，小家伙不会错过任何观察学习的机会。

✲ 语言发育

5 个多月的宝宝只要不是在睡觉，自己独处时，就会自言自语，大声地发出简单的声音，如“妈”“大”“爸”“咕”等。妈妈和宝宝对话，可以无内容地一应一和地交谈，模仿宝宝的声音，能增加婴儿发声的兴趣，并且丰富发声的种类。因此在宝宝咿呀说话的时候，妈妈要与他一起说，让宝宝有机会观察妈妈的口型。尽管有时爸爸妈妈听不懂宝宝在说什么，但还是能够感觉出宝宝所表

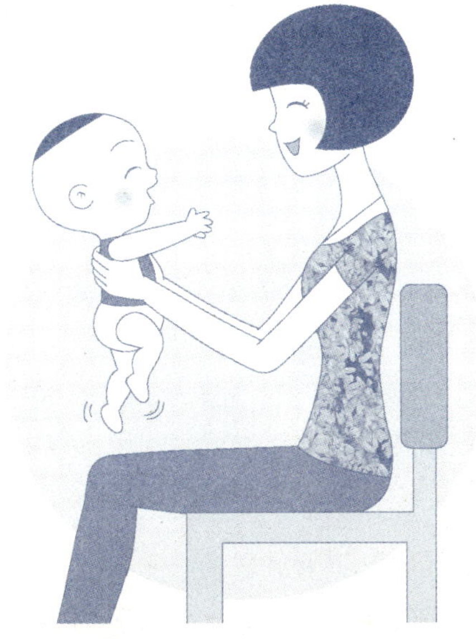

达的意思，心里很高兴。

✲ 动作发育

快6个月的宝宝肌肉发育增快，四肢的运动能力增加，大人扶着，宝宝能够坐立了，并喜欢在大人扶立时跳跃。宝宝对眼前的东西都喜欢伸手抓上一把，并且会两手一齐抓。大多数宝宝还不会用手指拿东西，只能用手掌和手指一起大把抓。随着视觉和运动能力的发展，宝宝此时不仅能看周围的物体，而且会把看到的东西准确地抓到手。抓到手里以后，还会翻过来倒过去地仔细看，并且能把东西从这只手换到另一只手。

2. 宝宝早教专家课堂

✲ 用手语和宝宝交流

美国健康研究学会的研究表明：对比传统教育的婴儿，学习手语能够提高婴儿学习语言的速度。婴儿可以从出生6个月后开始学习使用婴儿手语。手语包含了生活中常见的简单会话，等他学好之后，下次你不用猜就清楚小家伙需要的是一杯牛奶而不是果汁了。

当宝宝会使用手语后，交流就会更容易，更有意思了，比如“老婆，快看呀，孩子在轻拍头部！应该给他找顶帽子了。”婴儿可以用拍头表示自己想要戴帽子。

通过使用手语，父母和孩子相处会增加许多乐趣，只需一个简单动作，就能让你确实感受到孩子和你之间那种没有任何间隔的真挚感情。教宝宝手语最好从宝宝出生1个月以后就开始。从最简单的手语开始，如喝奶、妈妈、爸爸等，最好与事物联系在一起。无论你从什么手势入手，都要持之以恒，不断地训练，并且要求家人随时使用手语交流，就像平时说话一样。一般在8个月以前以大人教宝宝手语为主，8个月以后，宝宝就能飞快地掌握十几种不同手势，并且能够很好地组合使用它们了！

在这里我们介绍了一些简单常用的手势，父母可以尝试从这些手势开始。

饿了：用食指轻触嘴巴。

渴了：拇指抬起，其余四指微屈形成奶瓶的形状，然后做出“喝”的动作。

牛奶：反复握紧、张开拳头，就像牧民挤奶的动作一样。

热：不停地吹气，想把热水吹凉。

安静：用食指指向嘴巴，然后发出“嘘”的声音。

换尿布：轻拍自己的臀部。

洗澡：双手摩擦自己的身体。

电话：做出“六”的手势，然后放在耳边不动。

月亮：平伸手臂指向天空，然后反复晃动手腕。这个动作也可以表示灯光。

星星：手指放松，然后反复晃动手腕，就像星星闪烁的样子。

❊促进宝宝智力发育的按摩

方法一：

妈妈先将手搓热，然后将宝宝右脚握在掌心，另一只手的拇指与食指捏住宝宝的大脚趾，轻轻按揉宝宝的大脚趾底面。另一只脚也同样进行。

注意：① 大脚趾底面是大脑髓海的反射区。经常按摩能给大脑以良性刺激，从而促进大脑发育，使宝宝更聪明。② 脚底被称为人体的“第二心脏”，按摩过程中切忌生硬按压，否则会伤害到宝宝。

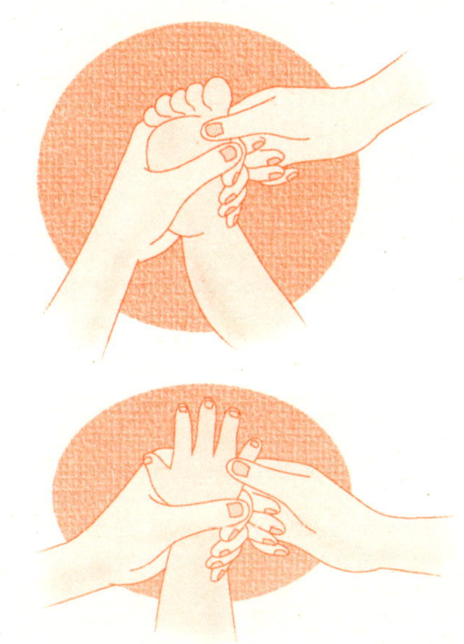

方法二：

妈妈将手搓热，一只手握住宝宝手腕，另一只手的拇指和食指捏住宝宝的小手指，轻柔按摩，依次按摩无名指、中指、食指、拇指。另一只手也如此。妈妈再将双手搓热，拇指按揉手腕内侧。另一只手也如此。

注意：①手指的经脉与心、脑相连，经常按摩手指，能促进大脑发育，提高宝宝的智力；而手指内侧又是神门穴所在的位置，经常按摩此处能起到活化大脑、激发智商的作用。②宝宝的手指不是十分灵活，特别是3个月以内的宝宝，按摩时，不要生硬地撑开宝宝的手指，避免给宝宝带来伤害。

3. 宝宝左脑的开发方案

✲小熊不见了——逻辑思维能力

✿ **游戏目的：** 锻炼宝宝的记忆力和判断力，提高逻辑思维能力。

✿ **游戏方法：** 让宝宝看着妈妈把玩具小熊放在桌上，并用手帕盖上，然后问宝宝：“宝宝的小熊去哪里了？”宝宝可能懂得小熊被手帕盖着了，于是用手扯开。如果还不懂，妈妈可帮他把手靠近手帕，让他扯开手帕看到小熊。要多次训练，让宝宝逐渐学会找玩具，

一问便扯开手帕。

✿ **温馨小语**：6个月时，宝宝的思维能力开始逐渐增强，此时父母多与宝宝玩一些锻炼记忆力和判断力的游戏，能帮助宝宝提高思维能力。不过，玩具要经常更换。

✲小狗吃骨头——数学学习能力

✿ **游戏目的**：通过游戏让宝宝体会最初的数学概念。

✿ **游戏方法**：妈妈提前准备两只不同大小的小狗玩具，再在纸板上画上两个骨头，一个大的，一个小的。分别在宝宝面前举起两只小狗，告诉宝宝："两只小狗，要来吃骨头喽！"拿起纸板，给宝宝看骨头，问问宝宝："宝宝来看，哪个骨头大，哪个骨头小啊？"

此时，妈妈要帮助宝宝挑骨头，一边挑一边告诉宝宝"大""小"两个词，帮助宝宝理解两个词的含义。和宝宝一起把大骨头放在较大的一只狗一边，小骨头放在小狗一边。

✿ **温馨小语**：宝宝已经初步具备了认识大小的能力，但是他还不能将"大"和"小"的概念与"大""小"两个汉字具体地对应起来。这个游戏的目的就是帮助宝宝发展初步的数学意识。如果父母经常给宝宝示范，宝宝就会一边学说，一边学做，促进宝宝语言能力的发展。比较聪明的宝宝当看见妈妈把大骨头放在小狗旁边时，会回头看妈妈，表示异议。

✲给宝宝读报纸——培养语言能力

✿ **游戏目的**：帮助宝宝感受声音，增强语言理解能力，同时对宝宝形成隐性教育，让宝宝长大了之后更容易接受文字教育。

✿ **游戏方法**：爸爸妈妈每天在看报的时候，可以有意识地顺便读给宝宝听。当然，宝宝现在还不能理解，但是宝宝却能感受到爸爸或妈妈的声音与语调，这样做能刺激宝宝的发音兴趣，并培养他对文字的敏感度。

✿ **温馨小语**：虽然宝宝现在还不能理解父母说的话的意思，但这样经常给宝宝读报，也相当于在和宝宝说话，能刺激宝宝的语言中枢，使宝宝的语言感觉更发达。所以，父母应坚持给宝宝读一些东西，比如书报、小故事等，初步给宝宝建立一个良好的"读"书习惯。

✲录音明星

✿ **游戏目的**：这个游戏可以培养

宝宝的听力，发展语言能力。

游戏方法：爸爸（或家里其他人）在远处或在另一个房间叫宝宝的名字，或学鸟叫、动物叫，或敲响什么东西，让宝宝寻找。妈妈可在宝宝身边问宝宝："哪儿在叫宝宝啊？谁叫宝宝啊？小鸟在哪儿叫？小猫咪在哪儿叫？"看宝宝是否会向声源的地方注视。此游戏可经常练习。

温馨小语：宝宝在4个月时，就已经能找到声源。为训练宝宝的听力，到五六个月时，应把声源拉远，方位不断变换，声音强弱也要有所变化，从而提高宝宝的声音分辨能力。

4. 宝宝右脑的开发方案

爬呀爬——身体协调能力

游戏目的：这个游戏鼓励宝宝练习爬行，活动全身肌肉，从而增强身体灵活性和协调性。

游戏方法：妈妈将大皮球从床的一边滚到另一边，引导宝宝爬过去追大球。如果宝宝追到了大球，妈妈要鼓励宝宝拍拍大球，并玩一会儿。与宝宝重复游戏。

温馨小语：正常婴儿在出生几个月后，便能慢慢爬行了。这时，宝宝已开始学习人生的重要课程之一，宝宝需要通过爬行来促进脑部和肢体发育，并锻炼肢体协调能力。所以妈妈要多给宝宝创设适合爬行的环境及诱因。

❊手指碰碰——创造性思维能力

✿ **游戏目的：**训练宝宝初步的观察推断能力。

✿ **游戏方法：**在宝宝情绪好时，让宝宝仰卧在床上，妈妈伸出一个手指头，给宝宝念儿歌："伸出手指头，见面碰碰头。"同时帮助宝宝伸出一个手指和妈妈的手指"碰碰头"。妈妈收回手指，再次念儿歌："伸出手指头，见面碰碰头。"妈妈伸出一个手指头，重复游戏。以后只要妈妈一念儿歌，并伸出手指，宝宝就会伸出自己的小手指来玩"碰碰头"。

✿ **温馨小语：**这个游戏不仅能锻炼宝宝的手眼协调能力，更能初步锻炼宝宝的创造性思维，刺激宝宝的观察推断能力。节奏明快的儿歌也能增强宝宝对节奏感的理解。

❊客人来了——人际交往能力

✿ **游戏目的：**帮助宝宝克服认生情绪，促进宝宝对生人的适应能力。

✿ **游戏方法：**当家里来客人的时候，妈妈要带宝宝出来见客人。开始宝宝可能会产生不安、害怕等情绪，会躲向妈妈怀里。过了一会儿，宝宝会自己探出头来，观察客人的动静，多看几次后，宝宝才肯接受客人拿来的玩具，或者迎合客人的逗引。几天后，如果再见到这位客人，宝宝就会对着客人笑了，也愿意让客人抱。来回几次，客人便会变成熟人，宝宝也开始适应了。

✿ **温馨小语：**刚开始时宝宝会很不自然，这是因为宝宝刚面对生人时有些害羞，一般会先探头观察一会儿。针对这些情况，妈妈要尽量多带宝宝认识客人，熟悉客人，以免使宝宝失去锻炼的机会，越来越怕生人，对成长不利。

❊电动玩具——视觉记忆能力

✿ **游戏目的：**此游戏通过鼓励宝宝玩玩具，来锻炼宝宝的观察力和注意力。

✿ **游戏方法：**妈妈给宝宝买一些电动玩具，打开玩具表演给宝宝看。宝宝看到玩具在地面上走来走去，会高兴得手舞足蹈。

✿ **温馨小语：**当宝宝长到半岁时，一些会动的，有声、光或颜色的东西对宝宝最有吸引力，如电视、灯

光、电动玩具、哭笑娃娃等。游戏中，走来走去的玩具一定能引起宝宝的兴趣，所以父母要让宝宝通过各种游戏多听、多看、多玩，观察更多的物品。

❊飞走的纸飞机——空间感知能力

✿ **游戏目的：** 这个游戏可以锻炼宝宝的空间感知能力。

✿ **游戏方法：** 妈妈用鲜艳的彩纸折一些纸飞机，然后拿起红色的飞机给宝宝看，并告诉宝宝："这是红色的飞机。"妈妈将飞机轻轻地抛向前方，然后问宝宝："红飞机飞到哪里去了？"让宝宝指指看。玩几次之后，换成另外一种颜色的纸飞机重复这个游戏。

✿ **温馨小语：** 尽管宝宝现在还不能完全掌握各种颜色的名称，不过在游戏中，父母可以有意识地强化宝宝对颜色的感觉。同时，游戏中宝宝的视线会追随纸飞机飞行的路线，这就有效地锻炼了宝宝的空间感知能力。

❊捉迷藏

✿ **游戏目的：** 让宝宝增进与父母的感情，发展感知能力。

✿ **游戏方法：** 妈妈在床上盘腿而坐，让宝宝面对面坐在她的腿上，一手扶着宝宝的髋部，一手扶着他的腋下保持平衡。爸爸在妈妈背后，让宝宝一只手抓着爸爸的手指，另一手抓住妈妈的胳膊，爸爸先拉一下被宝宝抓住的手，当宝宝朝这边看时，爸爸却从妈妈背后另一边突

然伸出头来亲热地叫“宝宝”（孩子的名字），当宝宝转过头找到爸爸时会“咯咯”地笑起来。

温馨小语：这个游戏可以让宝宝保持快乐的情绪，让宝宝认识到爸爸妈妈是常常陪伴在自己身边、最重要的人。

5. 本月宝宝的智能测试

恭喜你，宝宝满6个月了！快来做做下面的智力开发效果测评吧！本测评共有12个题目，请你将宝宝的相应得分写在题目前面的横线上。

____ 1. 听到大人说物名时：

A. 用手指物，能指对2种（16分）

B. 用眼看物，能看对2种（10分）

C. 用眼看物，能看对1种（5分）

D. 不看（0分）

10分为合格

____ 2. 握物：

A. 两手分别各拿一物（10分）

B. 用拇指与食、中、无名指和小指相对握物（5分）

C.5个手指同方向大把抓握（3分）

10分为合格

____ 3. 换手：

A. 握物时能换手（10分）

B. 扔掉手中之物再取一物（6分）

10分为合格

____ 4. 仰卧时：

A. 手抓到脚，将脚趾放入口中啃咬（10分）

B. 手在体侧抓到脚（8分）

C. 手抓不到脚（2分）

10分为合格

____5. 发双辅音，如“爸爸”“妈妈”“拿拿”“打打”等，能理解其意义，但不是去称呼大人：

A.3 个（10 分）

B.2 个（7 分）

C.1 个（5 分）

10 分为合格

____6. 大人背儿歌时：

A. 会做一种动作（10 分）

B. 只笑不动（5 分）

C. 不笑也不会做动作（0 分）

10 分为合格

____7. 照镜子时笑，同它说话，用手去摸，同它碰头：

A.4 种（15 分）

B.3 种（12 分）

C.2 种（6 分）

D.1 种（3 分）

12 分为合格

____8. 躲避生人：

A. 将身体藏在母亲身后或躲在怀中（8 分）

B. 注视（6 分）

C. 完全不避生人（4 分）

8 分为合格

____9. 吃固体食物时：

A. 自己拿饼干吃，并咀嚼(8 分）

B. 含着慢慢下咽（4 分）

C. 不吃硬食物（0 分）

8 分为合格

____10. 大小便前

A. 出声表示（8 分）

B. 用动作表示（6 分）

C. 不表示（2 分）

6 分为合格

____11. 俯卧托胸：

A. 头、躯干、下肢完全持平（10 分）

B. 下肢膝屈（8 分）

C. 下肢下垂（2 分）

10 分为合格

____12. 俯卧时上身抬起腹部贴床：

A. 在床上打转 360 度（6 分）

B. 打转 180 度（4 分）

C. 打转 90 度（2 分）

D. 完全不转（0 分）

6 分为合格

评分说明：本测评所测的能力及对应的题号和合格分数已在下表中列出，请你将测得的分数填入相应的空格中。若总分在 70 分以下，说明宝宝的智能未达到理想水平，请多加训练；总分在 90 ~ 110 分，说明宝宝的智能已达到平均水平；总分在 110 分以上，说明宝宝的智能发展非常棒，请继续努力。

测试项目	题号	合格分数	宝宝得分
认知能力	1	10	
精细动作能力	2 3 4	30	
语言能力	5 6	20	
社交能力	7 8	20	
自理能力	9 10	14	
大动作能力	11 12	16	
总分		110	

6～7个月宝宝

1. 本月宝宝的成长发育特点

❊ 生理发育

项目	男宝宝			女宝宝		
	平均值	下限值	上限值	平均值	下限值	上限值
身高	71 厘米	66.8 厘米	72.3 厘米	67.9 厘米	66.5 厘米	70.1 厘米
体重	8.3 千克	7.5 千克	10.1 千克	7.7 千克	7.1 千克	9.6 千克
头围	约 44.2 厘米			约 43.2 厘米		
胸围	约 43.8 厘米			约 42.7 厘米		

❊ 心理发育

到这个月，宝宝的心理活动已经比较复杂了。开始表现出对人或物的爱憎，白天室内无人会哭，见到父母或熟人会要求抱。宝宝的面部表情更加丰富，内心的活动都会通过表情表达出来。高兴时，会眉开眼笑、手舞足蹈，啊啊作语；不高兴时会皱眉瞪眼，又哭又叫。此时也能听懂严厉或亲切的声音。婴幼儿期是宝宝情绪、性格健康发展的敏感期。父母对宝宝的爱，对他生长的各种需求的满足以及温暖的胸怀、香甜的乳汁、富有魅力的眼光、甜蜜的微笑、游戏过程等都为宝宝心理健康发展奠定了良好的基础，为智力发展提供了丰富的营养。

✲ 感觉发育

听觉发育

随着宝宝的听力比以前更加灵敏了，能分辨不同的声音，并学着发声。虽然宝宝还不能准确明白大人的话是什么意思，但妈妈会觉得宝宝已经领悟别人是在喊他的名字，妈妈在说什么。

视觉发育

到这个月，宝宝的视觉距离会明显增加，能注意到天空的飞鸟、白云、飞机等。对于感兴趣的玩具，宝宝会翻来覆去地看。这对于扩大宝宝的认知是非常有利的。

✲ 动作发育

这个月宝宝不需要爸爸妈妈的扶持，就能够独自坐稳。有时妈妈把宝宝放到床栏边，宝宝能扶着围栏自己站起来，甚至把小腿抬起来试着迈步。当把宝宝放到床上时，宝宝就会“不安分”地手脚并用，企图往前爬行，如果妈妈用手顶着宝宝的小脚丫，宝宝会爬出很远；俯卧时能原地打转。手的动作更灵活，喜欢撕纸玩，喜欢用手指到处摸、捅、挠。宝宝有了一定的模仿能力，学着模仿人。比如爸爸敲小鼓，宝宝也学着把两只小胳膊上下舞动，如果把小鼓拿给宝宝敲，宝宝就会欣喜地敲得更欢了。

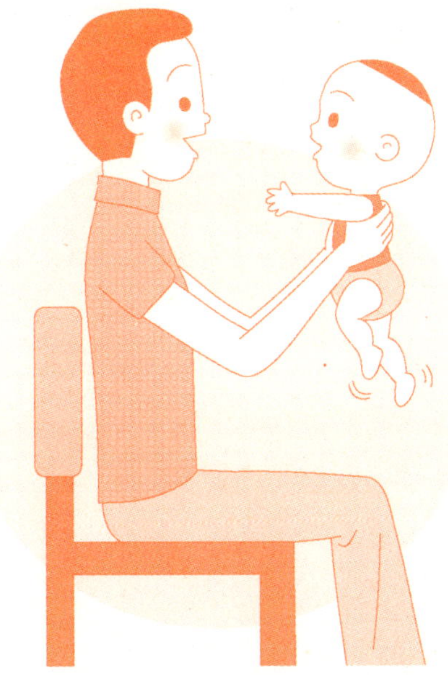

2. 宝宝早教专家课堂

给宝宝多吃一些益智食品

鱼类

鱼肉中富含蛋白质，如球蛋白、白蛋白、含磷的核蛋白等，还含有不饱和脂肪酸以及钙、铁、维生素 B12 等成分，它们都是脑细胞发育的必需营养物质。

蛋类

鸡蛋中的蛋白质非常优良，而且吸收率高。蛋黄中的卵磷脂经肠道消化酶的作用，释放出来的胆碱直接进入脑部，生成乙酰胆碱。乙酰胆碱是神经传递介质，有利于智力发育，改善记忆力。同时蛋黄中的铁、磷含量较多，均有助于脑的发育。

动物的内脏

主要包括脑、心、肝和肾等。这些食物均含有丰富的蛋白质和脂类等物质，它们是脑发育所必需的营养物质。

大豆及其制品

它们均富含优质的植物蛋白质即大豆球蛋白。大豆油还含有丰富的不饱和脂肪酸及磷脂，对脑发育有益。

蔬菜、水果及干果

它们富含维生素 A、维生素 B、维生素 C、维生素 E 等。生活中，常给幼儿食用这类食物对促进大脑的发育、大脑功能的开发、防止脑神经功能障碍等，均能起到一定的作用。

牛奶

牛奶所含的蛋白质、乳糖（约含 5%）等对幼儿脑神经发育、生长均具有重要作用。

✻给宝宝更多的安全感

一个宝宝完美成长需要具备的三个基本条件：安全感、能力感和足够的运动，在这三个条件中，安全感被排在第一位，足可证明安全感对宝宝的影响。

专家指出，每个宝宝在成长过程中，都需要依次建立两个幸福感："首要幸福感和次要幸福感"。首要幸福感，指宝宝对父母对自己的爱的完全确证，是明确地、毫无疑问地坚信，父母永远无条件地爱自己。一旦确立，终生不会动摇，宝宝也不再需要父母时刻在自己身边才能够感觉到爱，他开始走向独立。

宝宝越小越需要父母的陪伴，感知父母无条件的爱，这会让他在内心建立起一种稳固的安全感，这是他性格养成、健康成长的强大力量。和父母的亲密接触，对于婴幼儿智力和情感的健康稳定发展至关重要。父母尽力满足宝宝成长过程中的一切需要、随时随地都能感觉到父母的爱，永远快快乐乐的宝宝，会认定，快乐是一种正常的状态。让宝宝在童年里获得的爱与关怀足以温暖他幼小的心灵，让他平和、坚定、自信、宽容。

作为上班族妈妈，白天的时间一般都把宝宝交给父母或请来的阿姨，下班以后的时间就要尽量留给宝宝，满足他的愿望，和妈妈在一起的感觉一定会不同，一定会让宝宝感受到更多的幸福和快乐。

因此，父母爱宝宝，就要暂时放下自己的事情，抽出更多的时间留给宝宝吧。如果想到未来的一天，宝宝长大成人，就会摆脱我们走向独立，那现在的陪伴就更显得珍贵，把握住手中的幸福，珍惜和宝宝在一起的每时每刻，不要留下遗憾。

3. 宝宝左脑的开发方案

和小汽车比赛——逻辑思维能力

游戏目的： 培养宝宝初步的对比能力。

游戏方法： 妈妈为宝宝准备一个电动小汽车，然后在客厅里和宝宝一起做游戏。发动小汽车，让小汽车跑起来，然后引导宝宝追视；妈妈也可以抱着宝宝去追小汽车，并对宝宝说："汽车比宝宝跑得快哦！""宝宝比汽车跑得慢！"反复游戏几次，让宝宝逐渐明白快和慢的概念。

温馨小语： 随着宝宝视力的发育，宝宝已经能逐渐学会追视不同速度的物体，并通过自己的感受来区分物体移动速度的快慢了。妈妈也可以带宝宝上街，当看到汽车从身边开过时，妈妈假装抱着宝宝追两步，然后对宝宝说："汽车比宝宝跑得快哦！宝宝追不上汽车。"宝宝也会逐渐通过类似的游戏提高对比能力，加强逻辑思维。

我有算盘珠——数学学习能力

游戏目的： 通过算盘珠子的游戏来训练宝宝感知物体轻重的能力。

游戏方法： 妈妈拿出15个算盘珠，5个穿一串，10个穿一串。把穿好的10个算盘珠放在宝宝手里，让宝宝提一提，然后告诉宝宝："这是重的。"然后再把穿好的5个算盘珠放在宝宝手里，再让宝宝提一提，告诉宝宝："这是轻的。"

温馨小语： 如果妈妈能给宝宝很好的语言引导，宝宝就会逐渐有轻重的概念，并能通过不同的游戏积累物体不同轻重的感性经验。

学叫"爸爸"和"妈妈"——培养语言能力

游戏目的： 此游戏可以训练

宝宝的说话能力。

✿ **游戏方法：**当宝宝在无意中发出“baba”或“mama”的音时，父母应有意识地给宝宝重复发音，说“爸爸”“妈妈”，让宝宝看着口型跟着学。久而久之，宝宝逐渐就会清楚准确地说“爸爸”妈妈”了。

✿ **温馨小语：**婴儿从 5 个月开始就会无意识地发出“baba”“mama”的重叠音来，经过几个月的训练，从现在起就应让他机械模仿，有所指地叫出“爸爸”“妈妈”来，但父母也不要着急，持之以恒，宝宝总有一天会学会说话的。

✻“出去”和“回来”——听觉记忆能力

✿ **游戏目的：**逐渐让宝宝听懂“回来”“出去”等概念。

✿ **游戏方法：**爸爸每天出去上班时，妈妈可以对宝宝说：“爸爸出去了，爸爸去上班了。”并让宝宝和爸爸再见。当爸爸下班回来时，妈妈要和宝宝一起迎接爸爸，并对宝宝说：“爸爸下班回来了。”让宝宝和爸爸打招呼。

如果爷爷奶奶也在，平时爷爷奶奶外出或回来时，也可以告诉宝宝“爷爷进来了”“奶奶出去了”等，帮助宝宝逐渐听懂“出去”“进来”等概念。

✿ **温馨小语：**当宝宝在懂得“门”的概念后，就会逐渐理解“回来”“出去”等概念。宝宝喜欢家人的声音，也喜欢家人回来。家人可以通过这些活动，帮助宝宝体会各种语言和声音代表的含义，不仅能锻炼宝宝的听觉能力，更能提高宝宝的语言理解能力。

✻小狗小羊在哪里——自然感知能力

✿ **游戏目的：**帮助宝宝认识一些小动物，丰富自然知识。

✿ **游戏方法：**妈妈提前为宝宝准备一些小动物的图片，然后找出小狗和小羊的图片教宝宝认。妈妈抱着宝宝到图片旁边问他：“小狗在

哪里？”让宝宝用眼睛找，用手指，并模仿“汪汪”的叫声。然后再让宝宝找到小羊在哪里，并模仿小羊“咩咩”的叫声，也可以让宝宝认其他的小动物。

温馨小语：让孩子提早接触动物、观察动物，这对培养孩子的自然感知能力很关键。此时的宝宝非常喜欢动物，如果家中有动物玩具，宝宝也会逐渐认识，并能接受各种动物的图像。通过游戏，宝宝会加深对各种动物的认识，逐渐了解到更多的自然知识。

4. 宝宝右脑的开发方案

捡积木——身体协调能力

游戏目的：锻炼宝宝的手眼协调和动作的灵活性。

游戏方法：妈妈准备一个篮子和几块小积木，将手中的篮子边晃边对宝宝说：“宝宝，我们来玩游戏啦！”然后将篮子中的积木倒在宝宝面前，再一块块捡到篮子里。将篮子放在宝宝面前，鼓励宝宝将积木从篮子中倒出来，再将积木捡到篮子里。

温馨小语：宝宝抓握能力的发展，代表着宝宝的手部运动能力大幅度提升，手眼协调得也越来越好。这时父母更应该对宝宝进行训练，练习他的手的操作技巧及与全身运动的协调能力。如果发现宝宝在握东西的时候还是大把抓，父母就应该引导宝宝用“对握法”握东西。

我看不见啦——创造性思维能力

游戏目的：培养宝宝的分析判断能力，并让宝宝在游戏中感受喜悦。

游戏方法：妈妈和宝宝面对面坐好，然后妈妈用双手遮住脸，说：“看不见，看不见”，然后将手放下露出脸来，宝宝一定会开心得手舞足蹈。

妈妈还可以在游戏中增加点新鲜感，比如原来用来遮脸的双手，打开后可以放在头顶做成兔子耳朵的模样，说："小兔子来啦！"或伸出食指变成牛角，并触摸宝宝的痒痒处。妈妈还可以用纸板做成面具，画上动物的头像，如小猴子、小松鼠等，然后戴在脸上，让宝宝来找妈妈。

✿ **温馨小语**：培养宝宝的创造力，是开发右脑的方法之一。通过一些以拼插、组装、游戏等活动形式为主的益智类玩具，让宝宝自己识图，以后还可按照图示组装，这就是创造性活动，同时也是启发宝宝进行右脑思维的一种形式。游戏中，妈妈通过遮住脸，让宝宝来分析判断自己在哪里；还可用纸板面具逗引宝宝，让宝宝识图来找妈妈。这些游戏都能提升宝宝推断、分析规律的能力。

✽我们来玩过家家——形象思维能力

✿ **游戏目的**：增强宝宝的形态认知能力，提升思维，开发右脑。

✿ **游戏方法**：妈妈可以用废旧的包装盒制成小房子，并准备卡通图章、粘纸若干，在小房子的两边分别挖个洞做窗户。妈妈与宝宝一起玩装扮小房子的游戏，引导宝宝在小房子上盖图章、粘贴纸，让小房子变得更美丽。引导宝宝抱着玩具娃娃来参观小房子，并和父母一起玩过家家的游戏。

✿ **温馨小语**：宝宝现在已经能够分辨物体的外部轮廓和特征了，具备了一定的形象思维能力。游戏中，由于图形具有鲜明的轮廓，加上家长的反复引导，能有效地提升宝宝对物体轮廓的认知能力。

✽宝宝模仿秀

✿ **游戏目的**：培养宝宝的观察力，模仿能力。

✿ **游戏方法**：妈妈把宝宝抱在怀里，说："小脑袋，摇一摇。"同时做摇头动作，鼓励孩子模仿。妈妈说："小眼睛，眨一眨。"同时眨眼，

请宝宝模仿。妈妈说："小手指，挠一挠。"同时用手做抓挠的动作，一边说一边握着宝宝的手腕引导宝宝模仿。

✿ **温馨小语：**模仿是宝宝学习的一种特殊形式，通过观察，模仿成人的动作、语言等，学习一些规则，然后内化于自己的行为中。

✲ 顶鼻子——人际交往能力

✿ **游戏目的：**通过游戏，促进宝宝的交往智慧。

✿ **游戏方法：**妈妈抱着宝宝，与宝宝视线相对，问宝宝："宝宝的小鼻子在哪啊？"用手指点宝宝的小鼻子，说："宝宝的鼻子在这里。"然后再问宝宝："妈妈的鼻子在哪里啊！"拿起宝宝的小手点妈妈的鼻子，说："妈妈的鼻子在这里！"

靠近宝宝，轻轻和宝宝顶鼻子，并发出"呜呜呜"的声音，引起宝宝的兴趣。

✿ **温馨小语：**游戏不仅能帮助宝宝熟悉语言，提高对语言的敏感性，更重要的是能增进宝宝与亲人间的感情，提升宝宝与人交往的能力。

✲ 泡泡瓶

✿ **游戏目的：**让宝宝认识各种颜色，增强动手能力。

✿ **游戏方法：**找一个大的透明塑料瓶，比如饮料瓶或矿泉水瓶，装入1/3的水。加入几滴洗洁精和食用色素。把瓶子盖拧紧，给宝宝，告诉他怎么摇晃瓶子，能晃出吸引人的彩色泡泡来。用不同颜色的食用色素做出几个泡泡瓶，然后用它们来教宝宝辨识各种颜色。

✿ **温馨小语：**游戏中还可以做给宝宝看，怎样让瓶子在地上滚。

❀ 找玩具车——空间感知能力

游戏目的：训练宝宝的空间知觉及对物体恒存概念的理解。

游戏方法：妈妈提前准备一张纸和一个小玩具车。首先将纸卷成纸筒，在宝宝面前将玩具车由纸筒一端推入，这时宝宝会想找出被藏起来的小车。妈妈再慢慢将纸筒倾斜，让小车滑下来，让宝宝看到。开始可先由妈妈做示范，待宝宝熟悉游戏后，可改让宝宝自己操作。

温馨小语：宝宝在游戏中发现自己的玩具不见了，会做出寻找的反应，这表示他对周围的事物有反应。上述游戏能锻炼宝宝的空间感知能力，逐渐提升空间智慧。

5. 本月宝宝的智能测试

恭喜你，宝宝满 7 个月了！快来做做下面的智力开发效果测评吧！本测评共有 12 个题目，请你将宝宝的相应得分写在题目前面的横线上。

____1. 拿走正在玩的玩具时：

A. 尖叫乱动表示反抗（10 分）

B. 啼哭反抗（8 分）

C. 不觉察（0 分）

10 分为合格

____2. 听到大人说物名会用手指或用眼看物的方向：

A.4 种（16 分）

B.3 种（12 分）

C.2 种（8 分）

D.1 种（4 分）

12 分为合格

____3. 两手各握一物：

A. 对敲（10 分）

B. 会用一手各握一物（8 分）

C. 双手抱紧一物放手掉下（6 分）

D. 不握物（0 分）

10 分为合格

____4. 拨弄小圆球：

A. 一把抓住（12 分）

B. 用手指拨弄（10 分）

C. 注视不摸（2 分）

10 分为合格

____5. 当大人说“不许”：

A. 停止原来动作（10 分）

B. 笑仍继续干（6 分）

C. 无反应（2 分）

10 分为合格

____6. 会用手势表示语言，如再见、谢谢、点头、摆手等：

A.3 种（15 分）

B.2 种（10 分）

C.1 种（5 分）

D. 不会（0 分）

10 分为合格

____7. 懂得大人表扬和批评：

A. 语言（8 分）

B. 表情（6 分）

C. 语言加上表情（4 分）

D. 不懂（0 分）

8 分为合格

____8. 记得离开 7 ~ 10 天的熟人：

A. 再见时表示亲热投怀（8 分）

B. 对人笑（6 分）

C. 四肢舞动（4 分）

D. 注视（2 分）

4 分为合格

____9. 像大人一样托杯喝水：

A. 自己双手捧杯喝水（6 分）

B. 完全由大人拿杯才能喝水（4 分）

C. 只会用奶瓶不会用杯（2 分）

4 分为合格

____10. 大小便前：

A. 有声音表示（10 分）

B. 能用动作表示（8 分）

C. 由大人定时把，自己不表示（4 分）

D. 用一次性尿布（2 分）

8 分为合格

____ 11. 翻滚：

A. 连续翻 360 度，打几个滚（10 分）

B. 能翻 360 度 1 次（8 分）

C. 翻身 180 度（4 分）

D. 翻 90 度（0 分）

10 分为合格

____ 12. 坐稳：

A. 双手自由活动（12 分）

B. 双手在前面支撑（10 分）

C. 身体向前倾斜倒下（8 分）

D. 靠坐（4 分）

10 分为合格

评分说明：本测评所测的能力及对应的题号和合格分数已在下表中列出，请你将测得的分数填入相应的空格中。若总分在 70 分以下，说明宝宝的智能未达到理想水平，请多加训练；总分在 90 ~ 110 分，说明宝宝的智能已达到平均水平；总分在 110 分以上，说明宝宝的智能发展非常棒，请继续努力。

测试项目	题号	合格分数	宝宝得分
认知能力	1 2	22	
精细动作能力	3 4	20	
语言能力	5 6	20	
社交能力	7 8	16	
自理能力	9 10	12	
大动作能力	11 12	20	
总分		110	

7～8个月宝宝

1. 本月宝宝的成长发育特点

生理发育

项目	男宝宝			女宝宝		
	平均值	下限值	上限值	平均值	下限值	上限值
身高	71.5 厘米	69.1 厘米	73.8 厘米	70.0 厘米	67.4 厘米	72.1 厘米
体重	9.2 千克	8.2 千克	10.4 千克	8.5 千克	7.6 千克	9.5 千克
头围	约 44.5 厘米			约 43.7 厘米		
胸围	约 43.9 厘米			约 43.2 厘米		

心理发育

8 个月的宝宝更加依恋父母了，到陌生的地方或见到生人时，会害怕或焦虑。宝宝看见熟人会用笑来表示认识他们，看见亲人或看护他的人会主动伸出双臂要求抱一抱；如果自己喜欢的东西或者玩具被拿走，他会哭闹。宝宝的好奇心越来越强，对新鲜的事情会表现出惊奇或者兴奋。从镜子里看见自己，会到镜子后边去寻找。有时还很喜欢模仿别人表情和动作，能辨别成人的不同态度、脸色和声音，并做出不同反应。父母如果细心，会发现宝宝开始有了自己的意愿和想法。

✿感觉发育

听觉发育

8个月的宝宝听觉越来越灵敏，能确定声音发出的方向，能区别语言的意义，能辨别各种声音，对严厉或和蔼的声调会作出不同的反应。还可以简单地完成大人的一些口令，如飞吻、虫虫飞等。父母会发现宝宝越来越开始能听懂大人说话了。父母一叫宝宝的名字，他就会马上爬过来，或者把头转过来。妈妈要求的一些简单的事情，宝宝都会照做的，俨然一个既听话又懂事的小宝宝。

视觉发育

宝宝的视野越来越宽广，不喜欢总是盯着一个物品上看了，开始喜欢东张西望。宝宝还能区别开简单的几何图形，观察物体的不同形状。开始出现视深度感觉，实际上这是一种立体知觉。现在的手眼协调能力也增强了，能将眼睛看到的和自身的身体动作建立联结反应，宝宝清醒时经常在玩自己的双手，两手在眼前握着，手指乱动状。

✿语言发育

到这个月底，宝宝的发声明显增多，并且理解大人语言的能力也得到增强，开始慢慢地懂得用语意认识物体，并能把母亲说话的声音和其他人的声音区别开来，还能识别大人的不同语气，也能够较为听懂他所熟悉的话语，如“宝宝好乖啊”“宝宝真棒”之类。

✿动作发育

8个月的宝宝大多可以坐着玩了，还能到处爬，有的也能够站立，并且能够很精确地使用手指捏东西，会扶杯喝水，会自己吃东西。宝宝很喜欢学爬行，他的手脚协调能力得到了很好的提高。观察宝宝是否会去捏玩具，张开手让大人抱抱。随着婴儿坐、爬动作的发展，大大开阔了他的视野，他能灵活地转动上半身、上下左右地环视，注视环境中一切感兴趣事物。父母有时间可以走出家门带宝宝多出去看看蓝天白云、鲜花青草、来往人群、汽车等等，促进他的视听能力的发展，同时又可以培养他的初步的观察能力。

2. 宝宝早教专家课堂

✲培养天才宝宝的有效方法

天下的父母都希望自己的宝宝可以变得聪明、懂事，因此想尽办法去让宝宝上早教班、做早期智力开发……当然，这些做法对于开发宝宝智力能够起到一定的帮助。但是，千万别忽视你所能给予宝宝的家庭教育。日本脑权威教授久保田的夫人结婚后，没有事情时开始研究自己丈夫的著作，实践在自己的两个孩子身上，最后培养了两个非常优秀的孩子。然后又结合自己的育儿经历，独创出一套培养天才宝宝的方法，具体是：

❶ 平时给宝宝换尿不湿时，经常和宝宝说话。

❷ 每天和宝宝玩 5 次以上躲猫猫游戏，就是用双手捂住脸突然打开的方式，多做几次都可以，直到宝宝没兴趣为止。

❸ 生活中给孩子穿色彩鲜艳的衣服。

❹ 不要奶声奶气地对宝宝说话，直接像成人一样交流，如果非要说婴儿语言，也要和成人语言一起告诉他。

❺ 经常向宝宝提让他作出抉择的问题，比如“你喜欢哪个玩具啊？”每次宝宝作出选择都是在刺激大脑的发育。

❻ 给小宝宝玩手摇铃的时候，不要太快，而是在宝宝的眼前慢慢移动。

❼ 早点让宝宝学会用吸管喝水。

❽ 教孩子从10倒数到0，特别是要让孩子意识到零的存在。

❾ 对宝宝说话时，眼睛一定注视着他。

❿ 和孩子朝一个方向教他拿筷子和笔，而不是和孩子对坐，这样会让孩子混乱。

⓫ 多背宝宝，有助于锻炼平衡能力，发达运动神经。

⓬ 让宝宝明白“停”，一旦听到停的命令能马上停下活动。

宝宝左脑的开发方案

破纸拿玩具——逻辑思维能力

游戏目的： 通过游戏训练宝宝的分析推理能力，提高逻辑思维能力。

游戏方法： 妈妈在宝宝的面前将一个玩具用纸包起来，再把纸包交给宝宝。开始时，宝宝拿到纸包后会把纸撕破，拿出玩具。父母再用另一张纸把玩具包起来，并当着宝宝的面将纸包打开，将玩具拿出来。反复包好打开几次后，让宝宝知道不用撕纸，只要把纸包打开就能拿到玩具。当宝宝学会打开纸包并拿出玩具时，父母应及时给予宝宝表扬。

温馨小语： 反复玩这个游戏，可以让宝宝不断地动手，不断地思考，最后把纸包打开取出玩具，这不仅锻炼了宝宝的手部灵活性，更重要的是锻炼了宝宝对问题的思考推理能力。

看书听故事——培养语言能力

游戏目的： 用重复的字和鲜艳的图片刺激宝宝的语言理解能力，并培养宝宝对图书的兴趣。

游戏方法： 妈妈可选一些色彩鲜艳、构图简单、故事情节单一的图画书。给宝宝念书，并让他看不同的图画，念出物品、动物的名称，如“这是书包，那是老虎。”如果宝宝偶尔指着书上的某一幅图，一定要告诉他名称。

温馨小语： 给宝宝看图讲故

事，也是训练宝宝开口说话的好时机。不过，现在的图书、图片在宝宝的眼里也仅仅是一种玩具，所以妈妈要和宝宝一起看，让宝宝慢慢亲近图画书，培养兴趣，为今后真正地看图说话打好基础。

盒子装玩具——数学学习能力

游戏目的：使宝宝感受到生活中的数字，促进其数学能力的发展。

游戏方法：妈妈提前准备好两个盒子和几件小玩具。

妈妈将玩具一个个地放到其中一个盒子里，并让宝宝注视。然后再将盒子中的玩具一个个取出，放入另外一个盒子里，引导宝宝用相同的方法，将盒子中的玩具一个个取出，放入第一个盒子中。宝宝每拿起一件玩具，妈妈都在一旁数数，让宝宝感受到动作与数字之间的关系。

温馨小语：7～8个月的宝宝，手指的灵活性已经非常高了。这个游戏不仅能继续锻炼宝宝手指的灵活性，促进宝宝的身体能力发展，更重要的是能帮助宝宝了解每次拿玩具的动作与玩具数量之间的关系，从而初步感受生活中的数字，提高其数学能力。这个时期的宝宝可能会出现只关注某一个或者某几个玩具的现象，这时妈妈不要强迫宝宝再去取别的玩具，可以反复强调某几个数字，加深宝宝的印象。

扔球高手——听觉记忆能力

游戏目的：这个游戏可以锻炼宝宝听觉的灵敏度，促进其听觉能力的发育。

游戏方法：妈妈提前准备一个无盖的盒子和一些彩色糖球。将盒子放远一些，然后妈妈拿起一粒糖球朝盒子里扔去。当糖球扔到盒子里时，妈妈要说：“哗啦，球进盒子啦。”引导宝宝也来扔球，如果宝宝也将糖球扔进了盒子，妈妈也要说：“哗啦，宝宝的球也进盒子啦。”

✿ **温馨小语：**这个游戏可以发展宝宝的视觉、听觉和手部活动的协调性，通过良好的外界声音刺激，促进宝宝智力的早期开发，使宝宝的身心得到健康发展。妈妈不要将糖球独自留给宝宝玩，以免宝宝误食、噎住，引发危险。

✼ 小小大拇指

✿ **游戏目的：**这个游戏可以锻炼宝宝的听觉能力，并促进其精细动作能力的发育。

✿ **游戏方法：**妈妈用笔在自己的每个手指的指肚上画一张小脸，把双手握成拳头伸到宝宝面前。把手攥紧，不要把手指露出来。按照《两只老虎》的调子，唱："大拇指呀，大拇指呀，在哪里？在哪里？""我在这里，我在这里。"（先伸出一个大拇指，再伸出另一个），"你好吗？你好吗？"（弯曲一个大拇指作鞠躬状），"谢谢你呀，谢谢你呀，我很好，我很好。"（另一个大拇指鞠躬回礼），"我要走啦，我要走啦，再见吧，再见吧！"（先把一只手放到身后；然后另一手也放到身后）。

✿ **温馨小语：**也可以重复唱这首歌，把歌词分别换成：食指、中指、无名指和小指。结尾一段是个高潮，可以这样唱："全家在哪儿？"在回答"我们在这儿"时，同时摇晃双手十指。

4. 宝宝右脑的开发方案

✼ 扔东西——身体协调能力

✿ **游戏目的：**这个游戏可有效地训练宝宝的注意力及手眼协调能力。

✿ **游戏方法：**妈妈提前准备一个纸篓，然后将不怕摔的玩具、棋子、扣子等放在宝宝身边，引导宝宝向所设的纸篓投掷玩具。开始时纸篓可近些，然后逐渐拉远。投掷后，妈妈再帮他拿回玩具，并指出所扔物品的名字。如

果是动物玩具，还可学学动作或叫声。

✿ **温馨小语**：7 ~ 8个月的宝宝爱扔东西，父母对宝宝的这种习惯应因势利导，把乱扔变成有目的的投掷，不仅能满足他的“爱好”，还能训练宝宝的注意力、模仿力及掌握空间的方向、手眼协调的能力等。但宝宝出现砸摔的举动时，妈妈要及时阻止，并告知宝宝这是不对的。

✲ 宝宝真棒——创造性思维能力

✿ **游戏目的**：此游戏可以培养宝宝解决问题的能力，并提高运动能力。

✿ **游戏方法**：在宝宝面前挡上几块硬纸板，注意要让硬纸板很容易被推倒。父母在纸板的另一边叫宝宝的名字，引导宝宝推开纸板爬过来。宝宝爬过来后，父母要对宝宝的行为表示鼓励，抱抱宝宝，亲亲宝宝。

✿ **温馨小语**：成长环境决定一个人的情感承受能力，让宝宝能面对压力，使其大脑产生控制恐惧感的情绪，来提升解决问题的能力。如果父母长期不在家，或者宝宝是由奶奶、姥姥照顾的，那由父母来引导宝宝做这个游戏可能不会达到预期的效果。所以，父母平时就需要与宝宝建立信任和亲密的关系。研究证明，越早得到父母的亲情和照顾的孩子，心理承受能力越强。

✲ 和小朋友玩耍——人际交往能力

✿ **游戏目的**：教宝宝懂礼貌，懂得如何和同龄小伙伴相处。

✿ **游戏方法**：当宝宝和小伙伴刚见面时，父母要鼓励宝宝与另一个宝宝相互握握手，熟悉一下。让宝宝对小伙伴点点头，或拍拍手表示欢迎。引导宝宝和其他小朋友交换玩具，并让他们点头表示谢意。

让宝宝和其他宝宝在地毯上互相嬉闹，一起游戏。小伙伴们分手时，让宝宝挥手表示再见。

✿ **温馨小语**：7 ~ 8个月的宝

宝对陌生的成人普遍有怯生的现象，但他们较易接受同龄的陌生小伙伴。因此，父母应有意识地让宝宝与同龄孩子多接触，训练宝宝与同伴的相处能力，积累交往经验。如果宝宝和小朋友在一起玩耍的时候遇到了困难，请妈妈不要马上出手相助，而是应当鼓励宝宝自己克服困难，渐渐养成宝宝自己解决问题的好习惯。

❊上下、左右和中间——视觉记忆能力

✿ **游戏目的**：此游戏可引导宝宝追踪移动的物体，发展其视觉能力。

✿ **游戏方法**：让宝宝仰卧在床上，头部自然放松。妈妈拿一件彩色玩具，在宝宝眼前晃一晃，吸引宝宝注意。妈妈说口令做动作，引导宝宝追踪玩具，共做两个八拍。妈妈说“1”，将玩具从中间位置移向左边。“2”，玩具返回中间位置。“3”，玩具从中间移向右边。“4”，还原。“5”，玩具移向宝宝的头部上方。“6”，还原。“7”，玩具移向宝宝的头部下方。“8”，还原。

✿ **温馨小语**：8个月的宝宝，特别喜欢用视线来追踪眼前的物体，眼、手的协调也较流畅。此时，宝宝的视力保持在0.1～0.2之间。和宝宝玩上述游戏，能锻炼宝宝的视觉敏锐性，促进视觉发育。需要注意的是，在玩过这个游戏之后，妈妈不要把玩具放在宝宝的旁边，以免宝宝总是盯着玩具造成斜视。

❊喜羊羊和灰太狼——形象思维能力

✿ **游戏目的**：通过游戏锻炼宝宝的观察力，发展其再认记忆及形象思维能力。

✿ **游戏方法**：妈妈找一个干净的空纸盒，在纸盒的表面贴上彩色的图片，然后给宝宝玩。当宝宝转到其中一个画面时，妈妈就告诉他“这是喜羊羊”“这是灰太狼”等。等宝宝对画面比较熟悉后，妈妈可让宝宝听指示指出“喜羊羊在哪里”。画面的内容可以是宝宝感兴趣的任何东西，如动物、花草、交

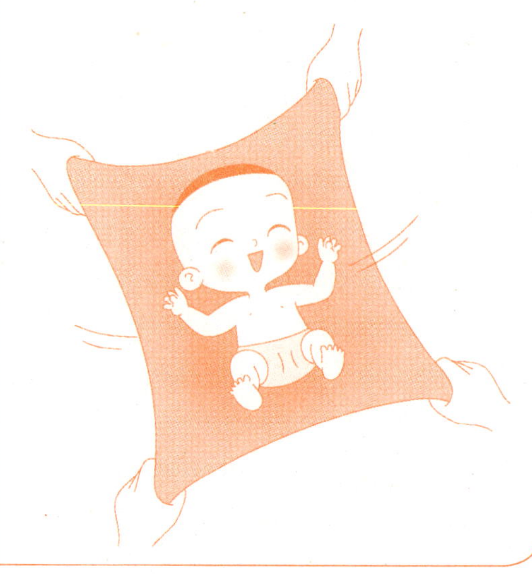

通工具等。

✿ **温馨小语**：在游戏过程中，为防止宝宝撕掉画片，要把画粘牢一些。画片要及时更换，以使宝宝保持新鲜感。在游戏过程中，宝宝不断协调地转动方盒，对左、右大脑的协调发展非常有利。

✲ 宝宝荡秋千——空间感知能力

✿ **游戏目的**：通过游戏，可以让宝宝对时间、空间有一定的感知能力。

✿ **游戏方法**：妈妈抱着宝宝去荡秋千，在秋千上晃动；也可以坐在转椅中左右转动；还可以抱着宝宝去坐滑梯。

将宝宝放在小褥子上，妈妈和爸爸各拽住褥子的两端，前后左右轻轻晃动宝宝。

✿ **温馨小语**：宝宝在游戏中，能逐渐体会到上下、左右、前后等空间方位的变换，从而提升对空间位置的判断能力。

5. 本月宝宝的智能测试

恭喜你，宝宝满 8 个月了！快来做做下面的智力开发效果测评吧！本测评共有 12 个题目，请你将宝宝的相应得分写在题目前面的横线上。

____ 1. 学认第一个身体部位（手、耳、鼻及其他部位）：

A. 听声会伸手去指（12 分）

B. 听声用动作表示（挤眼、纵鼻、撅嘴等）（10 分）

C. 眼看（6 分）

D. 不会（0 分）

10 分为合格

____ 2. 寻找藏起之物：

A. 盖住大半露出一点的玩具（8 分）

B. 露出一半的玩具（6 分）

C. 露出大半的玩具（4 分）

D. 眼看手不去拿（2 分）

8 分为合格

____3. 按吩咐把玩具给爸爸、妈妈、奶奶（或其他亲人）:

A.3 人（15 分）

B.2 人（10 分）

C.1 人（5 分）

D. 不会（0 分）

10 分为合格

____4. 用食指抠洞、转盘、按键、探入瓶中取物:

A.4 种（12 分）

B.3 种（10 分）

C.2 种（8 分）

D.1 种（4 分）

E. 不会（0 分）

10 分为合格

____5. 弄响玩具:

A. 捏响（8 分）

B. 摇响（5 分）

C. 踢响（3 分）

D. 不响（0 分）

5 分为合格

____6. 做动作表示语言"再见""谢谢""您好"等:

A.3 种（10 分）

B.2 种（7 分）

C.1 种（5 分）

D. 不会（0 分）

10 分为合格

____7. 知道大人的表情:

A. 3 种（高兴、悲伤、生气）（10 分）

B. 2 种（高兴、生气）（8 分）

C.1 种（2 分）

D. 不会（0 分）

10 分为合格

____8. 看到亲人:

A. 展开双手要人抱（5 分）

B. 大声呼叫（4 分）

C. 手足乱动着急（3 分）

D. 无表示（0 分）

5 分为合格

____9. 便前:

A. 出声表示（10 分）

B. 动作表示（8 分）

C. 不表示（0 分）

D. 学会坐盆（2 分）

10 分为合格

____10. 学坐或匍行:

A. 自己扶物站起（10 分）

B. 叫唤让人帮助站起（8 分）

C. 不站起（0 分）

10 分为合格

____11. 手腹匍行：

A. 用手巾吊起腹部可用手膝爬行（12 分）

B. 手腹向后匍行（10 分）

C. 打转不匍行（4 分）

12 分为合格

____12. 俯卧时：

A. 自己坐起来（10 分）

B. 扶物翻至仰卧再扶物坐起（8 分）

C. 要大人扶住坐起（6 分）

10 分为合格

评分说明：本测评所测的能力及对应的题号和合格分数已在下表中列出，请你将测得的分数填入相应的空格中。若总分在 70 分以下，说明宝宝的智能未达到理想水平，请多加训练；总分在 90 ~ 110 分，说明宝宝的智能已达到平均水平；总分在 110 分以上，说明宝宝的智能发展非常棒，请继续努力。

测试项目	题号	合格分数	宝宝得分
认知能力	1　2　3	28	
精细动作能力	4　5	15	
语言能力	6	10	
社交能力	7　8	15	
自理能力	9	10	
大动作能力	10　11　12	32	
总分		110	

第9节 8～9个月宝宝

1. 本月宝宝的成长发育特点

生理发育

项目	男宝宝			女宝宝		
	平均值	下限值	上限值	平均值	下限值	上限值
身高	72.5 厘米	70.0 厘米	74.7 厘米	70.5 厘米	68.7 厘米	73.5 厘米
体重	9.3 千克	8.4 千克	10.5 千克	8.5 千克	7.8 千克	9.6 千克
头围	约 44.6 厘米			约 44.4 厘米		
胸围	约 44.3 厘米			约 43.9 厘米		

心理发育

9 个月的宝宝对于爸爸妈妈的一些简单的语言和表情都能有所领会，尤其是喜欢大人的表扬和赞美，宝宝更能做出热烈的反应。如妈妈伸出手，意思让宝宝把手里的玩具给妈妈，宝宝知道了妈妈的意思，就会把玩具交给妈妈，妈妈拿到玩具后，面带笑容表扬宝宝“真懂事，乖宝宝”。宝宝知道了妈妈在表扬自己，就会高兴地把玩具反复送到妈妈手中，好像希望再多多得到妈妈的表扬似的，兴趣一下子高涨起来。另外，宝宝为大家表演时，大人的喝彩、称赞都会让宝宝高兴，进而再次重复表演。生活中，父母要毫不吝啬地多加赞美宝宝，可以为宝宝加油、叫好、伸大拇指、拍手等。

宝宝都喜欢表扬，因此早教专家提醒年轻的爸爸妈妈们：在培养教育宝宝的问题上，应该少指责，多教育；少批评，多表扬。

✲ 感觉发育

听觉发育

宝宝现在开始能听懂妈妈一些简单的词语，如妈妈说到一个常见的物体，宝宝就会用眼睛看着该物，或者用手指向该物品。此时还能区分音的高低，如妈妈让宝宝玩击木琴时，有时他专门敲低音，有时他专门敲高音。一会儿工夫，聪明的宝宝就知道敲短的木条声音高，敲长的木条声音低。对于自己熟悉的歌曲和音乐更会表现出亲切高兴。

视觉发育

宝宝喜欢探索东西，对于任何放在他眼前的东西，他都会想仔细地看看，用嘴去吸吮一番。只要准许宝宝接近、探索，在他视力所及的范围内，他都会想爬过去摸一摸，看一看。

✲ 动作发育

9 个月的宝宝活动空间越来越大，有些宝宝睡醒后，如果妈妈不在身边，自己就能翻身坐起来，而且还可以稳坐 10 分钟以上。有时还手脚并用地往前爬行几步。如果宝宝高兴，还能较灵巧地自己拉着东西站起来。宝宝坐着的时候会转身，也会自己站起来，站起来之后可以坐下，在大人的扶助下可以学走路。此时的宝宝还会用拇指和食指相对捏起小物品；会敲击手中的玩具；知道怎样得到够不着的玩具。有时专门把刚刚捡到的小积木有意扔了，然后再拣起来，对于扔东西显得非常高兴，自得其乐的样子，实在讨人喜欢。如果家长不小心把小勺掉到地上，宝宝会像寻找似地往下看，还会试图伸手捡起来。

2. 宝宝早教专家课堂

❇ 宝宝喜欢的颜色不同性格也可能不同

一些色彩心理学家研究得出，从宝宝偏爱的颜色中，可一窥宝宝内在的性格，年轻的父母不妨参考一下，了解自家宝宝的性格，有助于以后的早教。当然，这一切也许并非一成不变的。

偏爱绿色的宝宝

这样的宝宝通常缺乏主见，爸爸妈妈跟他说什么，他都会说“好”。积极度不够，有些缺乏自信，容易受他人影响。

偏爱红色的宝宝

这样的宝宝对于任何事物都是5分钟热度，没有耐性。他们通常比较自我，表现欲望很强，希望别人能够认同他们、接受他们。那么，在适当的时机，多给予他们鼓励与称赞才是。

偏爱白色的宝宝

这样的宝宝通常会让别人感觉他们懂得掌握自己需要什么，但往往并非很了解他们。在偏爱白色宝宝的思考逻辑里，有时感觉自己是茫然的。看起来他们好像做什么事都很专注，可呈现的结果似乎又不是如此。面对“白色”宝宝，做事情时需要父母明确的导引，同时给予认真的肯定才是。

偏爱黄色的宝宝

这样的宝宝是最标准的“好奇”宝宝。他们很好问：“这是什么？为什么？”绝对做到“打破沙锅问到底”。身为“黄色”宝宝的妈妈，常常不知道宝宝到底在想什么，他们的兴趣变化很快。

偏爱紫色的宝宝

这样的宝宝心思细腻，会给人比较高傲的感觉，对自己家人很亲密，对外人戒心强，爱憎分明。

偏爱蓝色的宝宝

这样的宝宝比较感性，心思细腻，需要他人不断地给予关怀，也会照顾到别人的情绪，会关心人。

偏爱粉色的宝宝

这样的宝宝一般心思也细腻，更加感性，有包容心。如果是长子，身为哥哥或姐姐，会很有责任感的。

❉ 宝宝需要家人的夸奖

8个月以后的宝宝，最喜欢听父母和其他家人鼓励和夸奖。因为在7～9个月龄的婴儿中，已经能听得懂来自于父母最常说的、表示赞许的话语。同时，宝宝的语言、动作和情绪全都开始随着月龄加大而迅速发展。

宝宝作为家庭成员中的核心，学会为家里所有的人表演游戏，做自己新学会的动作，而且在做好新的动作以后，听到来自爷爷奶奶、爸爸妈妈的喝彩和称赞声，会重复做这个动作。这是宝宝通过家人的称赞鼓励以后，体验到成功快乐的表现。而成功的快乐，是一种良性的情绪力量，能为宝宝从事智慧活动提供巨大动力，形成最有利于继续学习的心理背景。

同时，还能够保持最优化的大脑活跃状态，使宝宝兴趣盎然地激发进一步学习的动机，使宝宝形成自信的个性心理。而这些良性情绪刺激，对于宝宝的健康成长来说极其重要。

在家庭日常生活中，对于宝宝的每一点小小的、不管多么微不足道的成绩和进步，都要及时发现，随时随地给予鼓励，千万不要吝啬对宝宝的赞扬。对宝宝进行鼓励和赞扬的同时，还应当辅以丰富生动的表情，由衷地喝彩，兴高采烈地拍手，赞许地竖起大拇指。

一个人夸奖宝宝，全家都要响应。总之，调动一切因素来强化亲子气氛，强化对于宝宝有益的良性心理因素环境，让宝宝在鼓励和夸奖声中成长，愉快、健康，心理发展良好。

3. 宝宝左脑的开发方案

❊哪个大，哪个小——逻辑思维能力

✿ **游戏目的：** 通过游戏发展宝宝的认知概念，帮助宝宝认识世界。

✿ **游戏方法：** 将父母的物品和宝宝的物品，如衣服、袜子、鞋子、枕头及水果等大小分明的东西并排放在一起。反复对宝宝说："这是大的，这是小的。"小的排在前边，大的排在后边。通过游戏让宝宝分辨大小，认知事物的不同。

✿ **温馨小语：** 这一游戏重在培养宝宝对事物的观察和分析能力，在初步认识大和小的基础上学会对大小物品的分类和对比，认识事物的不同特征。

❊捡糖块——数学学习能力

✿ **游戏目的：** 训练宝宝感知"多少"的笼统概念。

✿ **游戏方法：** 在宝宝伸手可以触及的地方放两堆数量明显不同、形状也不同的糖块。妈妈引导宝宝认识多和少，指着少的说："这堆少，宝宝快来捡捡。"帮宝宝把少的糖块捡到小碗里。捡完了之后，妈妈再指着多的说："这堆多，宝宝再来捡捡。"帮宝宝把多的糖块捡到另一个同样大小的小碗里。将两个小碗放在宝宝面前，比较碗里糖的多少。

❀ **温馨小语：** 这个时期的宝宝多以无意注意、学习模仿为主。随着宝宝的生理、心理发展，对事物的多少也会逐渐有所察觉。

认识自己——听觉记忆能力

❀ **游戏目的：** 此游戏可以帮助宝宝提高听力，并逐渐对自己产生认知。

❀ **游戏方法：** 妈妈抱着宝宝站在镜子前，轻轻地叫宝宝的名字，并指着镜子里的宝宝。然后再喊宝宝的名字，让宝宝指镜子里的自己。逐渐地，当妈妈叫宝宝名字的时候，让宝宝指自己并看镜子里的自己。

❀ **温馨小语：** 根据别人的指令去辨认事物，这是宝宝靠听觉记忆来确认事物的表现。这一阶段的宝宝，听觉发育开始突飞猛进，父母要多创造机会锻炼宝宝的听觉，并通过听觉来帮助宝宝认识和记忆一些事物。一般来说，父母总喜欢放一些音乐或广播给宝宝听，而不愿自己哼唱。其实在锻炼宝宝听力时，妈妈的声音最能引起宝宝注意，效果也是比较显著的。

草莓在哪里——自然感知能力

❀ **游戏目的：** 让宝宝认识各种图片，并记住它们的名字。

❀ **游戏方法：** 在墙壁上顺次贴上各种的图片，妈妈可指着其中的一幅画，告诉宝宝这是什么，如"这是草莓，草莓是红红的"。当宝宝认识了之后，再问宝宝"草莓在哪里？"看宝宝是否会回头去寻找。

❀ **温馨小语：** 反复练习这个游戏，宝宝会记下这些图片的名称，还可能记下排列顺序，并学会利用事物之间的相互关系去认识事物。父母还可将水果的特点记下来，在给宝宝看图的时候，将"红红的"一词说出来，训练宝宝的视觉、听觉和逻辑思维能力。

✲不一样的天地

✿**游戏目的：**让宝宝感觉各种各样的食物，增强探索精神。

✿**游戏方法：**在宝宝尿湿给宝宝换尿布时，可以尝试着换一个地方，把找一个新奇有趣地方的过程变成一次探险。可以这样问宝宝作为开始："啊，你又尿湿了，我们去哪儿换尿布呢？"然后抱着宝宝，还有换尿布必需的东西，在房间里或阳台上走走转转，找一个还没用过的地方。最好的地方是能让宝宝看到新鲜景物或产生新鲜感觉的地方，这样才能分散他的注意力。比如，在阳台上，意外吹到他的小光屁股上的微风，可能会让他在关键时刻保持安静。

✿**温馨小语：**注意时间不能太长，以免宝宝着凉。

4. 宝宝右脑的开发方案

✲伸伸胳膊伸伸腿——身体协调能力

✿**游戏目的：**此游戏训练宝宝学会按次序做相应的动作以配合父母穿衣服，为以后自己穿衣作准备。

✿**游戏方法：**每天早上起床后，妈妈在给宝宝穿衣服时，可以对宝宝说："宝宝伸手，妈妈要给宝宝穿上衣了。"在给宝宝穿裤子时，也对宝宝说："宝宝伸伸腿，小裤子穿上啦！"

当宝宝做得很好时，妈妈要马上鼓励宝宝："宝宝真聪明，一下子

就穿上了。”每次穿衣服时都对宝宝这样说，宝宝会逐渐记住这些程序，以后不用父母告诉就能自己伸手伸腿穿衣服了。

✿ **温馨小语：** 9个月的宝宝已经能听懂并理解父母说的一些话，并愿意配合父母完成动作，这对宝宝来说是个不小的进步。这个游戏不仅锻炼了宝宝的身体协调能力，对提高以后的生活自理能力也有所帮助。

✽ 盒子装玩具——创造性思维能力

✿ **游戏目的：** 这个游戏培养宝宝的思维创造力及手指的灵活度和专注力。

✿ **游戏方法：** 妈妈找来一个盒子，在盒盖上挖两个大小不同的洞，洞口以让宝宝插入的玩具的宽度为准。把盒子和要插入的玩具一起交给宝宝，让宝宝根据自己的想象力将玩具插入盒子。

✿ **温馨小语：** 市场上卖的积木或组合玩具常会用到重叠、插入、盖上或拔出等动作技巧，这些动作可让宝宝充分根据自己的想象去做，并能锻炼宝宝手指的灵活性。这个游戏可以运用日常生活中的一切物品。

✽ 小手和小脚

✿ **游戏目的：** 这个游戏可以引导孩子注意自己的四肢，发展自我意识。

✿ **游戏方法：** 先用手摇摆宝宝的小手、小脚，用手挠挠他们的手心和脚心，引导宝宝注意自己的手脚。

在镜子面前，让宝宝看看自己的小手、小脚，告诉他，这是宝宝的手、这是宝宝的脚。让孩子做一些拍手、抬腿的动作，引导他观察镜中的映像。然后，打开孩子的手掌，依次轻轻按下拇指、食指……，并念儿歌：大拇哥，二拇哥，三中娘，四小弟，五小妞妞爱看戏。

✿ **温馨小语：**做这个游戏时，妈妈要注意要对宝宝的双脚交替进行；同时，游戏中还可以适当地给宝宝做脚部按摩。

✲丢沙包——人际交往能力

✿ **游戏目的：**帮助宝宝锻炼上肢肌肉力量，并学会与他人交往。

✿ **游戏方法：**妈妈提前先缝好一个小口袋，然后在里边装上米粒。和宝宝面对面坐好，与宝宝的距离约30厘米左右，然后妈妈拿起沙包，用语言请宝宝注意，慢慢将沙包扔到宝宝面前，请宝宝接住。然后再请宝宝捡起沙包，并将沙包再扔给妈妈。这种游戏可以经常和宝宝玩。

✿ **温馨小语：**做丢沙包的游戏不仅可锻炼宝宝的上肢力量及肌肉控制能力，还能促进宝宝的空间知觉能力，尤其是距离感的加强。

✲画三角形——形象思维能力

✿ **游戏目的：**帮助宝宝认识具体图形，提高图形认知能力。

✿ **游戏方法：**妈妈为宝宝准备一张白纸和几支彩色笔。在宝宝情

绪较高时，和宝宝一起画三角形。当宝宝画好后，妈妈还可以编个三角形的故事讲给宝宝听。

✿ **温馨小语：**9个月的宝宝开始喜欢涂鸦，虽然宝宝画得很凌乱，但是宝宝此时已有了自己的形象思维。父母要多创造机会，让宝宝自己涂画各种线条，但不要把自己的思维强加到宝宝身上，应帮助他逐渐提升对图形的认知和理解能力。

✲里面和外面——空间感知能力

✿ **游戏目的：**这个游戏能够培养宝宝的立体空间感，让宝宝分清里外的区别。

✿ **游戏方法：**妈妈找一个上方开口的盒子，在里面和外面分别贴上不同的图案。妈妈把每一个图案

都指给宝宝辨认。比如，“娃娃在里边，猴子在外边”。然后再问宝宝：“娃娃在哪里？”让宝宝去寻找所指之物的位置。与宝宝玩找图的游戏，能逐步培养宝宝的空间方位感。

宝宝玩腻了以后，父母可用更直观的方式训练宝宝的空间知觉。父母可以在宝宝的前、后、左、右放上不同的玩具，然后告诉宝宝，宝宝的前面是小熊、后面是小鸭子、左面是小猫、右面是小狗。

✿ **温馨小语**：和宝宝玩找图的游戏有益于宝宝空间感的提升。

5. 本月宝宝的智能测试

恭喜你，宝宝满9个月了！快来做做下面的智力开发效果测评吧！本测评共有12个题目，请你将宝宝的相应得分写在题目前面的横线上。

____1. 按大人吩咐拿玩具：
A.5种（15分）
B.4种（12分）
C.3种（9分）
D.2种（6分）
12分为合格

____2. 认识身体部位：
A.3处（12分）
B.2处（8分）
C.1种（4分）
D. 不会（0分）
8分为合格

____3. 揭纸取到玩具：

A. 揭开再盖上玩（7分）

B. 揭开取到玩具（5分）

C. 找不着（0分）

5分为合格

____4. 用食指按电视、录音机、电灯、收音机等电器的开关：

A.5种（14分）

B.4种（12分）

C.3种（10分）

D.2种（8分）

E.1种（4分）

10分为合格

____5. 称呼：

A. 见父叫爸见母叫妈（15分）

B. 叫爸妈中一人（10分）

C. 无人时乱叫（5分）

10分为合格

____6. 用姿势表示再见、谢谢、鼓掌、亲亲、欢迎、虫虫飞及其他：

A.5种（15分）

B.4种（12分）

C.3种（9分）

D.2种（6分）

E.1种（3分）

12分为合格

____7. 会给娃娃服务：

A. 盖被（5分）

B. 拍她睡觉（3分）

C. 抱娃娃哄她不要哭（2分）

D. 不喜欢她，扔掉或摔她（1分）

5分为合格

____8. 懂得害羞：

A. 当别人谈到自己时藏到妈妈身后（8分）

B. 躲到妈妈怀中（5分）

C. 不理会别人谈话（0分）

8分为合格

____9. 会拿勺子：

A. 凹面向上盛到食物（10分）

B. 凸面向上盛不到食物（5分）

C. 拿勺子乱搅不盛食物（2分）

10分为合格

____10. 大人帮助穿衣服时：

A. 会伸手和头配合（10分）

B. 会伸手（5分）

C. 不配合（0分）

10分为合格

____11. 学爬：

A. 手膝爬行（10 分）

B. 手腹膝匍行（5 分）

C. 俯卧打转（3 分）

D. 俯卧不动（0 分）

10 分为合格

____12. 扶物站立：

A. 横行跨步（10 分）

B. 扶站不稳（5 分）

C. 不能从爬行扶起站立（2 分）

10 分为合格

评分说明：本测评所测的能力及对应的题号和合格分数已在下表中列出，请你将测得的分数填入相应的空格中。若总分在 70 分以下，说明宝宝的智能未达到理想水平，请多加训练；总分在 90 ~ 110 分，说明宝宝的智能已达到平均水平；总分在 110 分以上，说明宝宝的智能发展非常棒，请继续努力。

测试项目	题号	合格分数	宝宝得分
认知能力	1　2	20	
精细动作能力	3　4	15	
语言能力	5　6	22	
社交能力	7　8	13	
自理能力	9　10	20	
大动作能力	11　12	20	
总分		110	

9～10个月宝宝

1. 本月宝宝的成长发育特点

✽生理发育

项目	男宝宝			女宝宝		
	平均值	下限值	上限值	平均值	下限值	上限值
身高	74.0 厘米	71.3 厘米	76.3 厘米	72.5 厘米	70.5 厘米	75.0 厘米
体重	9.4 千克	8.6 千克	10.6 千克	8.9 千克	8.0 千克	9.9 千克
头围	约 45.4 厘米			约 45.2 厘米		
胸围	约 45.0 厘米			约 44.9 厘米		

✽心理发育

10 个月的宝宝喜欢和大人交往，并且会模仿大人的举动，尤其是喜欢模仿着叫爸爸、妈妈。此时也开始学走路了，东瞧瞧、西望望。宝宝会观察妈妈的情绪，并能感受妈妈的情绪，当妈妈不安或沮丧时，宝宝也会显得不高兴，如果妈妈十分轻松快乐，宝宝也表现得很兴奋。

宝宝喜欢看其他小朋友玩耍，当别的小朋友在旁边或想着分享他的玩具时，宝宝会显出对玩具明显的占有欲，并会认为全部的东西是自己的，不愿和别人分享。宝宝吃饭可能不专心，父母千万不能强喂，若是硬塞，会造成宝宝逆反心理，产生厌食。有时可在大人帮助下让宝宝用勺吃饭。

❊ 听觉发育

这个月的宝宝声音定位能力已发育很好，可以主动向声源方向转头，也就是有了辨别声音方向的能力。如妈妈手拿风铃，分别在宝宝的上方和下方晃动出声，观察宝宝是否会跟着声音上下抬头，低头。

❊ 语言发育

宝宝可以理解常听到的词的意思，并能用手指出自己想要的某个物品。这时的宝宝可以主动地叫妈妈了，有时还会不停地重复说一个词。宝宝可以懂得爸妈的命令，对要求他不去做的事情会遵照爸妈的要求去做。宝宝偶尔会用摇头表示“不”，用点头表示“是”，用挥手说“再见”。

❊ 动作发育

10个月的宝宝肢体动作变得越来越敏捷，能很快地将身体转向有声音的地方，并可以爬着走。宝宝也能够独自站起来，并且靠着学步车慢慢地走几步，一只手可以拿两三样小东西了，手指的灵活性增强，两只手也学会了分工合作。坐时不失去平衡，能左右摇摆和转身，扶家具站立稳。大部分宝宝可以配合穿衣时伸手，穿鞋袜时伸脚。这个月的宝宝喜欢将手指插入小孔中或用食指戳纸上的洞孔，并喜欢把玩周围的物品，逐渐减少把玩具放入口中。细心的妈妈会发现宝宝开始对自己的身体部位感兴趣，可以教他认识自己的身体部位了。

宝宝早教专家课堂

❊让宝宝学会与人分享

现在每家都是一个宝宝，基本上在家都是“小霸王”或者“小公主”，完全以自我为中心，而要在社会中立足，就必须学会与人相处，懂得分享，正如古人所说“独乐乐不如众乐乐”。有人说“生命的意义在于付出，而不在于接受”，是非常对的，父母要让孩子学会分享，分享是一种境界，是一种智慧，是一种升华，是与人方便与己方便。

培养孩子的自信心

如果孩子没有自信，就不愿意把自己的东西拿出来和别人分享，他需要积累大量的东西来获得“安全感”，支持自己的自信，害怕东西拿给别人后就消失不属于自己了。因此，父母要注重孩子的自信培养。

让孩子体验分享的快乐

当孩子知道分享能给自己带来快乐时，他自然乐意主动让别人分享自己的物品。如宝宝把自己的玩具给别人玩，别人会因此快乐，久而久之，孩子就体验到了分享的快乐。

家长要做好榜样

父母是孩子最好的模仿对象，想要孩子有分享的品质，父母也应该为孩子树立好榜样。平时父母对待生活、对待周围人的态度对孩子都会产生很大的影响。在家里来了客人的时候，妈妈可以把最好吃的食物给客人分享。家长不要吝啬，孩子在家长的影响下就会逐渐学会分享。

灌输分享的思想

在日常的生活中，家长可以有意识地把自己知道的一些有意义的故事讲给孩子听，如孔融让梨，让宝宝在潜移默化中获得情感分享。当孩子做出分享的行为时，父母要及时给予肯定和表扬，帮助孩子不断地产生分享的动机和行为。慢慢地，宝宝会更乐意、更主动地与别人分享。

✲ 找到影响宝宝智力发展的因素

除了遗传、疾病、营养和环境等条件外，一些生活因素对宝宝的智力发展也有很大的影响。要注意以下几方面的因素：

睡眠不足

睡眠是让大脑得以休息的最主要的方法，宝宝因贪玩而熬夜，会使脑神经细胞的兴奋和抑制平衡受到破坏，大脑的发育和正常功能的发挥受到影响，这对宝宝的智力发展极为不利。

忽视早餐

宝宝整个上午体力和脑力的消耗能否得到补充，与早餐的质与量有很大关系。少吃或不吃早餐的宝宝，其智力的发展会受到限制。

运动不足

运动可以促进血液循环和新陈代谢，运动不足，会造成大脑供血欠佳，脑细胞和智力的发展受到影响。

吃甜食

许多宝宝特别爱吃甜食，如果吃甜食过量，其大脑发育就会变得迟缓，还会便秘。宝宝会出现思维迟钝、注意力不集中和记忆力下降等智力发育障碍的表现。

3. 宝宝左脑的开发方案

✲宝宝会说话——培养语言能力

✿ **游戏目的：** 通过游戏对宝宝的语言能力进一步强化。

✿ **游戏方法：** 宝宝此时基本已经能喊出“爸爸”“妈妈”，父母不妨引导宝宝发出更多不同的声音和语言，如“姑姑”“爷爷”“喝喝”“饭饭”等，来表达自己的情感。当宝宝模仿着发出其他语言词汇时，妈妈要及时鼓励宝宝：“宝宝好棒啊，我们的宝宝会说话了。”

✿ **温馨小语：** 随着宝宝不断成长，他已经学会使用语言替代哭声来表达自己的情感。宝宝所发出的每一个音节都是有目的的，在这个时候，父母多鼓励宝宝说话，有助于宝宝对语言的应用。

✲笑，笑，笑——听觉记忆能力

✿ **游戏目的：** 通过听音乐刺激宝宝的听觉灵敏性，并加强宝宝对语言的进一步了解及对情感的表达。

✿ **游戏方法：** 用《雅克兄弟》的曲调唱下面的歌，并伴以一定的动作：“你开心吗？你快乐吗？我开心，我快乐。开心，开心，开心；快乐，快乐，快乐。笑，笑，笑，笑，笑，笑。”妈妈脸上同时要露出开心的微笑。

✿ **温馨小语：** 游戏的时候也要让宝宝与妈妈一起互动。宝宝喜欢自然界中的声音和音乐，乐于寻求周围环境中的各种声响，经常会沉溺于美妙的音乐之中。这时，宝宝对音乐的记忆也有一定的优势。通

过音乐的节奏感，可以让宝宝记下很多东西。当我们再一次放音乐的时候，宝宝很可能就会不自觉地去做动作。

❊ 踩影子——自然感知能力

✿ **游戏目的**：让宝宝认识影子，提高宝宝的自然认知能力。

✿ **游戏方法**：在阳光明媚的天气里，把宝宝带到户外，引导宝宝看自己或别人的影子。然后抱着宝宝一起玩踩影子的游戏，并一边为宝宝唱歌："我在哪，你在哪，你是一个小尾巴。"

✿ **温馨小语**：在宝宝刚刚学步时，这是一个很好的游戏，它可以提高宝宝走路的兴趣。更重要的是，能帮助宝宝多认识一些自然界的新东西，比如影子，让宝宝知道，影子在太阳下和自己总是不分离的。

4. 宝宝右脑的开发方案

❊ 小小面点师

✿ **游戏目的**：促进精细动作能力的发展。

✿ **游戏方法**：在地板上铺上几张报纸，然后在报纸上放一小堆面粉，让宝宝和面，做他自己的"蛋糕"。和宝宝一起，用量匙或小杯子把面粉舀起来，再倒出去——他会很高兴地模仿你的动作。倒一点儿面粉在宝宝的手上或脚上，让他感受一下面粉在皮肤上的感觉。玩这个游戏时，宝宝可能会把面粉弄得到处都是，不过，也不要责怪宝宝，大人可以趁这个机会拍几张经典照片留作纪念。

✿ **温馨小语**：不要让宝宝在无人照看的情况下独自玩面粉。如果他吸入大量的面粉粉尘，或是把一大把面粉塞到嘴里，都会影响他正常呼吸。

❊ 沙子做小山——创造性思维能力

✿ **游戏目的**：利用沙子的可塑性，培养宝宝的创造能力。

✿ **游戏方法**：妈妈准备一个小桶，一把小铲子，一个小模子，帮宝宝把潮湿的沙子装进小桶里。然后把沙子倒出来，并教宝宝用模子做“馒头”，或是堆“大山”。也可以鼓励宝宝自由地进行其他的制作。

✿ **温馨小语**：10个月的宝宝，手部的动作越来越精确，他们能利用手边的一些工具做一些自己想做的事情。这时父母要多带宝宝到户外接触一些新的事物，并给宝宝一个自由发展的空间，让宝宝在玩的过程中逐渐提高创造能力。

❊ 帮妈妈拿东西——人际交往能力

✿ **游戏目的**：通过训练宝宝给别人递物品，提高宝宝的社交能力，扩大宝宝的生活空间。

✿ **游戏方法**：妈妈坐在床头，然后对宝宝说：“宝宝把那边的小熊玩具给妈妈拿来。”宝宝会爬过去将玩具拿给妈妈。妈妈接过玩具时，别忘了要夸奖宝宝：“宝宝真能干。”得到妈妈的夸奖，宝宝会更愿意帮妈妈拿东西。也可以让宝宝拿两件东西给爸爸和妈妈分一下，比如拿两个苹果，一个给爸爸，一个给妈妈。宝宝有时会舍不得给，这时父母可以拿一件宝宝喜欢的玩具和宝宝交换，以引导宝宝。

✿ **温馨小语：**从小和宝宝玩这样的游戏，可帮助宝宝养成愿意与人分享的好习惯，而且宝宝也能在游戏中体会到帮助别人的快乐。

❇戳洞洞——视觉记忆能力

✿ **游戏目的**：通过游戏来锻炼宝宝的视觉观察和判断能力。

✿ **游戏方法**：妈妈给宝宝找一个30厘米长的纸盒子，在盒子的外面画上许多圆圈，同时也在圆圈中夹杂着七八个大小一致的洞。和宝宝一起找哪个圆圈是可以戳的，并对宝宝说："宝宝快来找一找，看看哪个圆圈是洞洞。"妈妈可以在另一面也戳进手指，当宝宝戳进手指时，妈妈要说："二拇弟你好啊！"然后握握宝宝的手指。

✿ **温馨小语**：10个月大的孩子可用自己的手指进行很多不同的探索，这个游戏可以锻炼宝宝手指的独立动作，也在不同程度上锻炼了宝宝手眼的协调性以及宝宝的视觉判断能力。

❇喵喵的小花猫——形象思维能力

✿ **游戏目的：**训练宝宝从不同的图片中找出所要的图片，刺激图形认知能力。

✿ **游戏方法：**妈妈提前为宝宝准备一大堆平时所熟悉的物品的图片。如果宝宝认识小猫，妈妈可以问宝宝："喵喵叫的小花猫在哪儿？"让宝宝找出并确认小花猫的图片。当宝宝找对了的时候，妈妈要给予鼓励，并接着找下一个。

✿ **温馨小语：**宝宝从一大堆图片中找出父母所要的某些图片，这就确认宝宝已经认识了这几种东西，父母要经常帮助宝宝记忆和认识更多的东西。

✲爬着找熊猫——空间感知能力

✿ **游戏目的**：提高宝宝对位置的判断能力。

✿ **游戏方法**：妈妈找来一个大一些的包装盒，在包装盒的六面分别贴上动物图，比如熊猫、老虎、大象等。引导宝宝来看盒子上的图画，比如对宝宝说："宝宝来找找熊猫在哪里？"宝宝会爬着去找熊猫。当宝宝找到后，要鼓励一下宝宝，然后再引导宝宝爬着去找其他动物，如老虎。

几次训练后，宝宝会逐渐记住盒子上各个图片的位置，当妈妈让宝宝去找某个动物时，宝宝很快会变换位置找到。

✿ **温馨小语**：通过这个游戏，不仅能让宝宝学习新事物，记住每个图的名称，还能帮助宝宝辨识方位，增强宝宝的空间智慧。

✲ 舀啊倒啊

✿ **游戏目的**：提高宝宝的手眼协调性，增强空间感知能力。

✿ **游戏方法**：妈妈在塑料盆里装半盆水，然后把各种用来舀水的容器摆在旁边，让宝宝坐在盆旁边。妈妈要告诉宝宝怎样把水从盆里舀出来，再倒回去。等宝宝会做了以后，再教他用小杯子或小碗把水舀到大杯或大碗里。漏斗和带有喷嘴的量杯也是用来玩水的好玩具。

✿ **温馨小语**：这个游戏会把现场弄得一团糟，所以最好在室外玩，或是在厨房或洗手间里玩，并在地面上铺上垫子或毛巾；另外，宝宝玩水的时候一定要一直有人在旁边照看，无人看管哪怕一会儿都是不可以的。

5. 本月宝宝的智能测试

恭喜你，宝宝满 10 个月了！快来做做下面的智力开发效果测评吧！本测评共有 12 个题目，请你将宝宝的相应得分写在题目前面的横线上。

____ 1. 认识新的身体部位：

A. 认识大拇指和小拇指（或者两处新部位）（10 分）

B. 认识大拇指（或 1 处新的部位）（5 分）

C. 认识手指，如食指（或另一个新的身体部位）（5 分）

D. 不认识新部位（0 分）

10 分为合格

____ 2. 拉绳取物：

A. 拉绳取环或取到玩具（10 分）

B. 直接去够取环或玩具（5 分）

C. 无目的乱抓（2 分）

5 分为合格

____3. 捏取葡萄干或爆米花：
A. 食指、拇指捏取（10 分）
B. 大把抓（5 分）
C. 用手掌拨弄（3 分）
D. 不理会不抓取（0 分）
10 分为合格

____4. 在 1 分钟之内把小球放入瓶内：
A.4 个（12 分）
B.3 个（9 分）
C.2 个（6 分）
D.1 个（3 分）
9 分为合格

____5. 有意识地称呼亲人：
A. 爸爸和妈妈（10 分）
B. 爸妈中的任 1 人（5 分）
C. 无人时乱叫（2 分）
10 分为合格

____6. 用姿势表示语言，如再见、谢谢、您好、握手、鼓掌、碰头、亲亲、虫飞、挤眼睛、咂嘴等：
A.7 种（15 分）
B.5 种（12 分）
C.3 种（9 分）
D.2 种（6 分）
E.1 种（3 分）
12 分为合格

____7. 喜欢小朋友，同人打招呼时用招手、点头、笑、摇身体、跺脚、尖叫等动作：
A.3 种（9 分）
B.2 种（6 分）
C.1 种（3 分）
D. 不理（0 分）
9 分为合格

____8. 捧杯喝水：
A. 不用大人扶持略有洒漏（9 分）
B. 要大人扶持（5 分）
C. 不会用杯（0 分）
9 分为合格

____9. 穿衣：
A. 自己把胳臂伸入双侧袖内（6 分）
B. 自己会伸入一侧（4 分）
C. 大人拿胳臂放入袖内（2 分）
6 分为合格

____10. 爬行：
A. 手足快爬（10 分）
B. 手膝慢爬（8 分）
C. 腹部靠床匍行（6 分）
D. 俯卧打转（3 分）
10 分为合格

____11. 扶站时：

A. 能蹲下捡物（10 分）

B. 蹲下但捡不着（8 分）

C. 不敢蹲下（3 分）

10 分为合格

____12. 学走：

A. 一手牵着走（12 分）

B. 双手牵着走（10 分）

C. 学步车内走（8 分）

D. 扶物摸跨（6 分）

10 分为合格

评分说明：本测评所测的能力及对应的题号和合格分数已在下表中列出，请你将测得的分数填入相应的空格中。若总分在 70 分以下，说明宝宝的智能未达到理想水平，请多加训练；总分在 90 ~ 110 分，说明宝宝的智能已达到平均水平；总分在 110 分以上，说明宝宝的智能发展非常棒，请继续努力。

测试项目	题号	合格分数	宝宝得分
认知能力	1　2	15	
精细动作能力	3　4	19	
语言能力	5　6	22	
社交能力	7	9	
自理能力	8　9	15	
大动作能力	10　11　12	30	
总分		110	

10～11个月宝宝

1. 本月宝宝的成长发育特点

✲生理发育

项目	男宝宝			女宝宝		
	平均值	下限值	上限值	平均值	下限值	上限值
身高	75.5 厘米	72.6 厘米	77.7 厘米	73.8 厘米	71.3 厘米	76.4 厘米
体重	9.7 千克	8.8 千克	10.7 千克	9.1 千克	8.1 千克	10.2 千克
头围	约 46.0 厘米			约 45.9 厘米		
胸围	约 45.7 厘米			约 45.5 厘米		

✲心理发育

11 个月的宝宝越来越可爱了，他有自己明显的好恶感。一看见妈妈走过来就高兴得又叫又拍手，简直无法形容宝宝内心的快乐。而宝宝一见到他惧怕和不喜欢的人，如给自己打针的医生时，就哇哇地大哭，碰都不让碰。此时的宝宝有初步的自我意识，喜欢用语言和动作与熟悉的人进行交流。多数宝宝变得很好动，遇到“困难”时，仍然以发脾气、哭闹的形式发泄自己因受挫而产生的不满和痛苦。

父母面对宝宝的大声哭闹，打骂一般是于事无补的，此时要先给宝宝一定的安慰，然后再想解决问题的办法；在宝宝提出要求时，切忌使用命令的语气，让宝宝能快乐执行要求。

✲认知能力

11 个月的宝宝开始会进行有意识的活动，将事物之间建立联系的能力继续增强。如他知道瓶盖和瓶子之间的关系，知道拿起瓶盖盖到瓶子上 ，还逐步建立了时间、空间、因果关系，如看见母亲准备浴巾、洗澡水时，就知道等待洗澡。并且随着语言能力的增强，宝宝的联想能力也在增强，比如他看到小狗，就会想起“汪汪”，对于生活中见到的东西已经能够去想它的读音了。宝宝在探索周围物体时，会有意识地把玩具放进抽屉、箱子等容器再取出，会打开及合上书，能堆叠玩具，认出镜中自己，喜欢看图画书。

✲语言发育

11 个月的宝宝，正处于语言萌芽阶段，但被动语言却有了较快的发展。宝宝能够理解很多大人说的话。对大人的语言由音调的反应发展为能听懂语言的词义。并能准确模仿大人所说出一些词音。宝宝高兴时会叽里咕噜说个不停，还很喜欢模仿大人的说话方式、语气。遇到说不明白的，会用动作来回答问题。此时的宝宝开始区分不同词的意思，会用手指着东西提要求，比如看见了食物，就用手指着，嘴里说“吃，吃”。父母要继续发展宝宝的语言，可以给宝宝看画册讲故事。

✲动作发育

11 个月的宝宝，大多数都能够自己拉着小床的栏杆或者扶着沙发等站起来了，发育快的宝宝，还能独自站立十几分钟，而也有一些宝宝到了这个月龄仍然不会站立，但其他方面发育都正常。宝宝可以在大人用一只手牵着的情况下走路，但是走起路来摇摇晃晃，此时还没有什么平衡感。手指的灵活性大大增强，能把玩具扔掉之后再自己捡起来，还用拇指和食指捏起东西。有的宝宝能把较轻的门推开和关上；也能拉开抽屉了。很多宝宝还会表演“拍拍手”“摸摸头”“再见”“笑一个”等“节目”了。

2. 宝宝早教专家课堂

✿ 怎样给宝宝塑造完美情商

情商（EQ）也就是我们所说的情感智力，是指良好的道德情操，是面对并克服困难的勇气，是乐观幽默的品性，是同情和关心他人的善良，是自我激励、持之以恒的韧性，是善于与人相处、把握自己和他人情感的能力，等等。简而言之，它是人的情感和社会技能，是智力因素以外的内容。

随着社会的发展，人际交往的增多，情商越来越被人们重视。人们普遍认为它是通往成功的必备素质。甚至有人认为：个人的成功，智商的优劣占1/5，情商的优劣占4/5。因此，如果要造就一个优秀的宝宝，让他将来事业有成，父母就要从小重视宝宝情商的培养。

专家认为，培养宝宝的情商应从以下几点入手：

❶ 尽力为宝宝创造良好的成长环境，并确定明确的限制。

❷ 培养他们对家庭、同伴及社会的责任感。

❸ 反对宝宝的依赖性行为，鼓励宝宝自己玩，赞扬宝宝的能力。

❹ 主张宝宝有自己的主见，欣赏宝宝的独立性。

❺ 鼓励宝宝的同情心，要让宝宝关心爱护他人，亲身经历是必不可少的。

❻ 从小培养宝宝诚实与正直，诚实和正直是必不可少的良好品德。宝宝很小时，就可以和他共同欣赏少儿图书和少儿电视节目，玩建立信任的游戏，

了解宝宝的变化，发现心理问题及时解决。

❼ 培养负面道德情感。惭愧感和内疚感不是坏的情感，只要使用恰当，便有助于培养有道德的宝宝。

另外，还要注重培养宝宝面对挫折的承受能力、交友能力、思维能力以及持之以恒的精神等。

✼ 培养宝宝良好的空间秩序感

秩序感对孩子而言就像是一张地图，孩子在探索环境时，就像一位绘制地图的勘探家一样。秩序感跟宝宝的自我发展息息相关，影响孩子情绪及人格发展，甚至社会人际交往的能力。所谓的秩序感是在孩子出生时，内在的一种基本需求，婴幼儿会透过这个需求去认识自我，以及自己与环境之间的关系。如孩子对事物的顺序、物品摆设的位置、人物的呈现，都有一种令人难以理解的执著，尤其是从出生到两岁时，他们会固执地把东西放在固定的位置，当看到某个东西离开原位的景象，似乎是一种“不舒服”，它会迫使孩子采取行动。秩序感对宝宝非常重要，父母要从小着重培养孩子良好的秩序感，尤其是空间秩序感。

父母要培养孩子的空间秩序感，就要把自己家里的空间秩序感做好，东西有定位，摆放有序，各项程序化的东西都十分明确，让孩子很舒服。不要经常变动孩子生活中的摆设，对环境的布置必须有合理性。在一些生活中的小用品，如杯子应该放在托盘里、玩具放在篮子里……

慢慢地孩子长大后，对东西定位的概念，会逐渐养成收拾东西、整洁的习惯。把孩子的主要物品进行归类后，摆放整理，有一定的规则，然后尽量每次把宝宝玩完的玩具放到原来的位置。另外，还要尽量培养作息时间的规律，比如孩子吃饭，每次几点就大约都是这个时间，这样有利于孩子的时间秩序感。

3. 宝宝左脑的开发方案

长棍够物——逻辑思维能力

游戏目的： 让宝宝理解物与物之间的关系，初步尝试使用工具。

游戏方法： 妈妈与宝宝一起玩皮球，然后故意把皮球放到宝宝能看到但拿不到的地方。给宝宝找来一根长棍，让宝宝用长棍去把球够过来。如果宝宝不知道怎么做，妈妈可以给宝宝做示范。

温馨小语： 在宝宝11个月时，随着宝宝运动能力的增强，接触的事物越来越多，他的听觉、视觉以及语言能力都在促进大脑的发展。通过前面对宝宝拉绳取物的训练，宝宝应该对使用简单的工具有了一定的了解，所以父母要通过游戏的方式帮助宝宝开发智力。

宝宝吹喇叭——培养语言能力

游戏目的： 训练宝宝学会用气，进一步促进宝宝发声。

游戏方法： 妈妈与宝宝面对面，让宝宝注意到妈妈的动作。妈妈对着宝宝轻轻地把小喇叭吹响，之后把喇叭交给宝宝，让宝宝正确地含上喇叭嘴，妈妈同时对着宝宝做吹的动作，让宝宝试着吹。反复强调吹的动作。

温馨小语： 宝宝现在对吸东西很拿手，但对向外吹气却不算很在行。父母给宝宝喇叭，宝宝首先做到的是吸，如果妈妈对宝宝做吹的动作，宝宝也会试着乱吹。“呼、呼”地吹对语言的发声非常重要，经过一段时间的锻炼，宝宝能很好地控制自己的用气。

❋ 超级分类

✿ **游戏目的**：锻炼精细动作及手眼协调性，增强宝宝的空间思维能力。

✿ **游戏方法**：用几只小碗装上宝宝爱吃的、各种颜色的、能用手指拿的食物，比如小块的软水果，或煮透的蔬菜、谷物，切成小块的鸡肉丁或鱼肉丁，奶酪块或煮鸡蛋。再给宝宝几个空碗碟，鼓励他把各种食物混合搭配在一起，或是把食物从一个碗移到另一个碗里。

✿ **温馨小语**：如果宝宝已经掌握了开关盖子的技巧，你就可以给他几只带盖子的塑料容器，让他自己打开。

❋ 1和2——数学学习能力

✿ **游戏目的**：通过游戏让宝宝学会认识1个和2个。

✿ **游戏方法**：平时在吃饭时，让宝宝给妈妈从盒子里拿出1把小勺。如果宝宝拿的不是1把，妈妈就要纠正宝宝的动作，让宝宝重新去拿1把。如果宝宝拿对了，妈妈也要做出反应，对宝宝说："宝宝真棒，这是1把勺子。"接着让宝宝拿1双筷子，要反复强调："宝宝帮妈妈拿2根筷子，是2根。"并伸出两个手指。

✿ **温馨小语**：通过前面几个月对宝宝数学能力的训练，应该说让宝宝做到这一点并不是很难，宝宝对1和2也有了初步的理解。

❋ 辨声音高低——听觉记忆能力

✿ **游戏目的**：通过练习，让宝宝能够辨别不同的声音。

✿ **游戏方法**：给宝宝找3个可以敲出不同声响的瓶子，或是在3个相同的瓶里装上不同量的水。刚开始时，妈妈示范着给宝宝敲出很有节奏感的不同声音。当宝宝有了较轻微的反应，自己有动手的欲望时，让宝宝自己去敲打，并指导宝宝听不同的音调。

✿ **温馨小语**：这个时期的宝宝模仿能力很强，可能会在做完这个游戏之后，用小手去敲身边任何能触及的物品。这个时候父母就要注意了，不要让宝宝接触电视、冰箱等带电的家具，要明确地告诉宝宝接触这些家电是危险的，加强宝宝的危险意识和自我保护意识。

❊自己脱衣服——自然感知能力

✿ **游戏目的**：通过这个游戏让宝宝学会自己脱衣服，培养其生活自理能力。

✿ **游戏方法**：每天晚上睡觉前，鼓励宝宝自己脱鞋和脱袜子。如果宝宝的鞋有粘扣，开始时妈妈要帮助宝宝拉开粘扣，并引导宝宝观察。下次妈妈可要求宝宝自己拉开粘扣，脱掉鞋子。

刚开始时，宝宝可能自己不会脱袜子，妈妈可以握着宝宝的小手，和宝宝一起把袜子脱下来。几次后，妈妈就可鼓励宝宝自己脱。当宝宝能自己脱下鞋袜时，妈妈要及时给予宝宝鼓励，让宝宝更有信心。

✿ **温馨小语**：在宝宝1岁前，应学会自己脱衣服，然后再学会自己穿衣服。在教宝宝脱衣服时，可以教宝宝先摘帽子，再脱鞋袜、脱衣服。但是，带有扣子或拉链的衣服，父母应事先帮宝宝拉开，因为宝宝这时还不能自己解扣子和拉拉链。不过对于鞋上的粘扣，宝宝一般能自己打开。父母应鼓励宝宝自己的事自己动手，为宝宝以后的自理能力打下基础。

4. 宝宝右脑的开发方案

❊爬垫子

✿ **游戏目的**：锻炼宝宝的大动作能力。

✿ **游戏方法**：妈妈把枕头靠垫堆成一个大垛，这样宝宝就可以安全地玩好玩的攀爬游戏了。把最大号的、最稳当的垫子堆放在最下面，然后再堆上椅子靠垫或其他零散的小靠垫。扶稳宝宝，帮他爬上"枕头山"，然后胜利地站在上面。如果家里有很多长方形的枕头，则可以把它们摆成台阶的样子。不过，游戏中一定要抓稳宝宝的手，以防他爬到最高一级后一脚踏空。

✿ **温馨小语**：绝对不要把宝宝一个人留在"枕头山"上，无人看管；这个游戏需要一直有人监督指导。另外，大人要记得事先将带有棱角的家具移开，这样万一宝宝摔倒了，也不会撞到危险物品上面。

❊让妈妈抱——创造性思维能力

✿ **游戏目的**：通过游戏来培养宝宝的分析、判断能力，以及解决问题的能力。

✿ **游戏方法**：妈妈将宝宝抱到沙发旁的地毯上。妈妈先走到沙发的后面，然后对宝宝说："宝宝快过来，让妈妈抱抱。"让宝宝学会绕过障碍物去找妈妈。妈妈不断地更换位置，进一步引导宝宝学会绕过障碍物。

✿ **温馨小语**：11个月的宝宝，已经能够扶着物体行走了，宝宝也能在游戏中根据声音去找人。当宝宝不能直接让妈妈抱的时候，通过引导，宝宝会很快学会绕过障碍物，这就锻炼了宝宝的观察能力和解决问题的能力。

❊看书讲故事——人际交往能力

✿ **游戏目的**：通过游戏认识人的各种情感和情绪，以培养宝宝的交际能力。

✿ **游戏方法**：在宝宝情绪较好的时候，让宝宝坐在妈妈的膝盖上，拿出宝宝喜欢的图画书。给宝宝看书的封面，并告诉宝宝书的名字。

妈妈翻书时要一页一页地翻，指着图画，给宝宝讲故事。父母将书捧在手上，请宝宝用手翻书，然后让宝宝自己有模有样地“讲”。妈妈同时也跟着宝宝一起讲。

✿ **温馨小语**：讲故事对于提高宝宝的言语听觉以及语言符号的识别能力都有十分重要的作用。在讲故事的时候，妈妈语速声调的变化及自然表情的流露，对于宝宝的情绪发展、社交活动都有积极作用。另外，宝宝主动翻书还能锻炼手部的精细动作。在讲故事的同时，妈妈也可以给宝宝一支笔和一张纸，让宝宝在纸上涂涂画画，锻炼手指和脑力。

✲ 一起来画画——视觉记忆能力

✿ **游戏目的**：培养宝宝的视觉分辨能力。

✿ **游戏方法**：妈妈提前为宝宝准备一张画纸，一些不同颜色、不同类型的画笔。妈妈和宝宝坐在窗前，鼓励宝宝看着外边的景物画画。宝宝会拿着画笔随便涂鸦，对此妈妈不要说宝宝画得不好，而要引导宝宝，如：“啊，宝宝画的是那棵高高的大树吗？画得真棒！妈妈好喜欢……宝宝再来画一个太阳吧。”妈妈也可以握着宝宝的手，和宝宝一起画，宝宝的兴致会更浓。

✿ **温馨小语**：这个月龄的宝宝所画的东西可能只是一些不规则的线条，但宝宝同样能从中学到很多东西，并逐步锻炼自己的视觉分辨能力。宝宝的作品在一定程度上也反映出了他的大脑的发育程度。妈妈可以把宝宝不同时期画的画排列在一起，告诉宝宝哪张画画得比较好，哪张是妈妈最喜欢的。这样可以指引宝宝的思维向正确的方向发展。

❊认颜色——形象思维能力

✿ **游戏目的**：通过游戏来帮助宝宝认识不同的颜色。

✿ **游戏方法**：给宝宝找来一些不同颜色的物品，并给宝宝指认。比如妈妈可以拿起一个红色的皮球对宝宝说："这是皮球，是红色的。""这是水杯，是蓝色的。""这是香蕉，是黄色的。"如果宝宝对这些颜色都能辨认，妈妈也可以给宝宝找出深浅不同的黄色或红色来辨认。

✿ **温馨小语**：让宝宝在1岁之前很好地辨认颜色是有一些困难的，因为这时的宝宝对共性的概念还很模糊。如果父母经常训练宝宝辨认各种不同的颜色，或者深浅不同的同一色彩，就能慢慢地培养起宝宝的共性概念，并逐渐认识越来越多的颜色。

❊金字塔——空间感知能力

✿ **游戏目的**：此游戏可以培养宝宝的空间思维能力。

✿ **游戏方法**：父母把一些宝宝经常玩的积木放在宝宝身边，妈妈拿起积木一块块地搭建一座金字塔。当搭建到金字塔的顶部时，留下一块塔尖，将积木递给宝宝，让宝宝将积木放上去。接着，让宝宝将积木推倒，妈妈再与宝宝一起重复上面的环节。

✿ **温馨小语**：这个游戏可以促进宝宝的空间思维能力和数学智慧的发展，在向宝宝演示搭积木的方法时，还可以让宝宝感受到基本的积木建筑结构关系。

5. 本月宝宝的智能测试

恭喜你，宝宝满 11 个月了！快来做做下面的智力开发效果测评吧！本测评共有 12 个题目，请你将宝宝的相应得分写在题目前面的横线上。

____1. 按吩咐捡出图片：

A.4 张（12 分）

B.3 张（10 分）

C.2 张（7 分）

D.1 张（4 分）

10 分为合格

____2. 放上杯盖：

A. 放正（5 分）

B. 放歪（3 分）

C. 乱放（0 分）

5 分为合格

____3. 用手解开纸包取食物：

A. 手指打开（10 分）

B. 撕开（5 分）

C. 要大人打开（0 分）

10 分为合格

____4. 从大瓶中取糖果：

A. 食指抠出（10 分）

B. 倒出（8 分）

C. 打翻瓶子取（7 分）

D. 让大人拿取（0 分）

10 分为合格

____5. 从形板中：

A. 放入圆形（12 分）

B. 抠出 3 个形块（9 分）

C. 抠出 2 个形块（6 分）

D. 抠出 1 个形块（3 分）

9 分为合格

____6. 回答“你几岁了？”：

A. 竖起食指表示“我 1 岁”（10 分）

B. 乱竖指头表示（8 分）

C. 不表示（0 分）

10 分为合格

____7. 称呼大人：

A.4 人（18 分）

B.3 人（15 分）

C.2 人（10 分）

D.1 人（5 分）

E. 不会（0 分）

10 分为合格

____8. 依恋大人：

A. 母亲或照料人抱别的孩子时拉扯着要求抱自己（12 分）

B. 靠在母亲或照料人身边不离开（10 分）

C. 靠到父亲或其他亲人身边（8 分）

D. 母亲离开时不在乎（4 分）

12 分为合格

____9. 穿裤子：

A. 自己伸腿入裤管内（9 分）

B. 大人握腿放入裤内（3 分）

C. 不肯穿裤子（0 分）

9 分为合格

____10. 脱鞋袜：

A. 自己用脚蹬去鞋袜（10 分）

B. 蹬去鞋子（5 分）

C. 让大人帮助脱掉（0 分）

10 分为合格

____11. 学走：

A. 在大人面前放手走 1 ~ 2 步（15 分）

B. 自己扶家具来回走（10 分）

C. 大人一手牵着走（8 分）

D. 在学步车内走（2 分）

10 分为合格

____12. 爬高：

A. 自己用手足爬上被垛或台阶（5 分）

B. 大人牵着上一级台阶（3 分）

C. 不敢上高（0 分）

5 分为合格

评分说明：本测评所测的能力及对应的题号和合格分数已在下表中列出，请你将测得的分数填入相应的空格中。若总分在 70 分以下，说明宝宝的智能未达到理想水平，请多加训练；总分在 90 ~ 110 分，说明宝宝的智能已达到平均水平；总分在 110 分以上，说明宝宝的智能发展非常棒，请继续努力。

测试项目	题号	合格分数	宝宝得分
认知能力	1	10	
精细动作能力	2 3 4 5	34	
语言能力	6 7	20	
社交能力	8	12	
自理能力	9 10	19	
大动作能力	11 12	15	
总分		110	

11～12个月宝宝

1. 本月宝宝的成长发育特点

❊ 生理发育

项目	男宝宝			女宝宝		
	平均值	下限值	上限值	平均值	下限值	上限值
身高	77.5 厘米	74.1 厘米	79.5 厘米	75.5 厘米	73.2 厘米	77.9 厘米
体重	10 千克	8.9 千克	11.1 千克	9.4 千克	8.5 千克	10.4 千克
头围	约 46.7 厘米			约 46.5 厘米		
胸围	约 46.3 厘米			约 46.1 厘米		

❊ 心理发育

12 月的宝宝基本可以说几个常用的词语了，但是语言还处于萌芽阶段，很多内心的想法还是无法用语言表达的。宝宝喜欢和爸爸妈妈依恋在一起玩游戏，看书画，听大人给他讲故事，和父母做藏猫猫游戏、喜欢父母的表扬，会讨父母喜欢。小家伙自己有时认真仔细地摆弄玩具和观赏实物，边玩边咿咿呀呀地说着什么，像一个懂事的大宝宝，还会发出让人莫名其妙的音节。这个月的宝宝活动很多，喜欢把房里每个角落都了解清楚，除了学翻书、看图书外，还喜欢搭积木、滚皮球，还会用棍子够玩具。一般宝宝都怕黑和打雷声；会配合穿脱衣服；会自己用杯子喝水。

为了宝宝心理健康发展，在安全的情况下，父母要尽量满足宝宝的好奇心，要鼓励他的探索精神，千万不可随意恐吓和批评宝宝，以免伤害宝宝正在萌芽的自尊心和自信心。

✽ 听觉发育

宝宝快 1 周岁了，大人的很多话，宝宝都能理解了，但还是喜欢用点头、摇头、用手指等动作语言表达自己的意思。很多宝宝听到大人的指令后能够指出自己的五官，如眼睛、耳朵、嘴等。听到简单的词语，可以作出反应，如爸爸、妈妈、吃饭、自己的乳名等。有时会随着音乐摆手，并能寻找视野以外的声音。

✽ 语言发育

12 月的宝宝喜欢嘟嘟叽叽地说话，听上去也像在交谈，还喜欢模仿小狗、小猫、小汽车的叫声，如“汪汪”“喵喵”“嘀嘀”等。自己能把语言和表情结合起来，不是宝宝想要的东西，就会一边摇头一边说“不”。虽然宝宝对大人说的话语能理解，但还不能说出他理解的词，常常用他的语音说话，只有天天和宝宝在一起的人才知道他说的是什么，比如他说“外”，意思是想到户外玩，逛一逛。

✽ 动作发育

12 个月的宝宝坐着时能自由地左右转动身体，还能独自站立，摇摇晃晃地走，大人扶着一只手能走，推着小车能很好地向前走。这时宝宝的手眼协调进一步完善，能拉抽屉，还能用手捏起扣子、花生米等小东西，并会试探地往瓶子里装，可以从杯子里拿出东西然后再放回去。宝宝的模仿能力更强，会模仿大人擦鼻涕、用梳子往自己头上梳等动作，会剥开糖纸。宝宝还会自己开发新玩法，如搭积木推到后，换一个样子再搭。

✲ 其他能力发育

这个阶段的宝宝有一个很大的突破，那就是获得客体永久性的概念，开始明白一个物体或人在眼前消失并不表示永远消失，物体或人依然存在着。如妈妈当着宝宝的面把东西藏起来，宝宝会根据自己看到大人藏东西的地方去寻找物体，父母用毛毯和宝宝玩躲猫猫，宝宝会知道掀开毛毯找出人。此时对数的概念开始增强，可在父母的指导下学会按自然数口头数数“1、2、3”，给宝宝玩积木时，父母数数，他也会跟着数。

2. 宝宝早教专家课堂

✲ 宝宝早教的自信心

一个人在人生的阶梯上能爬多高，在人生的道路上能走多远，在人生的战场上能够收获多大成就，除了其他因素外，最关键的因素就是一个人的自信心。自信心是打开一个人生命潜能大门的钥匙。没有自信心，就无法开发人的潜能，因而也不能使人成长为人才。可见，自信心对孩子一生的健康成长至关重要。因此，父母要着重培养宝宝的自信心。

根据心理学家的研究，有些孩子缺乏自信，其原因主要有：

在对孩子的冷暖饥饱，人身安全方面，父母的保护太多了。

父母的要求超过了宝宝的能力所及。

第一次尝试时，就遭遇他人的讥讽和破坏性的批评。

语言能力差，因不能表达而失去信心。

体弱多病，身体有病、有缺陷而阻碍自信心的发展。

父母建立宝宝自信的具体方法：

多鼓励、多赞扬宝宝的正面行为。孩子做得好或者虽然没有成功但很努力，父母都要给予鼓励，要重视过程而非结果。

建立合理的奋斗目标。父母的过高期望，会让孩子感到过大的压力。父母的责任就是怀有一颗期待之心，帮助孩子建立自己每一阶段适合的目标。一旦超过了孩子能达到的限度，就容易使孩子产生失败感，丧失信心。但太低了，孩子完成就会太容易，那样会变得轻率和骄傲。

正确对待孩子的失败与挫折。冷静地对待孩子的挫折与失败，心平气和地和孩子谈心，找出孩子失败的原因。理解孩子的心情与苦恼，让孩子知道，失败与挫折是人生必不可少的内容，是一个人成功之前必不可少的过程，还要继续鼓励孩子努力。

让孩子勇敢面对挑战。对困难的成功跨越，都是对自己的一次肯定，都会增加一份自信。克服困难就是对自己的一次挑战。跌倒了，再爬起来，人生就是这样。

创造一个良好的家庭氛围。让家成为孩子的避风港，时刻注意孩子是否有受他人虐待的迹象。孩子在家里没有安全感或受虐待时，长大后将会丧失自信心。

父母也要以身作则，树立榜样。榜样的力量是无穷的。只有父母有自信，孩子才能树立起自信。

✿尽量满足宝宝的好奇心

每个人都有好奇心，不过孩子的好奇心更强些，好奇心是孩子天生学习的本能。1 ~ 2 岁的宝宝对周围事物的好奇心逐渐增强，因此要多培养孩子的好奇心。

父母要尊重宝宝的兴趣。宝宝可以从那些能引发自己注意力和想象力的东西中学到更多的东西。如果宝宝喜欢跳舞，就给他来点动感的音乐，或者放一些跳舞的片段；如果宝宝对蚂蚁感兴趣，就陪他一起看地上的蚂蚁。

认真简单地回答宝宝的问题。回答宝宝的问题，父母应该要根据宝宝的理解力做出不同的回答，回答前要想一想宝宝是怎么想的。如果不知道答案是什么，也如实告之。这能让宝宝知道人不可能知道所有问题的答案。还要鼓励宝宝自己去寻找答案。

多带宝宝到户外活动。父母可以带宝宝一起外出散步，让宝宝多对身边的一草一木，天上的太阳星星及其他事物感到有兴趣和探索的愿望。父母可以陪着宝宝兴致勃勃地探索草地、植物和泥土。水池、沙坑对于小宝宝来说，往往是最具有吸引力的。花草、绿叶、树枝等自然界里的东西，都可以直接让宝宝用手摸一摸，用鼻子闻一闻，让宝宝对自然界的事物感兴趣。只要宝宝喜欢，不要阻拦宝宝捡回来一些树叶、枯树枝之类的东西。

给宝宝阅读绘本、书籍。书本是每个具有好奇心的宝宝获得快乐的最好媒介。小动物绘本也好，天文类绘本也好，阅读什么类型的书籍并不是十分重要，关键是能够抓住宝宝的兴趣，宝宝也喜欢读。

总之，对于小宝宝来说，即便只是墙上的一幅画有时也能让他琢磨半天。父母要做的就是给宝宝提供很多好的探索机会，尽量满足孩子的好奇心。

3. 宝宝左脑的开发方案

✲圆片进圆孔——逻辑思维能力

游戏目的：通过事例让宝宝认识大小的不同，并学会操作。

游戏方法：妈妈把挖有4个不同大小孔的纸盒子放在宝宝面前，然后拿出小圆片在宝宝面前演示。

让宝宝分别比较圆片和纸盒上圆孔的大小，然后按不同的大小将圆片一一放入纸盒子。妈妈先递给宝宝一个圆片，然后请宝宝将圆片从合适的圆孔中投进去。将全部圆片递给宝宝，请宝宝将圆片一一投入纸盒子内。

温馨小语：注意力是观察力、想象力、记忆力、思维能力以及其他智力因素的必要条件和先导。妈妈平时要多创设吸引宝宝注意的环境，通过游戏的方式培养宝宝的这

种能力，会取得很好的效果。

✿说完整的话——培养语言能力

✿ **游戏目的**：通过游戏来训练宝宝说完整的话。

✿ **游戏方法**：当宝宝想要让妈妈帮他捡玩具的时候，会对妈妈喊不成句的话。当妈妈明白了宝宝的话时，要把宝宝的话补充完整。“宝宝，是要妈妈捡起来吗？”宝宝说：“妈妈捡起来。”等听到宝宝的回音时，妈妈再把玩具拿给宝宝。

✿ **温馨小语**：这一阶段是宝宝“电报”式语言的阶段，宝宝会将一些不影响语意的说话要素漏掉，比如宝宝想让妈妈捡东西的时候，只会说“捡……”这时，妈妈要帮宝宝把语句补充完整，逐渐让宝宝学会说规范、正确的语言。

✿拆礼物

✿ **游戏目的**：锻炼宝宝的手眼协调性，并使之理解物体的恒存性。

✿ **游戏方法**：让宝宝坐在浴盆中，把他的注意力引向别处一小会儿，用一块湿毛巾“包”上个小号的洗澡玩具，比如橡胶鸭或塑料恐龙。把“包装”好的礼物拿给宝宝，说：“我要送你一件礼物。”宝宝会打开毛巾，高兴得大声尖叫，而且马上就要再来一遍。

如果手边有两块毛巾，那么妈妈就可以在宝宝打开第一件礼物时，包裹第二件了。等宝宝再大一些，灵巧性更好的时候，他就会想要自己包裹礼物送给妈妈，让妈妈打开，这也可以培养宝宝慷慨的天性。

✿ **温馨小语**：玩游戏时要注意室内的温度，不要让宝宝着凉，而且，玩游戏的时间也不能太长。

✿数台阶——数学学习能力

✿ **游戏目的**：让宝宝熟悉数字的大小顺序，强化宝宝对数字的概念。

✿ **游戏方法**：平时没事的时候，妈妈抱着宝宝上下楼。一边走台阶，一边对宝宝数数，每走一步数一下，从 1 数到 10。

✿ **温馨小语**：数数可强化宝宝的数学概念，利用上、下楼梯数数，重在让宝宝感知数的变化，培养宝宝的加减能力。在宝宝将近 12 个月时，已经对 1、2、3 比较熟悉了，之所以要从 1 数到 10，是想让宝宝认识更多的数。

✼妈妈要宝宝做什么——听觉记忆能力

✿ **游戏目的**：通过游戏锻炼宝宝的听觉，同时能提高宝宝的语言理解能力。

✿ **游戏方法**：妈妈和宝宝面对面坐好，然后妈妈开始发指令，让宝宝按指令做动作。妈妈可以说“拍拍腿”“摸摸头”“摸摸鼻子”“摸摸耳朵”或者“摆摆手”等，说完之后再让宝宝按照指令做动作。如果宝宝做不到，妈妈可以手把手地教宝宝，给宝宝做示范，然后再跟宝宝说“拍拍腿”，看宝宝是否能正确地做动作。

✿ **温馨小语**：这时候宝宝的理解能力越来越强了，能听懂许多话了。这个游戏主要是帮助宝宝感知声音，理解话语。当宝宝能听懂并理解妈妈的话后，妈妈可以让宝宝做一些力所能及的事，比如把眼镜递给妈妈、把报纸拿给爸爸等。

✼认特点——自然感知能力

✿ **游戏目的**：游戏中通过看图片，让宝宝认识不同动物的特点。

✿ **游戏方法**：找几张宝宝认识的动物图片，让宝宝再一次认识它们。指出这些动物的特点给宝宝认，比如“兔子的耳朵长”“大象的鼻子长”……看完后问宝宝：“谁的鼻子长？”“谁的耳朵长？”……

✿ **温馨小语**：宝宝以前认识的这些动物，会在头脑中形成一个大概的印象。通过这个游戏，可以让宝宝加深对这一动物的了解。学会以认识特点来认识事物时，将会给宝宝带来更为有效的自然记忆能力。

4. 宝宝右脑的开发方案

✼宝宝码积木——身体协调能力

✿ **游戏目的**：通过游戏可以训练宝宝精确的手眼协调能力。

游戏方法：将积木从盒子里倒出来，然后让宝宝将积木码入积木盒子里。在码积木时，宝宝有时会将积木垒在另一块积木上面，这时妈妈要及时表扬宝宝，宝宝就会继续码积木。

妈妈将宝宝码好的积木取出来，然后告诉宝宝："宝宝垒了一座两层楼房哦。"如果宝宝在积木上又垒一块，妈妈就告诉宝宝："楼房垒到三层啦。"宝宝会非常高兴。

温馨小语：宝宝的手部现在更加灵巧了，而且会自己动手做一些创造性的活动。游戏不仅能锻炼宝宝手部的灵活性，而且能提高宝宝的创新能力。

挤个位置

游戏目的：通过游戏可以训练宝宝大动作能力，增强与父母的感情。

游戏方法：爸爸和妈妈背靠背坐在地上，然后让宝宝尝试把你们俩分开。如果宝宝已经会走了，他就可以站着做这个游戏了；如果宝宝还在爬的阶段，他用手和膝盖也能做得很好。为了教宝宝怎么玩这个游戏，妈妈可以先和宝宝背靠背坐着，而让爸爸尝试挤到你们中间。等轮到宝宝时，他会非常高兴地试图又推又拉爸爸妈妈这两个大块头。当宝宝成功地将爸爸妈妈分开一些时（也许你们要稍稍帮帮忙），鼓励他把自己塞进去，然后父母要都向后靠，假装要"挤扁"他。

温馨小语：游戏时要注意在相对较柔软的垫子或地毯上，以免摔伤宝宝。

巧放乒乓球——创造性思维能力

游戏目的：训练宝宝的观察力和肌肉动作。

游戏方法：妈妈给宝宝两块积木和一个乒乓球。首先，让宝宝把两块积木搭起来，然后再把乒乒球放上去。乒乓球总是从积木上滚下来，这时给宝宝拿来第三块积木。让宝宝把这块积木与另一块积木摆成一个角度，然后把乒乓球放在这两块积木组成的角度中间。这时乒乓球就成功地放上去了。做完一次后要让宝宝重新做一次。

✿ **温馨小语**：1周岁的宝宝手眼协调能力进一步完善。通过这个游戏，可以进一步训练宝宝的观察力和肌肉的动作能力，并认识物体的立体感、物与物之间的关系，以及圆形物体可以滚动的概念，等等。

荡过来荡过去——人际交往能力

✿ **游戏目的**：刺激宝宝的感官，使其感受到浓浓的亲情。

✿ **游戏方法**：父母坐在床上，双手握在一起，让宝宝躺在手臂围成的"秋千"上，慢慢地摇晃手臂，将宝宝荡起来，逐渐增加摇晃的幅度。

✿ **温馨小语**：这个游戏可使宝宝与父母的身体相接触，让宝宝感受更多的亲情。此游戏有利于宝宝的运动能力、平衡能力以及身体控制能力的提高。做这个游戏时，父母一定要确保儿童的安全。

✲什么东西不见了——视觉记忆能力

✿ **游戏目的**：这个游戏可以训练宝宝的观察和视觉记忆能力。

✿ **游戏方法**：当着宝宝的面，在桌子上摆放几样物品。让宝宝注意看，并把它们记下来。让宝宝转过身去，妈妈拿走其中的一个物品。让宝宝转过身来，问宝宝："什么东西不见了？"如果宝宝答对了，就要表扬宝宝；答错了就要提醒宝宝，让宝宝注意观察。

✿ **温馨小语**：宝宝通过观察，会记下所看到的物品，如果拿走的那个物品正是宝宝所喜欢的，宝宝一定会清楚地作出反应。在做这个游戏时，父母要注意引导宝宝去观察和记忆。让宝宝发现事物的不同变化，进而培养宝宝敏锐的观察能力。

✲看图想数字——形象思维能力

✿ **游戏目的**：让宝宝根据图形联想数字 1、2、3。

✿ **游戏方法**：让宝宝仔细看图，并认真地想，看这些物体像哪个数字。在宝宝将近 1 周岁的时候，已经对图有了一定的认识能力，应该对 1 到 3 这 3 个数字有了认识能力。建议妈妈多和宝宝做此类的游戏。

✿ **温馨小语**：这个游戏重在帮助宝宝进一步加深对物体形象的理解，发展宝宝的联想能力和表达能力。宝宝猜对以后，妈妈要及时给予鼓励，激发宝宝继续游戏下去的积极性。

✲拉一拉，好高兴——空间感知能力

✿ **游戏目的**：让宝宝在游戏中感受空间的突然变化，锻炼宝宝的平衡能力。

✿ **游戏方法**：让宝宝坐在床上，妈妈坐在宝宝的背后保护宝宝。爸爸抓住弹力袜的一端，让宝宝抓住另一端。爸爸轻轻向后拉袜子，让宝宝也学着爸爸的样子往后拉。爸爸突然松开手，让宝宝自然向后仰进妈妈的怀抱。可以反复和宝宝做这个游戏。

温馨小语：游戏中的突然变化可以带给宝宝极大的新鲜感，当宝宝突然后仰时，宝宝的头部会在瞬间体验到空间的变化，这对宝宝的平衡力、控制力的发展都有很大的帮助。这个游戏也能用来测定宝宝站立的稳定程度，自己能站得很稳的宝宝，在父母用力不大的情况下，不仅能站稳，还能有向后拉的力量。

5. 本月宝宝的智能测试

恭喜你，宝宝满 1 周岁了！快来做做下面的智力开发效果测评吧！本测评共有 12 个题目，请你将宝宝的相应得分写在题目前面的横线上。

____1. 认识身体部位：

A.6 处（12 分）

B.5 处（10 分）

C.4 处（8 分）

D.3 处（6 分）

E.2 处（4 分）

10 分为合格

____2. 指图，如动物、水果、用品、车辆等图：

A.7 幅（14 分）

B.6 幅（12 分）

C.4 幅（8 分）

D.2 幅（4 分）

E.1 幅（2 分）

12 分为合格

____3. 配大小瓶盖：

A. 正确配上大小瓶盖（10 分）

B. 正确配上 1 个（5 分）

C. 配 1 个放歪（3 分）

D. 未配上（0 分）

10 分为合格

____4. 蜡笔画：

A. 乱涂，纸上有痕（10 分）

B. 扎上小点（5 分）

C. 空中乱画（3 分）

D. 不会握笔（0 分）

10 分为合格

____5. 一分钟内投小丸入瓶中：

A.6 个（12 分）

B.5 个（10 分）

C.4 个（8 分）

D.3 个（6 分）

E.2 个（4 分）

10 分为合格

____6. 模仿拿着细线使蜡丸摇晃：

A. 摇成圆圈（9 分）

B. 前后晃荡（5 分）

C. 摇不动（0 分）

9 分为合格

____7. 模仿动物（如猫、狗、羊、鸭、鸡、牛、虎等）叫：

A.6 个（12 分）

B.5 个（10 分）

C.4 个（8 分）

D.3 个（6 分）

E.2 个（4 分）

10 分为合格

____8. 用动作表演一首儿歌：

A. 动作 4 种（10 分）

B. 动作 3 种（8 分）

C. 动作 2 种（6 分）

D. 动作 1 种（4 分）

10 分为合格

____9. 会用勺：

A. 盛饭送入嘴里 1 ~ 2 勺（5 分）

B. 盛上饭，但未送到嘴里（4 分）

C. 凸面向上盛不到东西（2 分）

D. 乱搅不盛物（0 分）

5 分为合格

____10. 戴帽：

A. 放头顶上拉正（8 分）

B. 放稳（6 分）

C. 放不稳掉下（4 分）

D. 不会（0 分）

6 分为合格

____ 11. 学站：

A. 不扶物站稳 3 秒（9 分）

B. 扶物站稳（5 分）

C. 牵着站（3 分）

9 分为合格

____ 12. 会走：

A. 自己走 10 步（15 分）

B. 自己走 5 步（12 分）

C. 自己走 1 ~ 2 步（9 分）

D. 牵着走（6 分）

9 分为合格

评分说明：本测评所测的能力及对应的题号和合格分数已在下表中列出，请你将测得的分数填入相应的空格中。若总分在 70 分以下，说明宝宝的智能未达到理想水平，请多加训练；总分在 90 ~ 110 分，说明宝宝的智能已达到平均水平；总分在 110 分以上，说明宝宝的智能发展非常棒，请继续努力。

测试项目	题号	合格分数	宝宝得分
认知能力	1　2	22	
精细动作能力	3　4　5　6	39	
语言能力	7	10	
社交能力	8	10	
自理能力	9　10	11	
大动作能力	11　12	18	
总分		110	

Part 5

1~2岁宝宝的全脑开发方案

1～2岁的宝宝对各种新鲜事物都充满了好奇，喜欢用新奇的方式去探索物体的特征，而且能熟练地进行分类；他们已经开始有目的地模仿大人的动作。此外，宝宝还能用简单的语言和表情表达自己的意图。宝宝的精力越来越充足，求知的欲望也越来越强烈，什么东西都想亲自摸一摸、抓一抓。他们现在开始尝试着离开大人的怀抱自己行走了，即使走得还不稳，他们也会非常开心，笑得合不拢嘴。同时，他们也已经能够说一些简单的句子了，可以用语言表达自己的想法了。父母看着宝宝一天天在长大，心中肯定充满了幸福和愉悦感。

第1节 12～14个月宝宝

1. 本月宝宝的成长发育特点

❊心理发育

这个阶段的宝宝既希望独立，又具有极强的依赖性，尤其是对爸爸妈妈或看护人的依赖，比婴儿期更加强烈。一般宝宝都对自己的玩具和亲近自己的人会表现得非常自私。看妈妈抱别的宝宝，他就大哭；如果别的小孩拿了自己的玩具，宝宝就会竭尽全力地去争夺回来。宝宝也逐渐有了自己的主意，他不想吃的东西，大人是很难再按照自己的想法喂给宝宝了。对于自己不喜欢的东西，宝宝会毫不犹豫地扔到地上。如果父母强烈干预，就会招致宝宝大声哭闹或者大呼小叫，比如把宝宝喜欢的玩具拿走、关掉了宝宝想看的动画片。

有的宝宝开始有自己的慰藉物，比如一条小毛毯、一块小手绢、一辆小汽车等，睡觉时也要摸着或者抱着才行。

宝宝以后会对妈妈的依赖感越来越强，直到3～4岁以后，这种依赖感才有所减弱。有些家长会认为宝宝太黏人了，试图锻炼宝宝的独立性，有意把宝宝留给别人，不让宝宝看到妈妈。这往往适得其反，宝宝再次见到妈妈会哭得更厉害，使其依赖性变得越来越强，独立性越来越弱。父母最能给宝宝带来安全性，有了父母的支持和带来的安全感，宝宝才有冒险精神和探索愿望，因此父母要时刻让宝宝感受到父母是最爱宝宝的。

❇ 语言发育

这个阶段很多的宝宝能够听懂大人一些话的意思了，也能够说出一些大人能听懂的简单句子，半数宝宝能理解80～100个日常用语。1岁左右说出人生中的第一句话，这是宝宝成长的一个里程碑。从这个月以后，宝宝的词汇量增加极快。如果宝宝已经会说话了，一天可能新学会20个字，如果宝宝还不会说话，也不意味着宝宝没有学习语言，只是没有表现给爸爸妈妈看而已。父母有时间就要多和宝宝交流。在宝宝语言发展的最初时期，父母不要泛泛地和宝宝说话。如当宝宝闹着要到外面去玩，而这时外面正在刮风下雨，暂时不能带宝宝到户外活动，父母可以仔细解释给宝宝听：宝宝是个乖宝宝，听话才对，外面正在下雨，刮很大的风，现在不能出去玩，等到雨停了，再出去玩，好吗？如果宝宝不理解父母的话，可以带宝宝到外面亲自看一看下雨的场面。

❇ 肢体动作

这个阶段的宝宝一般都会调整身体配合父母穿衣、吃饭，还能堆积木两块以上，能翻书，能投球、会爬楼梯，喜欢爬到高的地方去。手的灵敏度更发达了，可以进行一些比较精确的活动，如父母可以给他一些玩具，让他放进大口的箱子里，或者放到奶奶的手中，来锻炼他的手眼配合协调能力。父母可以给宝宝一支笔，一大张纸，让他涂涂画画，他会非常开心的。

✲认知能力

现在的宝宝已经有了最初的思维，对外界人或事物变得更加敏感和警觉。这是一件好事，对外界的人或事物的敏感程度越高，潜能越容易被开发出来，学习的能力也越强。宝宝能分清物体的形状，最先会认圆形，但很快就能确认方形和三角形。生活中，宝宝的用品要放在固定位置，让宝宝找自己的毛巾、水杯、帽子等，也可进一步让宝宝指认妈妈的一两种物品。

2. 宝宝早教专家课堂

✲怎样缓解宝宝的分离焦虑

妈妈要返岗上班了，或者有事出差，还或者要换人照顾宝宝等。宝宝会因为妈妈的离开而产生分离焦虑，这是正常现象，妈妈不必过度紧张。相信宝宝会有自己的天地，不要为宝宝的泪眼而伤心难过，分离焦虑的发展和缓解是一个循序渐进过程，不要期待立竿见影的妙招。下面介绍一些有用的方法：

❶ 营造熟悉的环境。要让宝宝感到熟悉，尽可能和一些自己很熟悉的人在一起，如爷爷、奶奶、保姆等。对于宝宝来说，习惯成自然的日常规律尤其重要，妈妈所能做的就是，要让宝宝的日常生活规律保持一致，舒适的自然环境会让宝宝暂时忘记你的离开。

❷ 建立告别仪式。妈妈要离开，可以采取拥抱宝宝，挥手再见，并告诉他：“妈妈等一下就回来，宝宝要等等哦！”并且一面走一面跟他说话，坚定宝宝等待的决心。这样会让宝宝以后看到这个信号就知道妈妈必须上班去了，告别会更轻松。切忌不告而别，应当着宝宝的面离开。

❸ 允许宝宝适度宣泄。在妈妈

离开时，宝宝适度地发一些脾气、哭闹，以满足他对亲人的依恋，这是很正常的，也是无法避免的。发脾气或哭泣等情绪宣泄，对宝宝的生理和心理压力的缓解具有积极的作用。

❹ 利用游戏来缓解。现在宝宝已经开始学走路，妈妈可与他玩躲猫猫或藏东西之类的游戏，有助于宝宝建立物体守恒概念，知道物体不见了还可以找到，父母离开了还会再回来。也可以和宝宝玩闹钟游戏，用闹钟计时，从 1 分钟开始，慢慢延长与宝宝分开的时间，让宝宝逐步适应与亲人分离的情境。

❺ 妈妈自己也要放松心情。婴幼儿察觉能力很强，如果父母常有焦虑的情绪，久而久之，他也会影响宝宝跟着仿效，如妈妈经常担心爸爸怎么还没回家？会不会出了什么事情？这种紧张的气氛，也容易反映在宝宝的身上。

最后，父母回来后与宝宝好好亲热亲热，让宝宝感觉到妈妈回来后还是一样的爱他。还可以偶尔在重聚时用玩具来“贿赂”宝宝，也许宝宝就不那么排斥妈妈出门了。如果宝宝正在重要的变化阶段，如断奶，增添辅食，最好一直陪在宝宝身边，暂时不要离开。

✻看看你的宝宝智力是否异常

若 1 岁以内的宝宝迟迟不能达到生理年龄所应达到的感知觉及运动发育水平，父母要多留意以下情况。

❶ 宝宝睡眠过多，看起来像乖孩子，既不哭也不吵，非常安静，对周围环境无动于衷。

❷ 宝宝很晚才会对人微笑，不注意别人说话，常伴有运动发育迟缓。

❸ 眼部功能发育不良，因不注意周围物体，常被误为视觉有障碍。如果认为宝宝视觉有问题时，同时也应注意其智能发育情况。

❹ 对声音刺激不敏感，常会被人们误解为听力有障碍。因此，对耳聋的患儿要加以留意。

❺ 正常的宝宝在 3 个月左右经常喜欢注视自己的双手，并反复玩弄。如果这种动作在宝宝 6 个月以后还持续存在，可能为不正常情况。

❻ 正常宝宝在 6 ~ 12 个月这一阶段，总喜欢把东西放在嘴里，但随着发育就不再这样。而心智异常的宝宝这种行为会持续存在到两岁以后。

❼ 刚走路时，两脚互相碰撞，

经常摔倒，而正常宝宝在会走以后不会再出现这种现象。

❽ 很晚才学会咀嚼食物，因此难以喂养。往往因不能咀嚼固体食物而出现吞咽困难，并由此引发吃东西时经常呕吐。

❾ 到了 1 岁后还经常流口水，正常的宝宝 1 岁将会停止。

❿ 在清醒状态下经常发生磨牙动作。

⓫对于刺激无反应，如需要反复持续刺激后才能引起啼哭。并且啼哭声音或呈尖叫声，或呈直声，不像正常宝宝的哭声有音调变化。

⓬对周围环境了无兴趣，即使是玩耍做事情时也往往注意力不能集中，反应迟钝。

如果宝宝出现上述提到的某种情况时，父母不要心理压力过重，毕竟它只是一种信号而已，并不意味宝宝一定是智能有缺陷。宝宝正处在生长发育中，有可能还会发生变化。重要的是尽早带宝宝去有关机构进行详细的检测与观察。

3. 宝宝左脑的开发方案

✼怎样放尺子——逻辑思维能力

✿ **游戏目的：** 通过游戏培养宝宝的思考能力与认知能力。

✿ **游戏方法：** 妈妈为宝宝准备一个盛玩具用的铁筒和一把尺子，注意尺子的长度要大于铁筒的口径。妈妈先给宝宝做示范，引导宝宝向筒里装玩具。当开始装尺子时，如果宝宝要横着装，就会没有办法装进去，此时妈妈应教宝宝竖着装。

✿ **温馨小语：** 这个游戏比较简单，但是却能提高宝宝的思考能力，让宝宝知道物品怎样装才能装入桶内，而且还能锻炼宝宝的动手能力。

✼套盒子——数学学习能力

✿ **游戏目的：** 这个游戏可以提高宝宝的认知与思考能力。

✿ **游戏方法：**妈妈为宝宝准备3～6个不同尺寸的盒子，由小至大叠套在一起，让宝宝将自己喜欢的小玩具或爱吃的食物放进最小的盒子里，然后将盒盖盖上，之后再把它放进较大的盒子里，再盖上较大盒子的盖。就这样，按顺序把盒子放在更大的盒子里，直至放到最大的盒子里。

妈妈可以给宝宝看这个大盒子，告诉他："我要送给你一件礼物，它就在盒子里。"然后引导宝宝一一打开盒子，直到最小的一个盒子被打开，宝宝得到礼物。让宝宝试着按照大小顺序把几个盒子再放回去。

✿ **温馨小语：**这个游戏不仅能锻炼宝宝的探索欲望，还能培养宝宝分类、整理、排序的能力。开始时，有的宝宝会因为无法把较小的盒子放到较大的盒子中而哭闹，这时父母切不可批评宝宝，要耐心地为宝宝做示范，直到宝宝学会。

✲ 和洋娃娃说话——培养语言能力

✿ **游戏目的：**通过游戏可以让宝宝更快地学会说话，变得能说会道。

✿ **游戏方法：**妈妈准备一个色彩鲜艳的洋娃娃玩具，引导宝宝和洋娃娃说话："洋娃娃啊，你好可爱耶，宝宝可爱吗？"鼓励宝宝回答和提问。也可以妈妈扮作洋娃娃说："宝宝你也好可爱耶！你要乖啊！"妈妈可以多准备一些玩具，引导宝宝同它们说话。

✿ **温馨小语：**此时的宝宝可能还不太会说话，可能宝宝咕哝的话语妈妈也听不懂，但妈妈一定要给宝宝说话的机会，这样有利于宝宝的语言能力发展。

✲ 敲玻璃杯——听觉记忆能力

✿ **游戏目的：**通过游戏训练宝宝对声音的感知能力。

✿ **游戏方法**：妈妈提前为宝宝准备几个大小相同的玻璃杯，里边分别装上不同体积的水。先给宝宝一根筷子，让宝宝随意敲打这些杯子，让宝宝听听声音是否一样。让宝宝将杯子按杯中水由多到少的顺序排列，再逐一敲击，宝宝会听到像钢琴一样好听的声音。再引导宝宝按杯中水由少到多的顺序排列杯子，再逐一敲击，让宝宝听声音。

✿ **温馨小语**：这个游戏可以让宝宝感知敲击杯子声音的不同与杯子里水的多少有关，从而锻炼宝宝的听觉判断力及探索能力。

4. 宝宝右脑的开发方案

✲ 滑滑梯——身体协调能力

✿ **游戏目的**：通过玩游戏，帮助宝宝学习下楼梯。

✿ **游戏方法**：妈妈带宝宝到公园，选择一个高约 0.8 米，台阶每级高约 10 厘米的矮滑梯。妈妈引导宝宝双手扶着上楼梯，到平台处妈妈要扶着宝宝坐下，然后让宝宝扶着栏杆慢慢滑下。

如果家里方便的话，也可以在家里安置滑梯，比如在桌旁斜靠一块木板，在妈妈的照顾下，让宝宝先上小凳子，再上椅子，再爬上桌子，坐在木板上滑下来。

✿ **温馨小语**：刚学步的宝宝能自己上滑梯，但还不能下，矮滑梯正好满足了宝宝的这个需求。

✲追小狗

✿ **游戏目的**：通过玩此游戏来训练宝宝行走或爬行的速度和灵巧性，同时还可锻炼宝宝脖颈运动的能力及分辨声音方向的能力。

✿ **游戏方法**：宝宝、爸爸、妈妈一起站在地垫上，妈妈喊着追小狗了，追小狗了，并迅速地来到宝宝身边。当妈妈追到小宝宝时，爸爸在前面拿着一个玩具向前走，并说："小狗，来追爸爸，汪。"妈妈也向宝宝说："宝宝快去追。"宝宝被玩具吸引，便会急速地追去。

✿ **温馨小语**：游戏的场地应该足够宽敞，并移除所有硬的玩具或家具，以防弄伤宝宝。

✲新奇的小房子——创造性思维能力

✿ **游戏目的**：此游戏培养宝宝的想象能力与创造能力。

✿ **游戏方法**：在房间空闲位置上摆放一张轻便的小餐桌，妈妈用床单或毯子等覆盖物把桌子盖起来，桌下便形成一个小房间。将覆盖物的一角向上折起，作为小屋的门。妈妈和宝宝一起进入这个新奇的小屋。妈妈还可以和宝宝在小屋子中玩捉迷藏的游戏，先让宝宝藏在里面，妈妈找；然后再换妈妈藏在里边，让宝宝找。妈妈也可让宝宝自己"探索"这个有趣的小房子。

✿ **温馨小语**：通过和妈妈一起建造小房子，再进入小房子，宝宝能逐渐了解人与房子之间的关系，同时还能锻炼宝宝的创新能力。

✲宝宝送水——人际交往能力

✿ **游戏目的**：通过游戏提高宝宝对家人的关爱。

✿ **游戏方法**：提前准备好一个小围裙和几个茶杯。全家人一起围坐在沙发上，茶几上放有茶盘和几个小小的杯子，杯子里各盛一半水。妈妈让宝宝戴好围裙，激发起宝宝为大家送水的兴趣，然后让宝宝双手端着杯子，逐一送到全家人的手中。并让宝宝边送边学说："请爸爸喝水。""请妈妈喝水。"父母应回答："谢谢宝宝！"

✿ **温馨小语**：游戏中通过与家人的演示和互动，宝宝会逐渐养成心中有他人的良好品质，从而增强与他人的合作能力。

✲影子在哪里——视觉记忆能力

✿ **游戏目的**：体验光影的移动

变化，锻炼宝宝的追视能力。

游戏方法：玩此游戏时，最好在晚上或光线较暗的屋子里进行，屋子里的障碍物应少些，并有一面较大的白色墙壁。准备好大、中、小号手电筒各一只。首先，妈妈打开手电筒，然后把电灯关掉，让宝宝不要怕黑，让宝宝找一找手电筒的光影在哪里。然后，妈妈移动手电筒的光影位置，让宝宝跑着去捉光影。在宝宝捉到光影后，妈妈让宝宝握住手电筒移动光影，妈妈追逐光影。

温馨小语：这个游戏中，妈妈引导宝宝数一数有几根光柱，比较一下大、中、小号手电筒的长短、粗细及它们发出的光影的远近、高低。游戏能发展宝宝的视觉与行为相互协调的能力，同时还能增强宝宝的比较观察能力。

宝宝玩海绵——形象思维能力

游戏目的：通过游戏培养宝宝对于形状的辨识能力。

游戏方法：妈妈把海绵剪成各种形状，如正方形、圆形、长方形等。当宝宝坐在浴缸里洗澡的时候，妈妈可以将这些海绵放进水里，让宝宝观察海绵吸水后沉到水里的现象。然后再让宝宝拿起海绵玩，同时告诉宝宝这些海绵都是什么形状的，引导宝宝复述下来。也可以将海绵剪成动物、字母或其他任何能引起宝宝兴趣的形状。

温馨小语：这个游戏不仅能帮助宝宝认识不同的形状，了解海绵吸水的特征，还能锻炼宝宝手部的抓握能力。但注意不要让宝宝用嘴去咬海绵。

宝宝快乐吧——空间感知能力

游戏目的：通过游戏来锻炼宝宝的平衡能力。

游戏方法：在一个室内空间比较大的地方，妈妈抱起宝宝，要与宝宝面对面。然后妈妈开始念儿歌，同时要做出相应的动作："妈妈笑一笑，宝宝笑一笑。妈妈摇一摇，宝宝摇一摇。妈妈蹦一蹦，宝宝蹦一蹦。妈妈爱宝宝，宝宝爱妈妈。"当妈妈念到最后一句时，妈妈抱着宝宝在原地旋转一周，旋转时动作要先慢后快。

温馨小语：这个游戏要反复进行几次，直到宝宝熟悉为止。这个游戏不仅能让亲子关系融洽，还有助于丰富宝宝的前庭知觉和平衡知觉，从而促进宝宝视觉空间智能的发展。

5. 本月宝宝的智能测试

恭喜你，宝宝满 14 个月了！快来做做下面的智力开发效果测评吧！本测评共有 12 个题目，请你将宝宝的相应得分写在题目前面的横线上。

____1. 从杂色积木和珠子之中挑出红色的积木和红色的珠子：

A. 挑出 2 种（10 分）

B. 挑出 1 种（5 分）

C. 不会（0 分）

10 分为合格

____2. 将环套入棍子上：

A. 套入 5 个（10 分）

B. 套入 4 个（8 分）

C. 套入 3 个（6 分）

10 分为合格

____3. 正着看书，从首页翻开，翻页，合上：

A. 做对 4 种（12 分）

B. 做对 3 种（9 分）

C. 做对 2 种（6 分）

D. 做对 1 种（3 分）

9 分为合格

____4. 用积木搭高楼：

A. 搭 2 块（8 分）

B. 搭 1 块（4 分）

C. 把积木放回盒内（每块记 1 分）

10 分为合格

____5. 用棍子够取远处玩具：

A. 能够取着（9 分）

B. 推得更远（6 分）

9 分为合格

____6. 别人叫自己的名字：

A. 会走过来（8 分）

B. 转头看，不走动（4 分）

8 分为合格

____7. 称呼家人：

A.5 人（15 分）

B.4 人（12 分）

C.3 人（9 分）

D.2 人（6 分）

12 分为合格

____8. 哄娃娃不哭，喂他吃饭（奶），盖好睡觉：

A. 这三样都会（10 分）

B. 会其中的两样（7 分）

C. 会其中的一样（3 分）

10 分为合格

____9. 用手能力：

A. 会用食指拇指捏取食物（4 分）

B. 大把抓（2 分）

4 分为合格

____10. 自己走稳：

A.10 步（12 分）

B.5 步（10 分）

C.3 步（4 分）

10 分为合格

____11. 扶栏上小滑梯，双足踏 1 台阶，扶住坐下，扶栏滑下：

A. 会 3 项（10 分）

B. 会 2 项（7 分）

C. 会 1 项（3 分）

10 分为合格

____12. 蹬上板凳，爬上椅子，再上桌子，取到玩具：

A. 做到 4 项（8 分）

B. 做到 3 项（6 分）

C. 做到 2 项（4 分）

D. 做到 1 项（2 分）

8 分为合格

评分说明：本测评所测的能力及对应的题号和合格分数已在下表中列出，请你将测得的分数填入相应的空格中。若总分在 70 分以下，说明宝宝的智能未达到理想水平，请多加训练；总分在 90 ~ 110 分，说明宝宝的智能已达到平均水平；总分在 110 分以上，说明宝宝的智能发展非常棒，请继续努力。

测试项目	题号	合格分数	宝宝得分
认知能力	1	10	
精细动作能力	2　3　4　5	38	
语言能力	6　7	20	
社交能力	8	10	
自理能力	9	4	
大动作能力	10　11　12	28	
总分		110	

第2节 14～16个月宝宝

1. 本月宝宝的成长发育特点

心理发育

到这个阶段，宝宝的运动能力更强了，活动范围更大了，很多妈妈反应宝宝淘气不乖了，不如前几个月好带。这些都是宝宝成长中的必然现象，也预示着宝宝的想法越来越多，思维开始活跃起来，喜欢和父母追逐打闹，喜欢和小朋友一起玩。现在已经不满足只是吃睡，躺在妈妈的怀里，睡在床上，总是想找一些好玩的，让他感到开心的东西。父母此时需要做的是让宝宝没有时间磨你，找到宝宝喜欢的游戏，让他自己玩别空闲下来，让宝宝有玩不够的游戏，看不够的新奇事物，听不厌的音乐、歌曲、故事。

有时妈妈硬是把宝宝抱到吃饭的桌上，宝宝可能会大叫哭闹，或干脆再次回到游戏现场，拒绝吃饭，这是很常见的现象。宝宝如果不喜欢按时睡觉，妈妈可以在宝宝睡觉前给宝宝讲故事，每个宝宝都喜欢听故事，这样就很容易哄宝宝上床睡觉了。

✽ 肢体动作

宝宝的四肢能模仿大人做动作，一双小手愈发灵活了，可以把三四块积木摞起来了，动手能力强的宝宝，还可能会把五六块积木摞在一起。如果给宝宝穿拉链衣服，宝宝自己会把拉链拉开，把衣服脱掉。在超市里，宝宝很喜欢坐在购物车上，或者拉着购物篮乱跑。有的宝宝可以自己拿勺吃饭，能用两手端起自己的小饭碗，很潇洒地用一只手拿着奶瓶喝奶、喝水。用杯子喝水时，可以滴水不漏，能把大部分水喝到肚子里。有时把水洒到衣服上、脖子里、地上都是正常的，妈妈不但不要批评，还要夸奖宝宝。这么大的宝宝大多会握笔了，妈妈可以为宝宝提供握笔涂鸦的机会，训练手的灵活性和准确性。

✽ 语言发育

说话早的宝宝此时可能会说出两三句多个字组成的语句了，大多数宝宝能够有意识地叫爸爸、妈妈，甚至会叫爷爷、奶奶、姥姥、姥爷、阿姨、叔叔，但有的发音还不是很清楚。宝宝开始喜欢和周围亲人说话，用极少的字表达丰富的意思。

1 岁以后的宝宝进入语言学习高峰期，一天可以学习约 20 个单字。一半以上的宝宝都能够使用 8 ~ 19 个词或类似词，或代表这些词意思的动作，来表达自己的意愿。一半以上的宝宝都能理解 100 ~ 150 个具有代表性词语的含义。尽管宝宝掌握的字词有限，但宝宝还可以通过种种非语言的手段、借用的方式，表达自己的想法和要求。如果宝宝有一天突然说出一连串妈妈从来没听过的词句，并不是件离奇的事。而且宝宝的语言含义越来越清晰，饿了，会清晰地说“饿”或“吃”。

✽ 认知能力

宝宝对于“我的”意识变得强烈起来，从这个月龄的宝宝手里要东西，不是件容易的事。同宝宝一起看书时边看边问，妈妈会发现宝宝有心领神会的能力，能用声音和表情回答。看书时可以让宝宝自己翻书。宝宝开始建立自己看事物的主见，已经懂得什么是好，什么是不好，记住故事情节。父母在每天空闲的时候，或者宝宝睡觉前，可以给他阅读、讲故事来分享这些美好的时间，同时通过这些刺激宝宝的好奇心、想象力和说话的欲望。

2. 宝宝早教专家课堂

✽培养宝宝的责任感

俄罗斯作家托尔斯泰曾说："一个人若是没有热情，他将一事无成，而热情的基点正是责任心。"责任感是一个人生命的纤绳。有了责任感，一个人才把自己的生命与别人的生命联系起来，才会产生自我价值感。责任感更是孩子长大后能够立足于社会、获得事业成功与家庭幸福的至关重要的人格品质。

家长从小培养宝宝责任感是很重要。在幼儿阶段孩子就会表现出各种主动尝试的愿望，这正是一种责任心的萌芽，如幼儿自己要求独立吃饭，自己穿衣，自己收拾玩具，手脏了自己洗……对于这些，父母都要鼓励他，帮助他。在尝试过程中，培养孩子的意识，增强孩子的自信，逐步使孩子成为独立自主、对社会负责的人。家长在培养孩子责任心时，一定要注意"力所能及"，不能过度扩大孩子的能力。具体做法如下：

❶ 自己的事情自己负责：孩子自己的事情自己做；孩子玩完玩具，自己收拾整齐；做错事情，有后悔的情感。

❷ 教育孩子对他人负责：关心他人，家人、小朋友生病或不舒服时，知道问候和关心；乐于助人，愿意为他人提供帮助；和同伴游戏时，能倾听和接纳意见；做了错事，懂得道歉和改正；信守承诺，说得出做得到。

❸ 父母为孩子树立榜样。父母自身的责任心无疑会影响宝宝责任

心的形成和发展。一个负有责任心的父母，孩子也会习得相应积极的行为方式。因此，父母应高度重视自身言行，以身作则。

此外，宝宝上幼儿园后，还要培养宝宝对集体负责，如积极参加班集体活动，与小朋友分享自己的玩具或图书。

✲ 宝宝说话晚怎么办

有的宝宝到了1岁半时，还不会开口说话，父母非常着急。面对说话晚的宝宝，家长要分清宝宝的具体情况，寻找宝宝不开口说话的原因。

如果宝宝不会说话，但对成人的语言有反应，能听懂成人说话的意思，能按照成人的意思行动，这样的宝宝一般听力发育正常，智力也不低下，父母不必着急。

❶ 父母可以为宝宝创造良好的说话气氛，对待宝宝说话的态度要和蔼、随和。

❷ 当宝宝发音时，要给予鼓励和表扬，以调动宝宝发音、说话的积极性。

❸ 创造条件多和宝宝谈话，利用日常生活的事情，引导宝宝说话。

❹ 每天花些时间教宝宝看图说话，给他讲故事、说儿歌，以提高宝宝学习语言的兴趣，促使他早日开口说话。

❺ 面对个性胆怯、沉默，不爱说话的宝宝，更要给予爱护和鼓励，不能急躁，逼迫宝宝说话。

❻ 如果宝宝的听力有问题，父母就应该带他去医院检查，及时进行治疗。

如果宝宝不会说话，又听不懂大人说的话，这时就有可能存在听力和智力方面的问题。听觉和大脑的正常是学习语言的必备条件，如果两者之一出现异常，宝宝的语言发育肯定会落后。回忆一下宝宝是否用过耳毒性的抗生素如庆大霉素、卡那霉素一类的药物，是否患过中耳炎等，最好去医院排除听力的问题。智力落后的宝宝还会出现运动方面的落后，表情呆板，反应迟钝。若发现宝宝有以上症状也要及时到医院进行检查。

3. 宝宝左脑的开发方案

※取珠子——逻辑思维能力

游戏目的：发展宝宝的推理能力，锻炼宝宝的手部灵活性。

游戏方法：准备3个珠子，分别用线拴好，再准备1个窄口瓶子。妈妈把拴线的3个珠子放入瓶内，瓶口只能进出1个珠子，然后让宝宝从瓶内取出3个珠子。宝宝如果想把3个一块儿取出来，就会抓住由3根线一齐向外拉。这时妈妈要引导宝宝来想办法，问问宝宝："为什么3个珠子一起取就出不来呢？要是一个一个取呢？宝宝试试看。"如果宝宝一个一个地取了出来，妈妈别忘了鼓励宝宝。妈妈还可以和宝宝比赛，看看谁先取出来。

温馨小语：游戏不仅能锻炼宝宝小手的灵活性，还能刺激宝宝进行思考、推理，从而提高宝宝的思考能力。

※1、2和3——数学学习能力

游戏目的：通过游戏让宝宝进一步理解数量的概念。

✿ **游戏方法：** 妈妈先给宝宝1个娃娃，妈妈边给边说："宝宝，1个娃娃。跟妈妈一起说，1个娃娃。"妈妈用1根手指表示1，边做边说："1——1个娃娃。"妈妈要鼓励宝宝模仿自己，如果宝宝做不到，妈妈要帮助宝宝来做。妈妈教宝宝用同样的方法学习数字2和3。反复玩几次，逐渐不用玩具，培养宝宝听到"1""2"就会用手指表示。妈妈还可以培养宝宝用手指表示自己的年龄，如教宝宝伸出食指，说"1岁了"。

✿ **温馨小语：** 宝宝现在基本只能理解3以内的数量，父母要尽量强化宝宝对3以内数量的理解能力，从而逐渐让宝宝认识更多的数字。

✻宝宝学说"是"和"不"——培养语言能力

✿ **游戏目的：** 通过游戏让宝宝初步掌握用肯定和否定表述他的意愿。

✿ **游戏方法：** 当宝宝用"啊""咿"这些象声词要东西或者让别人干什么时，应该在满足他的要求时，对"对"与"不对"说"是"或"不"。如果宝宝说："啊。"同时手指苹果，意思是他想要，妈妈可拿给他，但要问他是否想要苹果，要让宝宝说"是"或"不是"。如果宝宝着急要水喝，又发出"啊，啊"声，妈妈一定要宝宝说"是"，才能递给宝宝水。

✿ **温馨小语：** 日常生活中，有很多方法能帮助宝宝学习说话，这些都是锻炼宝宝语言能力的好机会，父母要多把握。

✻镯子小铃铛——听觉记忆能力

✿ **游戏目的：** 此游戏可以丰富宝宝的听觉经验。

✿ **游戏方法：** 提前为宝宝准备8个彩色铃铛，4根松紧带，并在每根松紧带上缝两个铃铛，并将松紧带两头缝在一起，做成"手镯"和"脚镯"。然后将"手镯"和"脚镯"套

在宝宝的手腕和脚踝上。妈妈先摇晃宝宝手上和脚上的铃铛，让宝宝明白铃铛会发出很好听的声音，然后鼓励宝宝自己动手动脚让铃铛发出声响。最后妈妈再鼓励宝宝迈开小脚丫四处走走，晃动手腕，使所有的铃铛都响起来，就像一个小乐队。

妈妈也可以边让宝宝走，边教宝宝唱儿歌："伸伸胳膊叮铃铛，踢踢小腿叮铃铛。宝宝有个小乐队，走到哪里哪里响。"

✿ **温馨小语**：通过行走，小铃铛会发出响声，让宝宝更愿意到处走动，这不仅能锻炼宝宝的运动能力，更重要的是丰富了宝宝的听觉，并让宝宝感受到行为与结果的关联性。游戏中要防止宝宝吞食铃铛。

✼认识蔬菜和水果——自然感知能力

✿ **游戏目的**：通过游戏让宝宝认识各种食物，并学会认路。

✿ **游戏方法**：妈妈在去菜市场或超市买菜时，可以推着宝宝的小车，让宝宝一起参与买菜的过程。妈妈在买菜时，要引导宝宝一起看，认识蔬菜、水果及鱼、虾等，买蔬菜时要让宝宝知道蔬菜的名称。如果宝宝对鱼、虾产生好奇，妈妈也可以顺便告诉宝宝鱼、虾的名称。买完后，妈妈可以让宝宝和自己一起推着小车走一段路回家，让宝宝认识从菜市场走回家的路，并认识回家的标志。

✿ **温馨小语**：平时每次买菜时，让宝宝认识几种水果、蔬菜，能满足宝宝的求知欲望，同时还能认识自然界中的多种事物，这些新鲜事物都能给宝宝留下很深的印象。

宝宝右脑的开发方案

❈宝宝倒大米——身体协调能力

✿**游戏目的：**通过游戏来锻炼宝宝手部精细动作的能力和手眼的协调能力。

✿**游戏方法：**妈妈准备一张报纸、两个塑料碗和少许大米。妈妈将两个塑料碗平放在报纸上，在其中一个塑料碗里放些大米。妈妈要先给宝宝做示范，将一个碗里的大米慢慢倒入另一个碗里，然后让宝宝自己倒大米，告诉宝宝尽量不要将大米漏在碗外。如果宝宝做得较好，妈妈要多鼓励宝宝。

✿**温馨小语：**在宝宝的小手足够灵活时，要进一步锻炼宝宝的手和眼睛的协调、配合能力，促进宝宝的运动能力和认知能力。

❈采蘑菇

✿**游戏目的：**通过游戏来训练宝宝走和蹲的动作，同时还可以培养宝宝耐心、细致的良好习惯，训练宝宝的坚持性。

✿**游戏方法：**妈妈准备一个提篮，用彩色硬纸板剪成蘑菇散落在地上。从柜子里取出一个玩具小兔，说小兔子饿了，让宝宝给采一些蘑菇。让孩子提着篮子拾蘑菇，再走回父母身边来。

✿**温馨小语：**蘑菇不要太多，放得不要太集中，设置一定的难度，训练宝宝的观察力，但也不要让宝宝太累。

❈宝宝开赛车——创造性思维能力

✿**游戏目的：**此游戏可以培养宝宝的想象力与创造力。

✿**游戏方法：**妈妈提前给宝宝准备一个纸箱子，剪去纸箱的上下两端，只留下四边框，然后用彩笔在纸箱的外面绘出一辆车子：车窗、车门、前后照射灯、车轮等；在箱子两侧各挖一个孔，以便宝宝把手伸进去抓住他的“赛车”。

先让宝宝跳进箱子里，然后用两只手抓住箱子两侧事先挖好的孔，将箱子提起跑动，像是在“开赛车”，妈妈要在旁边模仿开车的声音予以配合。

✿ **温馨小语：** 游戏中让宝宝一起参与到“赛车”的制作和游戏中，能提高宝宝的创造性思维，可以锻炼宝宝的快速反应能力。

❊ 认识亲人——视觉记忆能力

✿ **游戏目的：** 让宝宝通过游戏能够更多地认识亲人。

✿ **游戏方法：** 妈妈可以找来家人的照片，和宝宝一起看。边看边告诉宝宝，照片上的人都是谁，宝宝该怎么称呼他们，这些亲人都在做什么。比如告诉宝宝：“这是舅舅，在北京读大学。”“这是姑姑，是小学老师。”教宝宝认了几遍后，妈妈可以指着照片上的人问宝宝这个人是谁，让宝宝逐渐熟记。这个游戏能锻炼宝宝记忆人相貌的能力，并通过记忆说出对他们的称呼。

✿ **温馨小语：** 刚开始的时候，妈妈可以让宝宝少记几个人，只让宝宝认那些经常来的亲属，并且重复这些亲属的名字。让宝宝看熟照片上的人是谁，将来见面时也不会感到陌生。

❊ 宝宝画点点——形象思维能力

✿ **游戏目的：** 此游戏培养宝宝的形态认知能力。

✿ **游戏方法：** 妈妈在纸上画一个圆形，告诉宝宝：“这是芝麻饼。”之后，让宝宝在这个饼上画上点点，当做芝麻，告诉宝宝这是要给小猫吃的。游戏时要注意的是妈妈要提醒宝宝不要把芝麻涂到饼的外面，那样小猫就吃不到了。

✿ **温馨小语：** 此游戏是让宝宝多多参与到游戏中，从而帮助宝宝认识更多的图形，丰富宝宝的思维能力和控制能力。

❊ 投进去喽——空间感知能力

✿ **游戏目的：** 通过游戏来锻炼宝宝认识空间方位的能力。

✿ **游戏方法：** 妈妈找一个方凳，并倒立放置，先用红毛线绳把四条腿围起来当做球筐。之后，妈妈引导宝宝在离“球筐”2～3米的地方抱球准备扔球，当妈妈喊“一,二，投球”时，让宝宝把球向“球筐”内投去。如果宝宝投进了，妈妈要表扬宝宝。可以反复多次，让宝宝听妈妈的口令去投。

✿ **温馨小语**：这个游戏能让宝宝练习向前投掷的动作，可促进宝宝身体的协调能力和平衡能力，更重要的是能锻炼宝宝对上、下等方位的认知能力。

5. 本月宝宝的智能测试

恭喜你，宝宝满 16 个月了！快来做做下面的智力开发效果测评吧！本测评共有 12 个题目，请你将宝宝的相应得分写在题目前面的横线上。

____ 1. 配上认识的水果或动物图片：

A.6 对（12 分）

B.5 对（10 分）

C.4 对（8 分）

D.3 对（6 分）

8 分为合格

____ 2. 指出身体部位：

A.9 处（18 分）

B.7 处（14 分）

C.5 处（10 分）

D.3 处（6 分）

10 分为合格

____ 3. 背数到：

A.10（14 分）

B.5（10 分）

C.3（7 分）

D.2（5 分）

会拿：

A.2 个（5 分）

B.1 个（3 分）

C. 不会（0 分）

两项相加，10 分为合格

____ 4. 按吩咐从形板或积木中找出圆形、方形、三角形：

A.3 个（15 分）

B.2 个（10 分）

C.1 个（5 分）

10 分为合格

____5. 拿书顺着看，从头起翻书，每次2～3页，每次1页：

A. 做对4项（10分）

B. 做对3项（8分）

C. 做对2项（4分）

D. 做对1项（2分）

8分为合格

____6. 搭积木搭高楼或排火车：

A. 共搭4块（12分）

B. 共搭3块（10分）

C. 共搭2块（8分）

D. 只搭1块（4分）

10分为合格

____7. 准确将三个形块放入三形板的相应穴内：

A.3块（12分）

B.2块（8分）

C.1块（4分）

8分为合格

____8. 说出自己的小名：

A. 会（5分）

B. 不会（0分）

用单音说物名：

A.5种（10分）

B.4种（8分）

C.3种（6分）

D.2种（4分）

两项相加，10分为合格

____9. 背儿歌：

A. 背头两句（11分）

B. 全首押韵的字（9分）

C. 背头一句（5分）

D. 背1～2个押韵的字（3分）

9分为合格

____10. 从胡同口：

A. 找到自己的家门口（10分）

B. 找到自己的门号或楼门口（8分）

C. 走到门口不敢认门（4分）

10分为合格

____11. 会用小勺自己吃：

A. 全顿饭（12分）

B. 半顿饭（10分）

C. 完全由大人喂（2分）

D. 跑来跑去追着喂（0分）

10分为合格

____12. 上楼梯：

A. 自己扶栏上，两脚交替上台阶（10分）

B. 大人牵一手上，双足踏一阶（7分）

C. 抱着上楼梯（0分）

7分为合格

评分说明：本测评所测的能力及对应的题号和合格分数已在下表中列出，请你将测得的分数填入相应的空格中。若总分在 70 分以下，说明宝宝的智能未达到理想水平，请多加训练；总分在 90 ~ 110 分，说明宝宝的智能已达到平均水平；总分在 110 分以上，说明宝宝的智能发展非常棒，请继续努力。

测试项目	题号	合格分数	宝宝得分
认知能力	1　2　3　4	38	
精细动作能力	5　6　7	26	
语言能力	8　9	19	
社交能力	10	10	
自理能力	11	10	
大动作能力	12	7	
总分		110	

第3节 16～18个月宝宝

1. 本月宝宝的成长发育特点

心理发育

16～18月的宝宝越来越有自己的主意了，有时不喜欢听父母的话，反而喜欢别人听从自己的安排。对大人的责备和批评表示不满，如撅起小嘴、大声嚷等。现在的宝宝变得容易发脾气，一旦自己的意愿无法实现就会发脾气，自信心会受到打击，体会到了挫败感。有的宝宝天生不认输，在搭建的积木发生突然倒塌时，绝对不会就此罢手，宝宝会一遍遍地去搭，这不是耐心，而是兴趣和不服输的精神。此时父母千万别站出来帮助宝宝，宝宝并不领情，可能还会遭到宝宝的拒绝。

肢体动作

宝宝的本事越来越大了，学会了自己脱衣服，拉链衣服还不能自己拉上，会使用粘贴式的鞋带，但可能会粘得歪七扭八，还能够自己拿起小勺吃饭，并端着杯子喝水，用小碗喝汤，能自己摘帽子，脱鞋子，借助工具取够不到的东西，这些都是宝宝运动能力的进步，也是宝宝协调能力的进步。爸爸妈妈最好多与宝宝一起玩扔球、搭积木等游戏，锻炼宝宝的各种技能和协调能力。妈妈说在前面，宝宝会朝前走，或向前看；妈妈说在后面，宝宝会转过头去，或转过身去；但还不能分清左右，对东南西北没有任何概念。

✲ 语言发育

现在宝宝可以使用语言和周围人打招呼，当家里的客人要走了，宝宝会向客人说“再见”“下次再来”。基本上能掌握 50 ~ 100 个词，一半的宝宝能够掌握 60 ~ 80 个口语词汇，从现在开始，宝宝的词汇量猛增，此后半年，是宝宝词汇量爆炸期。在语言能力的发展上，女宝宝比男宝宝要强一些，同性宝宝间也存在个体差异。如果到了这个月龄，宝宝一个字还不会说，就应该看医生了。宝宝基本上可以说出哪个物品是哪个人的，如“爸爸鞋”“宝宝的小汽车”等。还能说出水果、饺子、面条等名称。

✲ 社交能力

宝宝和别的小朋友在一起玩耍的时候，让父母比较头疼的一件事就是宝宝总是表现得很自私，玩具、吃的东西都不和别人分享。有时还会对小朋友发起攻击，或抢走小朋友手中的东西。宝宝在 1 岁半的时候并没有分享的概念，只是相信自己是这个世界的中心，他应该得到所有的关注，所有的玩具和所有的好吃的。父母这时应该及时地阻止宝宝并正确引导他，不能把别人的东西据为己有和独占自己的东西。随着月龄的增加，宝宝可能逐渐喜欢和小朋友在一起玩并慢慢地学会分享，学会与人分享。

2. 宝宝早教专家课堂

❊ 养育独生子女的妙招

为使独生子女健康成长，早教育儿专家曾为人们提供了养育好独生子女的妙招，可归纳总结为以下 8 条：

❶ **制定合理的目标。**父母会把自己的美好祝愿、希望和理想加在独生子女的身上，为孩子制定努力目标，但要实事求是地分析孩子的能力、才干和兴趣。目标和期望过高，只能使其丧失能力，并落个怨天尤人、自怜自艾的结局。

❷ **尊重和信任孩子。**在人格上，父母一定要尊重和信任幼儿，这是矫正幼儿独霸和逆反个性的重要方法。当孩子有了不良表现时，要因势利导，不能辱骂和体罚。批评要允许孩子进行辩解，要多采取说服教育方式。

❸ **不要把孩子总当“婴儿”看待。**要创造一个适合孩子的环境，消除成年人对孩子的过分影响，让孩子早日独立，否则将有碍于孩子独立性的发展，使其成为害怕外界环境、感情不健全的人。

❹ **要抓住教育时机，及时教育。**婴幼儿的品德和个性的可塑性都比较大，父母如果发现孩子有了不良个性表现时，要及时给予矫正，不可放任不管，也不可事后再教育。

❺ **要建立规范幼儿行为的规章制度，强化训练幼儿的个性品行。**俗话讲“没有规矩不成方圆”，就是这个道理。

❻ **适当鼓励孩子进行创造，但不可过头。**否则孩子反而会变得迟钝起来，父母应当牢记，孩子对某些事物的选择，是根据自己的能力和对事物固有的了解而定的，只有孩子本人才更了解自己的能力和极限。

❼ **努力培养孩子独特的个性和生活。**父母不要依赖孩子去获得感情上的营养和友谊；不要认为若没有孩子，自己就会缺少什么。还要努力去培养孩子

自我决策的能力，不能包办代替而做出各种决定。

❽ **多让宝宝与四邻的孩子接触。**独生子女需要更多的玩伴，从幼儿时期开始，父母就应保证孩子有机会参加周围孩子的集体活动，父母则绝不能插手干预这种关系。

最后专家提醒，每一个家庭都有着自己的互动模式，但过分紧密的关系需要独立自主的空间。只有“有点黏又不太黏”才是最舒服的家人关系，因为在孩子需要支持的时候，父母要靠近鼓励，而需要各自发展的时候，就要彼此分开，但心灵仍相属相知。

✻ 培养宝宝的逻辑思维能力

儿童心理学家及儿童教育学家根据儿童生长发育的特点，提出应从以下几方面培养儿童的逻辑思维能力。

❶ **学习分类法。**把日常生活中的一些东西根据某些相同点归为一类，如根据大小、颜色、形状、用途等。父母应注意引导孩子寻找归类的根据，即事物的相同点。从而使孩子注意事物的细节，增强其观察能力。

❷ **认识大群体与小群体。**父母先教给孩子一些有关群体的名称，如家具、动物食品等。使孩子明白，每一个群体都有一定的组成部分。同时，也要让孩子了解，大群体包含许多小群体，小群体组合成了大群体。如动物——鱼——金鱼。

❸ **了解顺序的概念。**这对孩子今后的阅读也是有益的，这是训练孩子逻辑思维的重要途径。这些顺序可以是从最大到最小、从最硬到最软、从甜到淡等，也可以反过来排列。

❹ **掌握一些空间概念。**大人们往往以为孩子天生就知道“上下左右，里外前后”等空间概念，实际并非如此。父母可利用日常生活中的各种机会引导孩子，如：“请把杯子放在茶几上面”。对于孩子来说，掌握“左右”概念要难些。

❺ **帮助宝宝理解基本的数字概念。**有的宝宝在 2 ~ 3 岁时，就能从 1 数到 10，甚至更多。但很多都是在背数，而不是数数。父母要帮助孩子掌握一些数的概念，如每天吃饭时让宝宝数数有几个人。

3. 宝宝左脑的开发方案

✲浮上来，沉下去——逻辑思维能力

✿ **游戏目的：** 通过游戏来培养宝宝的分析判断能力。

✿ **游戏方法：** 妈妈给宝宝准备一个盛满水的透明水杯，一块橘子皮，以及大气球、剪刀、细绳等工具。首先，妈妈将橘子皮剪成小长块，放进装满水的透明水杯中，然后再剪下一大块气球皮，绷紧后蒙住杯口，用细绳固定住后，让宝宝用手指按杯子上的气球皮，宝宝会发现橘子皮往下沉；放开手指后，橘子皮就会又浮上来。这时妈妈要告诉宝宝：橘子皮小孔中含有空气，当按压气球皮时，小孔里的空气被挤压排出，橘子皮就会下沉。当松开气球皮时，空气就会再进入橘子皮，橘子皮就会再浮上来。

✿ **温馨小语：** 这个潜水艇的游戏能让宝宝了解不同事物之间的相关性，提高宝宝的逻辑思维能力。

✲懂得“2”——数学学习能力

✿ **游戏目的：** 训练宝宝的计算能力和数字辨认能力。

✿ **游戏方法：** 妈妈提前准备好两只手套，两只鞋子和两双筷子。妈妈先把两只鞋子和两只手套拿出来，向宝宝提问：“这是什么？它们有几个？”并引导宝宝说出是两个。妈妈再伸出两只手，说：“这是两只手，是两个。”妈妈和宝宝说话时尽量使用“2”，如：“看那两棵树。”妈妈还可以问宝宝有几只耳朵、几

只脚等，一定要是成双成对的东西才可以；也可以让宝宝自己寻找一下成双成对的东西。

✿ **温馨小语：**这个游戏能让宝宝认识成双成对的东西，能帮助宝宝弄懂“2”的概念。

✻ 学会说“我的”——培养语言能力

✿ **游戏目的：**游戏中训练宝宝学会说代词，丰富宝宝的语言能力。

✿ **游戏方法：**当宝宝拿着一件心爱的玩具正在玩时，妈妈要故意问：“这是宝宝的玩具吧？”如果宝宝不会说，就会很着急地拍拍自己的胸脯，表示是自己的。如果宝宝会开口说话，就会马上说：“宝宝的。”或者把自己的小名说出来。这时，妈妈要教宝宝说：“这是我的。”教宝宝用“我”来代表自己。反复和宝宝练习几遍，然后拿起宝宝的鞋子再问宝宝：“这是宝宝的吗？”宝宝就会逐渐回答：“我的。”多练习几次，宝宝就能应付自如了。

✿ **温馨小语：**提高宝宝对代词的理解能力，尤其是能将“你”转换为“我”，这对于宝宝发展语言能力是很关键的。

✻ 宝宝吹口琴——听觉记忆能力

✿ **游戏目的：**通过游戏来训练宝宝的听力。

✿ **游戏方法：**妈妈给宝宝买一把口琴，妈妈先做示范，先吸气然后对准口琴上的孔轻轻地吹，就能吹出优美的音乐。之后将口琴交给宝宝，让宝宝学着妈妈的样子自己吹。开始时宝宝可能吹不出声音，妈妈要在宝宝身边耐心指导，反复几次后宝宝就能吹出声音了。当宝宝能吹出声音的时候，妈妈要多鼓励宝宝，并随着宝宝吹出的“音乐”打拍子或跳舞。然后再换妈妈来吹，让宝宝随着音乐打拍子或者跳舞。练习熟练后，宝宝会吹出很多不同的音调。

✿ **温馨小语：**宝宝初次吹口琴时，会很喜欢自己吹出来的声音，而且慢慢地宝宝就能吹出各种不同的声音来。

✻ 做个小帮手

✿ **游戏目的：**初步培养劳动习惯和劳动能力，学习助人为乐的行为。

✿ **游戏方法：**这个游戏不需要专门进行，在做家务的时候随时叫

上宝宝就可以了。如洗手帕：家长洗衣服时，给孩子一块手帕，让他学着洗，告诉孩子手帕的用处，培养他爱卫生的良好习惯。也可以让宝宝扫地、擦桌子：给宝宝一把小扫帚，让他模仿成人扫地的动作或给他一块小抹布，让孩子学着擦擦桌子。

温馨小语：不能指望宝宝真能帮什么忙，帮倒忙、添乱也不要责备他、阻止他，培养宝宝爱劳动的积极性、帮大人做事的热情就足够了。

4. 宝宝右脑的开发方案

宝宝学动物——身体协调能力

游戏目的：这个游戏训练宝宝肢体动作的协调性。

游戏方法：妈妈在旁边做示范动作，让宝宝学小兔跳：两手放在头两侧，模仿兔子耳朵，双脚合并向前跳。也可以学大象走：身体向前倾，两臂下垂，两手五指相扣，两手左右摇摆模仿大象的鼻子，向前行进。

学小鸟飞：双臂侧平举，上下摆动，原地小步跑；也可以学马儿跑：双臂前曲，手握拳原地跑。

温馨小语：此游戏能让宝宝的身体运动技能得到充分的锻炼，而且能培养宝宝愉快的情绪。

✲变，变，变——视觉记忆能力

✿游戏目的：通过游戏能让宝宝感知常见的色彩。

✿游戏方法：妈妈提前准备一些红色、黄色、绿色的透明糖纸，然后洗净、压平。妈妈和宝宝分别选择一张自己喜欢的糖纸，然后妈妈把糖纸贴在眼睛上，看一看，透过糖纸，眼前的东西都变成了什么颜色。做过示范之后，妈妈就可以让宝宝自由调换不同颜色的糖纸，将它们叠在一起放在眼前，看一看眼前的东西又变成了什么颜色。

✿温馨小语：这个时候的宝宝对外界的各种颜色都充满了好奇，妈妈应该多创造机会让宝宝接触更多的颜色。除了自然界中能见到的几种颜色外，这个游戏能让宝宝认识更多种颜色，从而丰富宝宝的视觉经验，增强宝宝的逻辑思维能力。

✲玩水游戏——创造性思维能力

✿**游戏目的：**此游戏可以提高宝宝的创造力与思考力。

✿**游戏方法：**妈妈在家中准备好盆和浴缸等，还要准备一些能漂浮的玩具，如小鸭、小船等，还有装水的小容器，如小碗、小漏斗等。和宝宝一起玩游戏，引导宝宝认识各种玩具的名称和特性。比如小碗可以用来舀水，小漏斗可以漏水，并且可以用小碗向漏斗中灌水，下面再用一个小容器接水。将小船和小鸭子都放在水里漂浮，还可以把小船或小鸭子用绳子拉住，让宝

宝在水里拉着小船、小鸭子行走。让宝宝自己发挥自己的想象力自由地去玩水。

✿ **温馨小语：**通过玩水，宝宝不仅能感受到水的神奇，而且能激发想象力，丰富创造经验。游戏过程中要注意安全。

❉和他人分享——人际交往能力

✿ 游戏目的：此游戏能够培养宝宝乐意与人分享的美德。

✿ 游戏方法：如果爸爸偶尔下班回来比较晚，妈妈和宝宝可以先吃饭，但要告诉宝宝，把好吃的留给爸爸回来吃。妈妈买回来宝宝很喜欢吃的食物，在宝宝吃的时候妈妈也要告诉宝宝："宝宝，好吃的也要与爷爷奶奶分享呀。"

✿ 温馨小语：平时多告诉宝宝，有好东西应与其他人分享，可以让宝宝心里想到别人，乐于与人分享，从而培养宝宝关心他人的良好品质。

❉宝宝画太阳——形象思维能力

✿ **游戏目的**：通过游戏来提高宝宝的形象认知能力。

✿ **游戏方法**：妈妈找一张画有太阳的图片，引导宝宝说出太阳的线条、色彩和形状等。之后，妈妈准备一盒水彩笔和一些白纸。妈妈先用水彩笔在白纸上画一个圆，引导宝宝也来画一个圆。如果宝宝还不会握笔，妈妈可以先握住宝宝的小手在纸上画圆，再让宝宝自己画。让宝宝给太阳涂上鲜艳的颜色。

✿ **温馨小语**：通过对比画图，宝宝可以感受到线条、色彩和形状的变化，从而提高对图形的认识能力，并能体会美、欣赏美，提高审美水平。

❉不同的吸水纸——空间感知能力

✿ **游戏目的：**通过观察不同纸质的变化，培养宝宝的学习兴趣。

✿ **游戏方法：** 妈妈提前准备一盆水，还有两张颜色不同的吸水性能差异比较大的纸：一张红色的吸水性稍差的信纸；一张白色的吸水性强的纸巾。先让宝宝摸两张不同的纸，并告诉宝宝："红色的纸好硬啊，白色的纸是软的。"将两种颜色不同的纸折成两只小船，然后妈妈拿一只，宝宝拿一只，一起将小船放入水盆中。引导宝宝观察一下，是妈妈的小船先沉入水中，还是宝宝的小船先沉入水中。然后和宝宝一起捞起两只小船，挤挤水，让宝宝注意观察一下，哪一只小船挤出的水多。

✿ **温馨小语：** 1 岁多的宝宝需要更多的感性经验。这个游戏可以让宝宝通过看、摸、挤等活动，获取直接经验，促进宝宝空间智慧的发展。

5. 本月宝宝的智能测试

恭喜你，宝宝满 18 个月了！快来做做下面的智力开发效果测评吧！本测评共有 12 个题目，请你将宝宝的相应得分写在题目前面的横线上。

____1. 认交通工具，如汽车、马车、自行车、飞机、火车、轮船等：

A.6 种（12 分）

B.5 种（10 分）

C.4 种（8 分）

D.3 种（6 分）

E.2 种（4 分）

10 分为合格（注：6 种以上每多认一种加 1 分）

____2. 认颜色，红、黑、白、黄等：

A.3 种（15 分）

B.2 种（10 分）

C.1 种（5 分）

10 分为合格（注：3 种以上每多认一种加 3 分）

____3. 认数字或汉字：

A.3 个（15 分）

B.2 个（9 分）

C.1 个（5 分）

9 分为合格（注：3 个以上每多认一个加 3 分）

____4. 认识家庭照片中的亲人：

A.6 人（14 分）

B.4 人（12 分）

C.3 人（9 分）

D.2 人（6 分）

E.1 人（3 分）

12 分为合格（注：6 人以上每多认一个加 2 分）

____5. 拿蜡笔画长线，为鱼点眼睛，会画圈（封闭的曲线）：

A.3 项（15 分）

B.2 项（10 分）

C.1 项（5 分）

10 分为合格

____6. 问“你几岁了”时：

A. 会说“1 岁”（6 分）

B. 能伸出食指（3 分）

6 分为合格

____7. 背儿歌：

A. 全首（15 分）

B. 背两句（10 分）

C. 背押韵字（6 分）

10 分为合格

____8. 替大人拿东西，如拖鞋、板凳、日用品等：

A. 拿对 4 种（10 分）

B. 拿对 3 种（8 分）

C. 拿对 2 种（4 分）

D. 拿对 1 种（2 分）

10 分为合格（注：4 种以上每多拿对一种加 2 分）

____9. 端杯喝水：

A. 自己端杯喝水，少洒（5 分）

B. 大人端杯（3 分）

C. 用奶瓶（0 分）

5 分为合格

____10. 大小便坐盆：

A. 白天不湿裤子（12 分）

B. 偶尔湿裤子（9 分）

C. 每次要大人提醒（6 分）

D. 要人把（0 分）

9 分为合格

____ 11. 跑步：

A. 自己渐慢停止（12 分）

B. 扶人扶物停止（10 分）

C. 大人牵着跑步（5 分）

D. 不敢跑（0 分）

10 分为合格（注：跑得快加 3 分）

____ 12. 踢球：

A. 不必扶物或扶人（9 分）

B. 扶人扶物才踢球（6 分）

C. 牵手踢球（3 分）

9 分为合格（注：跑步踢球加 3 分）

评分说明：本测评所测的能力及对应的题号和合格分数已在下表中列出，请你将测得的分数填入相应的空格中。若总分在 70 分以下，说明宝宝的智能未达到理想水平，请多加训练；总分在 90 ~ 110 分，说明宝宝的智能已达到平均水平；总分在 110 分以上，说明宝宝的智能发展非常棒，请继续努力。

测试项目	题号	合格分数	宝宝得分
认知能力	1 2 3 4	41	
精细动作能力	5	10	
语言能力	6 7	16	
社交能力	8	10	
自理能力	9 10	14	
大动作能力	11 12	19	
总分		110	

18～20个月宝宝

1. 本月宝宝的成长发育特点

✲心理发育

宝宝的内心情感世界越来越丰富了，亲子之爱不再是单向的了，宝宝幼小的心灵同样充满了对父母的爱。如果某一天宝宝把好吃的递到爸爸妈妈的嘴边，说“爸爸吃”或“妈妈吃”，一定会令父母感动不已。当宝宝语言表达能力低于实际思维能力时，宝宝不能用语言表达自己的意愿和想法，会急得喊叫，甚至会急得大哭。遇到这种情况，父母不能置之不理，也不要训斥宝宝，要蹲下来和蔼地与宝宝交流，表示出对宝宝的理解。如宝宝在与别的小朋友一起玩时，咬伤了别人，家长要告诉宝宝如果人家咬你，你也会很痛的，以后不要再咬人了。

✲肢体动作

18～20月的宝宝会用蜡笔画线和圆了，对可以推拉的物品有兴趣，如带轮子的小车。宝宝还能认真地练习把绳子穿到带孔的珠子里，还会把一张粘有胶水的纸贴在物体上，并能搭七八块积木。当宝宝能捡起地上很小的东西，并能用拇指和食指准确地对捏起来时，可以说明宝宝的视力和对微小物体的注意能力都有了很大进步。平衡能力进一步提高，能连续向后退好几步了，当宝宝向后退时，看护人要保护好宝宝。

如果看过妈妈打开门闩，宝宝也会学着打开门闩。不少宝宝已经会扭动门把手，会自己开门走出房间。但父母一定要注意安全防护设施，防止挤到宝宝的手脚。

❊ 语言发育

18 ~ 20 月的宝宝学习词汇的速度比较快，平均每天能学会一个新词汇。大约有 50% 的宝宝能说出 90 ~ 150 个词汇，宝宝所用的词汇多是日常生活中的常用词。会说话的宝宝也不再满足说话，而是要唱歌了。这时的宝宝常常像唱歌一样说话，又像说话一样唱歌。宝宝喜欢念儿歌，儿歌朗朗上口，可以像唱歌一样唱儿歌。但对人称代词还不能完全理解，当妈妈说“你”和“我们”时，宝宝不能明确知道指的是谁。宝宝不知道“你”就是自己，如果把“你”换成宝宝的名字，宝宝就很容易理解了。

❊ 认知能力

宝宝喜欢对称的、色彩丰富的、抽象的图案，很多宝宝更愿意倒着看图画书。对着图书讲故事，尽管不认识字，但会用小手一个字一个字地指点着画书上的字，讲他已经听得滚瓜烂熟的故事，很认真很带劲。宝宝还能看图讲故事，而且常常是自己发挥，按照自己的想法“编故事”，父母要多给这个阶段的宝宝买些儿童画册。大多数宝宝形状感知能力都有了明显提高，能够区分二种以上物体形状了。宝宝能够比较准确地把各种不同形状的物体，通过不同形状的缺口放到容器中，最容易完成的形状依次是：圆形、方形、三角形，完成异形形状的速度要相对慢些。

2. 宝宝早教专家课堂

✲ 尊重宝宝的个性发展

育人如同育树，“能顺木之天，以至其性焉尔。”父母教育子女也要尊重孩子的天性，让孩子自由发展。每个孩子有着自己发展的特定的“时间表”，如同人的身高一样，有些孩子在小的时候长得很快，到了一定年龄却开始缓慢增长。因此，父母要尊重孩子的个性发展：

❶ 孩子有自己的天性。婴儿从一出生就有个性，甚至在妈妈子宫中的胎儿就表现出个性来了。有的宝宝非常好养，有的没事就哭闹，有的宝宝甚至很小就懂得理解父母。

❷ 宝宝天生都是好宝宝。“人之初，性本善”，父母要相信孩子生下来个性都是完美的，没有坏个性，不能求全责备。如有的宝宝比较淘气，妈妈就总是指责这样的宝宝，并且说“淘气孩子不是好孩子”，容易使孩子内心和自己的个性发生冲突，变得不自信，甚至自卑。

❸ 父母不要试图改变孩子的个性。父母要尊重孩子的个性，努力发现孩子个性中的闪光点，不要随便限制和否定孩子，要让孩子充满自信和快乐。不要试图改变孩子的个性，而应该努力去寻找适合孩子个性发展的养育方法，接受、理解、欣赏孩子的个性，以父母独到的方法、技巧和领悟养育孩子。

总之，透过孩子的行为表现，识别他的真实意图，尊重孩子的个性，是孩子形成良好自尊的基础。尊重孩子的个性等于呵护他的自尊。父母不可居高临下、责备求全、过多限制，更不可事事代劳、关心过头、损害孩子的自尊心。

✲ 抓住宝宝学习才艺的最佳年龄

宝宝的天资是不能埋没的，父母应该重视发掘并培养宝宝的天资，否则将会后悔半生。另外，宝宝学习一些才艺特长也是一件好事，古人对于才艺很看重，讲“琴棋书画诗酒花”。但家长应根据儿童生理发展的特点，理智地选择学习时间。下面就介绍宝宝学习才艺的最佳时机。

学英语的适龄期：只要家庭条件允许，宝宝最好从小学点外语，1 ~ 2 岁就开始亲近英语，3 岁以后跟着老师正规学习比较好。

学绘画适龄期：从 2 岁半到 3 岁的时候开始，最为适宜。

学体操的适龄期：一般来说，体操才艺从 3 岁开始较为适当。

学戏剧的适龄期：从 3 岁到成年，只要有志于演戏，任何时候都可以说是“适龄期”。

学乒乓球的适龄期：一般来说 3 岁就能打乒乓球了。但以后随时都可以开始学乒乓球。

学韵律的适龄期：一般在 3 岁左右开始比较好。

学下围棋、象棋的适龄期：围棋和象棋的开始适龄期是 3 ~ 4 岁，只要宝宝能区分黑白棋子即可。

学芭蕾、现代舞的适龄期：幼儿在 3 岁半 ~ 6 岁开始比较好。

学滑雪的适龄期：4 岁左右比较适合。若穿上滑雪器具也能走路的话，两岁半的幼儿也可以滑雪。

学钢琴的适龄期：一般 4 ~ 5 岁开始接受钢琴等乐器的技术指导，学钢琴比较适宜。

学溜冰的适龄期：4 ~ 6 岁是溜冰的开始适龄期。

学习小提琴的适龄期：5 ~ 6 岁较适合。

学书法的适龄期：6 ~ 8 岁，这个时期开始学习书法，也是适合的时期。

学游泳的适龄期：从出生到青少年，只要家长想要让宝宝学游泳或宝宝自己想要学游泳时，就是游泳的开始适龄期。

学柔道的适龄期：6 ~ 10 岁开始学习比较适当。

学珠算的适龄期：7 ~ 9 岁比较合适。

学剑道的适龄期：7 ~ 9 岁是学习剑道的最好时期。

3. 宝宝左脑的开发方案

✲冰块会融化——逻辑思维能力

✿ 游戏目的：通过游戏来培养宝宝对因果关系的理解。

✿ 游戏方法：妈妈给宝宝准备一个制冰盒，以及可以放进制冰盒里的几个小玩具。妈妈先把小玩具放进制冰盒，在盒中加水，还可以在里面加入各种颜色的食用色素，放到冰箱里冷冻。然后，倒一盆温水，把裹在冰块里的玩具放入盆中，妈妈引导宝宝观察冰块在温水中逐渐融化的样子。当冰全部化掉时，宝宝会对那些小玩具充满新奇感。

✿ 温馨小语：宝宝对逐渐融化的冰块充满好奇，并会思考为何会出现这样的现象，这对于训练宝宝的逻辑思考能力有帮助。

✲给小动物打电话——数学学习能力

✿ 游戏目的：帮助宝宝建立“数”的概念。

✿ 游戏方法：妈妈准备两个玩具电话及画有小鸡、小鸭、小乌龟和小熊猫的 4 张图片，这 4 张图片分别对应 4 张数字卡片，数字卡片上有 4 个数字组成的号码。

妈妈先让宝宝看小动物的图片，然后帮助宝宝熟悉小动物对应的数字卡片。妈妈和宝宝各拿一张小动物卡片，两人模仿所拿图片上的小动物打电话。然后让宝宝找一张小动物图片，并找出相对应的数字卡片，按上面的号码给小动物打电话。反复给4种小动物打电话，让宝宝熟悉每一个动物对应的数字。

✿ **温馨小语**："读"数字对宝宝长大后分类、排序等活动很有益处。这个游戏可以帮助宝宝熟练记住每个动物对应的数字，对建立宝宝"数"的概念大有帮助。

✲ 宝宝认身体部位——培养语言能力

✿ **游戏目的**：通过游戏提高宝宝的语言理解能力。

✿ **游戏方法**：妈妈准备一些"嘴巴""眼睛""鼻子""耳朵""眉毛"等字卡。妈妈指着宝宝的嘴巴，告诉宝宝这是"嘴巴"，并给宝宝看相应的"嘴巴"字卡；妈妈指着自己的眼睛，告诉宝宝这是"眼睛"，并给宝宝看相应的"眼睛"字卡。妈妈问："宝宝的嘴巴在哪里？"引导宝宝用小手点自己的嘴巴，并从若干字卡中找出"嘴巴"的字卡。依此类推，让宝宝认识"鼻子""耳朵""眉毛"等字卡。字卡数量可由少到多，视宝宝识认水平而定。

✿ **温馨小语**：1岁半的宝宝，基本能够对自己身体的各个部位以及整体形象有一个清楚的认识了。从宝宝开始学会讲话时，就可以让宝宝慢慢认识自己身体的各个部位了。

✲ 和妈妈玩捉迷藏——听觉记忆能力

✿ **游戏目的**：此游戏可以锻炼宝宝的听觉能力。

✿ **游戏方法**：妈妈和宝宝玩捉迷藏游戏，妈妈先藏起来，并叫宝宝的名字，让宝宝循着声音去找妈妈。如果宝宝找不到，妈妈可以再喊一声或露一下头，等宝宝看见之后，再藏起来让宝宝找。当宝宝找到妈妈后，妈妈还可以让宝宝藏起来，并说："喊一声妈妈，妈妈就能找到你。"然后妈妈走开，宝宝藏好后喊妈妈，妈妈先假装找不到，并说："小宝宝藏哪里去了呢？怎么找

不见呢？”再引导宝宝喊出声音。当最后妈妈找到宝宝时，宝宝会非常高兴。这个游戏可以反复进行。

温馨小语：此游戏不仅能提高宝宝的听觉灵敏度，还能培养宝宝愉快的情绪，促进亲子关系。

4. 宝宝右脑的开发方案

宝宝跳跳跳——身体协调能力

游戏目的：通过游戏来训练宝宝动作的敏捷性和自我控制能力。

游戏方法：妈妈给宝宝准备好袋鼠和狗熊的头饰，然后和宝宝一起玩游戏。让宝宝戴着小袋鼠头饰站在前面，妈妈戴着大袋鼠头饰站在后面，双手搭在宝宝的肩上，然后两人按着节奏向前跳跃。跳一会儿，再让爸爸戴着狗熊头饰出现，“袋鼠妈妈”和“小袋鼠”赶紧站住不动；然后“大狗熊”绕着他们做各种怪相，“袋鼠妈妈”和“小袋鼠”只要忍住不笑，就不会被“大狗熊”吃掉了。

温馨小语：跳跃游戏能锻炼宝宝的腿部控制力，同时还能增强亲子游戏互动的协调性。

宝宝爱吃什么——创造性思维能力

游戏目的：通过游戏来训练宝宝的观察能力和动手能力。

游戏方法：妈妈准备一张纸、一瓶胶水、一支笔和一些带有食物的图片。让宝宝从图片中选出自己喜欢的食物，然后再选出爸爸和妈妈最爱吃的食物。妈妈帮助宝宝将图片剪下来，然后让宝宝用胶水把图片都粘在白纸上，一份食谱就制作成功了。

妈妈还可以在每种食物的下面标出名称，并引导宝宝认这些字。每次做饭之前，妈妈让宝宝随意点自己想吃的食物，然后尽量做给宝宝吃。

温馨小语：经常让宝宝动手参与到一些制作类的游戏中，能激发宝宝的创作欲望和兴趣。

宝宝来摸摸

游戏目的：通过游戏来训练孩子跑、听指令做动作的能力，培养其规则意识和注意力。

游戏方法：妈妈来念儿歌："小宝宝，真好玩，摸摸桌子（沙发、床……）跑回来。"说完后，孩子向指定地点跑去，摸摸指定家具后再跑回到妈妈身边。

温馨小语：所指定的物体应是孩子熟悉，容易摸到的。

一起来拔苗苗——人际交往能力

游戏目的：经常玩此游戏能够让宝宝体验到合作的快乐。

游戏方法：妈妈要选择一个较大的游戏空间，然后和宝宝准备游戏。

游戏开始前，先让宝宝站在地上，双手叉腰，双脚张开，保持身体平衡。妈妈先过来拉宝宝，边拉边对宝宝说："拔苗苗呀，拔苗苗，这个苗苗好可爱。"然后妈妈要表现出筋疲力尽的样子，说："这个苗苗太难拔了，快叫爸爸一起来拔。"然后爸爸、妈妈一起来拔。

然后爸爸和妈妈都要表现出拔不动的样子，这时再叫爷爷、奶奶一起来帮忙，最后将"苗苗"拔出来。

妈妈也可以在游戏中给宝宝唱儿歌，比如："拔苗苗，拔苗苗，这个苗苗真难拔，叫爸爸，叫爷爷，叫奶奶，叫花猫，叫花狗，嘿哟嘿哟齐用力，拔出一棵小苗苗。"拔完之后，爸爸、妈妈、爷爷、奶奶还可以互换角色做"苗苗"。

温馨小语：通过这个游戏，能够培养宝宝与他人合作的精神和能力，这种能力是宝宝心智发育的一个重要方面。

找图片——视觉记忆能力

游戏目的：此游戏可以发展宝宝的观察力，增强宝宝的记忆力。

游戏方法：首先妈妈准备几张图片，比如小猫、小狗、小兔子、小鱼，或者是宝宝在日常生活中经常能见到的被子、床、鞋子、皮球等图片。先任意给宝宝看一张图片，然后把这张图片混在其他图片里，让宝宝凭着记忆在一堆图片中找出那张图。在宝宝挑选的时候，妈妈可以在旁边告诉宝宝那张图片的名称和图中东西的具体用途。

温馨小语：这个游戏是让宝宝从多幅图中找出刚刚看过的图，能发展宝宝的观察力和记忆力。在宝宝成功之后，妈妈可以让宝宝试着接触以前从未见过的新图，拓展宝宝的视野，激发宝宝认识新鲜事物的兴趣。

宝宝认图形——形象思维能力

游戏目的：通过游戏来让宝宝认识更多的形状。

游戏方法：妈妈给宝宝准备正方形、长方形、梯形等几何图形，和宝宝一起来认。也可以利用各种生活用品来帮助宝宝认识图形，比如宝宝每天都会吃鸡蛋，在吃的时候妈妈就可以告诉宝宝鸡蛋是椭圆形的；宝宝在看书时，妈妈可以告诉宝宝书本是长方形的。

妈妈也可以给宝宝准备一些橡皮泥，用橡皮泥能捏出很多种不同的图形，而且还能将长方形变成正方形，将圆形变成椭圆形等。

温馨小语：1岁半的宝宝的学习常常是在游戏时完成的，所以可以让宝宝参与到游戏中认识图形，比如将橡皮泥从圆形捏成椭圆形。宝宝喜欢做这些事，反复做之后也能认识到图形的互相变化。

❊认识“左”和“右”——空间感知能力

✿ **游戏目的**：训练宝宝认识左右空间方位。

✿ **游戏方法**：在宝宝情绪好的时候，爸爸可以教宝宝踢球，告诉他：“这是用左脚踢的。”“这是用右脚踢的。”宝宝熟练后，爸爸反问宝宝：“刚才那个球是用哪只脚踢的？”

还可以通过游戏告诉宝宝，右边有一只眼睛，左边也有一只眼睛。右边有一只耳朵，左边也有一只耳朵。依此类推，胳膊和手，腿和脚都是有左右之分的。

✿ **温馨小语**：这个年龄段的宝宝现在已经能认识自己的手、脚、鼻子、耳朵等身体器官了，但对左右还不是分辨得很清晰。父母可以通过游戏帮助宝宝分辨左右，从而让宝宝的空间方位能力有所提高。

5. 本月宝宝的智能测试

恭喜你，宝宝满 20 个月了！快来做做下面的智力开发效果测评吧！本测评共有 12 个题目，请你将宝宝的相应得分写在题目前面的横线上。

____1. 从 9 ~ 10 张物名相同的图片中，找出哪几张完全相同：

A.3 对（10 分）

B.2 对（6 分）

C.1 对（3 分）

10 分为合格

____2. 当着宝宝的面把娃娃藏在第一个地方，再取出来藏到第二个地方，看宝宝能否找出：

A. 马上找出（9 分）

B. 到第一个地方寻找（6 分）

C. 乱找（0 分）

9 分为合格

____3. 说出物品（如肥皂、碗、勺子、剪刀、钥匙、鞋、笔、娃娃、枕头、梳子等）用途：

A. 对 6 种（16 分）
B. 对 5 种（14 分）
C. 对 4 种（12 分）
D. 对 3 种（9 分）
E. 对 2 种（6 分）
12 分为合格

____4. 用积木搭高楼：

A.10 块（10 分）
B.8 块（8 分）
C.6 块（6 分）
D.4 块（4 分）
E. 积木搭桥（4 分）
10 分为合格

____5. 穿珠子：

A. 穿上 2 颗（12 分）
B. 穿上 1 颗（9 分）
C. 穿入别针后（6 分）
D. 穿上套环（3 分）
9 分为合格（注：2 颗以上每多穿 1 颗加 3 分）

____6. 指着宝宝的衣服问"这是强强（宝宝的名字）的吧？"回答：

A. "我的"（10 分）
B. "强强的"（8 分）
C. 拍拍自己（4 分）
D. 点点头（2 分）
10 分为合格

____7. 背诵儿歌：

A. 背诵全首（10 分）
B. 背前两句（8 分）
C. 背押韵的字（4 分）
D. 不会（0 分）
10 分为合格

____8. 同小朋友在一起时：

A. 有笑容，喜欢同小朋友在一起（12 分）
B. 动手抢别人的玩具（10 分）
C. 躲开别人自己玩（8 分）
D. 在母亲身边不与别人接近（4 分）
12 分为合格

____9. 会做如下家务：抹桌子、拿东西、掸土、把东西放好、扫地：

A.4 种（12 分）
B.3 种（9 分）
C.2 种（6 分）
D.1 种（3 分）
9 分为合格

____10. 擦鼻涕：

A. 自己会用手绢擦完并放好（5 分）
B. 自己会用手纸擦，用完扔掉（4 分）
C. 擦衣服上（2 分）
D. 擦玩具或家具上（1 分）
5 分为合格

____11. 脱衣服：
A. 脱去已脱一袖的上衣（9 分）
B. 拉下松紧带裤子（8 分）
C. 扒开开裆裤（7 分）
D. 能伸手仰头让大人脱（2 分）
9 分为合格

____12. 倒退着走：
A.7 步（7 分）
B.5 步（5 分）
C.3 步（3 分）
D.2 步（2 分）
5 分为合格

评分说明：本测评所测的能力及对应的题号和合格分数已在下表中列出，请你将测得的分数填入相应的空格中。若总分在 70 分以下，说明宝宝的智能未达到理想水平，请多加训练；总分在 90 ~ 110 分，说明宝宝的智能已达到平均水平；总分在 110 分以上，说明宝宝的智能发展非常棒，请继续努力。

测试项目	题号	合格分数	宝宝得分
认知能力	1　2　3	31	
精细动作能力	4　5	19	
语言能力	6　7	20	
社交能力	8	12	
自理能力	9　10　11	23	
大动作能力	12	5	
总分		110	

20～22个月宝宝

1. 本月宝宝的成长发育特点

✲心理发育

对于小宝宝来说，最亲近的人是妈妈，1～2岁宝宝特别依恋妈妈。但快到2岁时，宝宝也开始亲近其他人，如经常照顾宝宝生活起居的看护人、爸爸、爷爷、奶奶、姥姥、姥爷，家里的兄弟姐妹。随着宝宝对周围环境的熟悉，宝宝渐渐融入幼儿社会。占有欲开始减弱，能够把自己的东西给他喜欢的人，这也是宝宝和小朋友一起游戏的开始。很多时候，宝宝仍然护着自己的东西，惦记着别人的东西。宝宝开始对父母表达爱意，主动亲爸爸妈妈的脸颊。由保姆看护的宝宝，

见到父母可能不是很亲，但随着宝宝慢慢长大，有了情感表达能力，即使父母不常陪伴，也知道亲父母了。宝宝不但会开怀大笑，也会时而流露伤心表情，特别是当父母出门时，宝宝会表现出不高兴的神情。

❊ 视觉、听觉发育

宝宝的情感世界开始丰富起来，视、听、闻、味，都是宝宝探究事物的感官工具。如果电视画面中出现令人悲伤的场景，宝宝也会收敛笑容，感受到悲伤。对于各种声音反应越来越敏感，还能反复模仿一些声音，听到喜欢的歌曲，也会跟着哼两句。

❊ 肢体动作

现在的宝宝几乎可以随心所欲地使用双手，干自己想干的事情。宝宝能把不同形状的积木插到相应的位置。宝宝喜欢往容器中放东西，不管什么都愿意把它们装进某个容器中，会把小娃娃、手表等放到水壶里，把沙子放到奶瓶中。宝宝已经可以平稳地走路了，不再会跌倒。

宝宝喜欢模仿父母的样子学做家务，如用拖把拖地，帮妈妈洗菜，用扫帚扫地板，爸爸妈妈做的，宝宝都想试一试。另外，宝宝握笔写字、画画的姿势也很标准了，宝宝最喜欢画的是太阳和太阳放射出来的光芒。

❊ 语言发育

宝宝开始理解妈妈的语言，并做出相应动作，如妈妈说吃饭了，宝宝会主动坐到餐桌旁；爸爸说要出去玩了，宝宝会带上自己想带的东西；奶奶说去幼儿园了，宝宝会拿上自己的小书包。宝宝能够叫出他熟悉的小朋友的名字，当宝宝离开他所熟悉的小朋友时，偶尔也会叫出那个小朋友的名字。现在宝宝开始掌握名词以外的词了，如热、冷、脏、怕、走、拿、玩、打等。

2. 宝宝早教专家课堂

重视宝宝的音乐启蒙教育

音乐能使人的心灵得到美的滋润。对宝宝进行音乐启蒙教育，不仅可以调节宝宝的情绪，对宝宝的智力开发，想象力、创造力的培养也极有帮助。如今很多父母认识到了音乐的重要作用，想早点启发宝宝的音乐天赋，父母可以通过下列方法进行音乐启蒙教育：

❶ 带宝宝去倾听大自然的声音，引导宝宝学会听声音。音乐，一方面是“听”，一方面是“动”。音乐离不开声音，空闲的时候应多带宝宝接近大自然，在山间、树林、河边，让宝宝听鸟鸣、蛙叫、流水声等，引导宝宝在大自然的声音中发现音有高低、长短、强弱之分。当然，也应该利用生活中的机会引导宝宝辨音。

❷ 教宝宝唱歌。人们可以用歌声来表达自己的心情、愿望和理想。宝宝也一样，他喜欢歌曲、儿歌等，父母当抓住宝宝的这些特点，给

宝宝准备各种歌曲、世界名曲供他欣赏或学唱。如果父母自认为没有“音乐细胞”，可以借助录音机、电脑、DVD 等设备让宝宝从学唱简短的儿歌入手，引导宝宝多听、多练、多唱。还可以请音乐老师来培养宝宝的音乐欣赏能力，提高他的音乐修养。

❸ 教宝宝欣赏音乐。音乐启蒙主要是培养感受音乐和记忆音乐的能力。音乐欣赏可以逐渐扩大宝宝的音乐视野，培养他对音乐的兴趣和理解能力。爱好音乐的宝宝，他的思维、观察、记忆、想象等各方面的能力都远远超过一般的宝宝。父母可以多给宝宝介绍一些音乐之外的知识，以求得对音乐作品内涵的正确把握。

在音乐启蒙阶段，除了多给宝宝听音乐外，还可以为宝宝选择简单的乐器，让宝宝自己演奏。专家们指出，父母对幼儿进行正确的音乐启蒙教育，等宝宝长大后，无论在音乐水平还是在整个智力水平上，都将会取得良好的发展。因为音乐是一种艺术形象，幼儿的思维活动是一种具体形象。通过音乐活动，能增强幼儿的记忆力、想象力，尤其是对提高幼儿的听觉辨别能力和敏感性具有特殊意义，因此正确的音乐启蒙教育能较好地促进幼儿在多方面的成熟与发展。

3. 宝宝左脑的开发方案

✻沙子、糖和盐——逻辑思维能力

✿ **游戏目的：**通过游戏来锻炼宝宝对问题的思考能力。

✿ **游戏方法：**妈妈准备3个装水的透明玻璃杯，3张写有“沙子”“糖”和“盐”的贴纸，沙子、糖和盐各少许。

妈妈将“沙子”“糖”和“盐”的贴纸分别贴在3个透明玻璃杯的外面，然后将沙子、糖和盐分别倒入杯子。过一会儿，让宝宝仔细观察杯子，并问宝宝杯子中发生了什么变化？“宝宝看看，沙子还在不在？”“盐和糖还在吗？”然后让宝宝尝一尝放盐和放糖的杯子中的水都是什么味道，再给宝宝简单讲讲“溶化”的原理。

✿ **温馨小语：**游戏通过宝宝直接观察沙子、糖和盐放入水中的变化，让宝宝懂得了什么是“溶化”，可以帮助宝宝对事物规律有个初步的认识，刺激宝宝的视觉，激发宝宝的求知欲与逻辑思维能力。

✻哪个多，哪个少——数学学习能力

✿ **游戏目的：**玩这个游戏可以让宝宝感知并比较多与少。

✿ **游戏方法：**妈妈提前给宝宝准备好两个干净的小碗和一些花生。把花生放入两个干净的小碗里，一个碗里放入5颗，另一个碗里放入3颗。妈妈让宝宝观察两个碗里花生的数量，问宝宝：“你看两个碗里的

花生一样多吗？你想要哪个小碗里的花生呢？”当宝宝做出回答后，妈妈再重新分配花生，继续游戏，也可以让宝宝来分花生，妈妈挑碗。

✿ **温馨小语**：比较多少的概念能提升宝宝的数学理解能力，这个年龄段的宝宝主要是通过感知觉认识世界的，分花生游戏能让宝宝感知到数量的多少，这是宝宝接触数学知识重要的一步。

❊钟表滴答答——听觉记忆能力

✿ **游戏目的**：通过游戏来进一步培养宝宝的听觉能力。

✿ **游戏方法**：妈妈把手表贴在自己的耳朵上，随着表的滴答声说："滴答、滴答。"说完之后，妈妈把表贴在宝宝的耳边，让宝宝听表的声音。妈妈随着表的声音慢慢说："滴答、滴答。"然后妈妈把表递到宝宝手里，同时问："滴答哪去了？"引导宝宝把表贴在耳边听。当宝宝把表放在耳边的时候，妈妈可以要求宝宝"把'滴答'给妈妈听一听"，看宝宝是否会把表贴在妈妈的耳朵边。如果宝宝能做到，妈妈要及时鼓励并夸奖宝宝。

✿ **温馨小语**：有的宝宝好奇心强，不会那么快把表递给妈妈，妈妈要耐心等待。等宝宝满足了好奇心以后再跟宝宝要表，免得游戏无法进行。让宝宝把声音和实物联系起来，丰富对世界的认识。

❊在哪只手里

✿ **游戏目的**：通过游戏来培养宝宝的理解、记忆能力。

✿ **游戏方法**：妈妈提前准备一个能放进手掌里的小东西，比如小塑料动物。把它攥在手心里，然后把双手都藏在背后（如果有必要，你也可以换手）。现在把两只手都从后面伸到前面来，让宝宝猜猜那个小东西在哪只手里。慢慢打开他选择的那只手，这样可以制造些悬念。偶尔你也可以玩一个小花招，悄悄地把玩具放在你的背后，这样哪只手里都不会有它。刚开始这样做的时候，宝宝会大吃一惊，但很快他就会想出来玩具在哪儿，而会跑到你后面找到它。

✿ **温馨小语**：妈妈也应该让宝宝也藏一藏玩具，并注意要配合宝宝，无论是否猜对，都要记得表达出高兴或沮丧的情绪。

✲这都是谁的——培养语言能力

✿ **游戏目的**：此游戏有利于宝宝语言智慧的提升。

✿ **游戏方法**：给宝宝准备一些他比较熟悉的东西，比如图画书、眼镜、小碗、童车、报纸、奶瓶、头花、娃娃，再准备相应的字卡各一张。妈妈让宝宝看一看图片，然后问宝宝："报纸是谁用的东西？""是爸爸的吗？""奶瓶是谁用的东西？""是宝宝的还是妈妈的？""这个小碗是宝宝用的，还是爸爸用的？""这个头花是妈妈的还是爸爸的？"问几遍之后再教宝宝认识相应的字卡。宝宝熟悉后，爸爸妈妈可以引导宝宝将图片和相应的字卡一一对应。

✿ **温馨小语**：玩这个游戏能培养宝宝观察事物和一一对应的能力，能促进宝宝社会思维的发展，还能提高宝宝的语言表达能力。

✲认识更多的动物——自然感知能力

✿ **游戏目的**：通过游戏来让宝宝对家禽、家畜和野兽有初步的判断。

✿ **游戏方法**：周末的时候，父母可以带宝宝去动物园，有一些野兽是动物园里能看得到的，父母根据看到的情况，一边看一边引导孩子观察，还一边给孩子讲解，教他认识野兽。父母还要充分利用电影、电视、画报、图片等来向孩子介绍某些少见的野兽，开拓孩子的视野。

成人还可以通过讲故事的形式讲出那种野兽的外形特征和凶恶的本性，以及与人类的关系，使孩子明白野兽有善良的，也有凶恶的，对珍贵稀少的野兽要保护。父母可以带宝宝去农村，看看农民养的鸡、鸭、鹅、牛、羊、猪，告诉宝宝这些家禽、家畜的用处和生活习惯。

✿ **温馨小语**：教宝宝认识野兽比认识家禽、家畜要难一些，因为宝宝不能亲手触摸。但要拓展宝宝的视野，父母还是要多想办法。

4. 宝宝右脑的开发方案

✲ 宝宝倒大米——身体协调能力

✿ **游戏目的**：此游戏可锻炼宝宝手眼协调能力。

✿ **游戏方法**：妈妈给宝宝准备一块塑料布，一个大托盘，4～5个较大的套碗，一个有斜口的杯子。首先，妈妈用塑料布铺好桌子，然后在大托盘上放上套碗，再用有斜口的杯子装上半杯大米，然后提起杯子小心地从斜口处将大米倒入套碗中。

让宝宝看着妈妈操作，然后将杯子交给宝宝，鼓励宝宝也来倒米，看宝宝能否将米倒进套碗内。

✿ **温馨小语**：将近两周岁的宝宝手眼协调能力比较好，已经能够将米倒入套碗内，且不会洒漏。让宝宝玩这个游戏能帮宝宝更好地锻炼手和眼的协调能力。

✲ 宝宝来做魔术杖——创造性思维能力

✿ **游戏目的**：可以培养宝宝的创造力。

✿ **游戏方法**：妈妈让宝宝先用图画纸把手杖粘贴起来，然后在上面贴上各种颜色的彩纸。游戏时，妈妈可以引导宝宝在魔术杖顶端贴上星星，然后在手杖下面全部贴上彩色胶带，当做把手，再在手杖上写上宝宝的名字，这样魔术杖就做好了。

接下来做派对帽，妈妈引导宝宝把彩色的厚板剪成半圆，再帮助宝宝在其中一面贴上各种颜色和各种形状的色纸，并贴上蝴蝶结。妈妈教宝宝把厚纸板折成三角帽，并固定住。接下来，在三角帽顶端插上棉絮，然后在三角帽下面的两端穿上洞，并系上线，派对帽就做好了。戴上帽子，拿着魔术杖，宝宝就成了王子或公主了。

✿ **温馨小语**：这个游戏能充分调动宝宝的兴趣，培养宝宝自己动手的能力，对宝宝的观察能力、组合能力都有促进作用。另外，妈妈还可以用做魔术杖的方法，做一些小盒子、小纸杯等物品，激发宝宝的创造热情。

✿ 摸一摸是什么——形象思维能力

✿ **游戏目的**：培养宝宝的感知能力与形象思维能力。

✿ **游戏方法**：妈妈提前准备一只大箱子，在箱子的两边各挖一个足以让宝宝手臂伸进去的孔，然后在箱子里放入几样物品。妈妈先将手伸进一边的孔，边伸边说："这里边会有什么宝物呢？我要摸个宝物出来。"宝宝也会模仿妈妈的样子，将手伸进另一个孔。妈妈一边摸物品，一边对宝宝描述物品的大小和形状，"这是个方形的东西，是硬的，会是什么呢？""宝宝都摸到什么了？快跟妈妈说说。"引导宝宝说一说他摸到的东西的形状、大小等。宝宝和妈妈一起触摸物品，能更仔细、生动地彼此分享关于物品的感觉和特征。

✿ **温馨小语**：这个游戏能刺激宝宝思考，判别物体的大小和形态，提高宝宝的图形认知能力。

✿ 宝宝认绿色——视觉记忆能力

✿ **游戏目的**：此游戏可以让宝宝认识绿色，为以后认识其他颜色打基础。

✿ **游戏方法**：妈妈平时买菜时，可以带宝宝一起去，告诉宝宝哪些蔬菜是绿色的。回家之后，妈妈可以让宝宝从篮子里拿出蔬菜，在宝宝拿出蔬菜的同时，妈妈告诉宝宝蔬菜的形状和颜色。比如"黄瓜是绿色的""胡萝卜是橘红色的""韭菜是绿色的""油菜也是绿色的"等。把蔬菜都拿出来之后，再让宝宝把绿色的蔬菜挑出来。

妈妈也可以带宝宝到卖水果的地方，让宝宝找找有没有绿色的水果，比如绿色的苹果等。在家里，妈妈也可以让宝宝找一找绿色的东西，比如绿色的玩具、杯子、衣服等。

✿ **温馨小语**：这个年龄段的宝宝，基本上已经能初步认识绿色了，父母可以通过日常生活中见到的绿色物品帮助宝宝建立绿色的概念，为以后认识其他颜色做准备。

✲ 蒙着眼睛摸——空间感知能力

游戏目的：通过游戏来培养宝宝的空间知觉。

游戏方法：开始时，妈妈用布蒙住宝宝的眼睛，妈妈坐在椅子上，让宝宝站在房子中间向妈妈身边走，找到妈妈的鼻子。宝宝如果找不到妈妈的鼻子，可以问："妈妈在哪里？"妈妈也可以提醒宝宝一声，宝宝会顺着声音的方向走到妈妈身边。宝宝伸手去摸，如果摸到妈妈的头发，宝宝知道鼻子在头发的下面，会往下去摸。如果宝宝摸到妈妈的嘴，手就会往上一点。宝宝完成任务后，和妈妈互换位置，宝宝坐在椅子上，让妈妈蒙住眼睛摸。

温馨小语：这是一个感官相互代替的游戏练习，用手代替眼睛去寻找东西，能够锻炼宝宝的触觉和方位感。

5. 本月宝宝的智能测试

恭喜你，宝宝满 22 个月了！快来做做下面的智力开发效果测评吧！本测评共有 12 个题目，请你将宝宝的相应得分写在题目前面的横线上。

____1. 分清楚 5 个手指头和手心手背：

A.7 处正确（12 分）

B.5 处正确（10 分）

C.4 处正确（8 分）

D.3 处正确（6 分）

E.2 处正确（4 分）

10 分为合格

____2. 说出水果名称：

A.6 种（12 分）

B.5 种（10 分）

C.4 种（8 分）

D.3 种（6 分）

10 分为合格

____3. 会写数字1、2、3及汉字（一、二、三、八、人、大等）：

A.3 个（12 分）

B.2 个（10 分）

C.1 个（6 分）

D. 全都写得不像（4 分）

10 分为合格

____4. 会把瓶中的水倒入碗内：

A. 不洒漏（6 分）

B. 少洒漏（5 分）

C. 洒一半（3 分）

D. 全洒（0 分）

5 分为合格

____5. 说出自己的姓和名、妈妈的姓名、自己的小名：

A. 对 3 种（12 分）

B. 对 2 种（10 分）

C. 对 1 种（6 分）

10 分为合格

____6. 背儿歌：

A.2 首（12 分）

B.1 首背完整（10 分）

C. 1 首背不完整（8 分）

D. 背押韵的字（4 分）

10 分为合格

____7. 问"这是谁的鞋？"答：

A. 我的（10 分）

B. 宝宝（小名）的（8 分）

C. 拍自己（4 分）

10 分为合格

____8. 知道故事中谁是好人谁是坏人：

A. 讲对 2 种（12 分）

B. 讲对 1 种（10 分）

C. 会指图中的好人和坏人（8 分）

D. 乱指（4 分）

12 分为合格

____9. 穿上袜子（不拉后跟），穿上鞋（不分左右）：

A. 都会（10 分）

B. 会 1 种（5 分）

10 分为合格（注：会拉袜子后跟、分清鞋的左右各另加5分）

____10. 会脱松紧带裤子坐便盆：

A. 及时脱下（10 分）

B. 会扒开裤裆（8 分）

C. 不能及时脱下（6 分）

D. 叫大人帮忙（4 分）

8 分为合格

____ 11. 单脚独立：

A.3 秒（6 分）

B.2 秒（5 分）

C. 要扶物扶人（2 分）

5 分为合格

____ 12. 用足尖走：

A.10 步（12 分）

B.5 步（10 分）

C.3 步（8 分）

D.2 步（4 分）

10 分为合格

评分说明：本测评所测的能力及对应的题号和合格分数已在下表中列出，请你将测得的分数填入相应的空格中。若总分在 70 分以下，说明宝宝的智能未达到理想水平，请多加训练；总分在 90 ~ 110 分，说明宝宝的智能已达到平均水平；总分在 110 分以上，说明宝宝的智能发展非常棒，请继续努力。

测试项目	题号	合格分数	宝宝得分
认知能力	1　2	20	
精细动作能力	3　4	15	
语言能力	5　6　7	30	
社交能力	8	12	
自理能力	9　10	18	
大动作能力	11　12	15	
总分		110	

第6节 22～24个月宝宝

1. 本月宝宝的成长发育特点

✲心理发育

2岁的宝宝开始尝试着做自己喜欢的事情，如玩床上物品、玩沙子、小鼓、小电子琴等，并开始感受父母对他的情感，有时会主动地跟爸爸妈妈交流。宝宝独立性不断增强，开始有了自律能力，并特别在意自己的感受。但由于宝宝缺乏安全意识，当妈妈为了避免危险而制止宝宝做某件事时，宝宝感受到的可能是妈妈“不爱他了或者不喜欢他了。”因此，当妈妈要严肃而坚决地制止宝宝做某件事时，首先要告知宝宝“妈妈是爱你的，”这样就会让宝宝的情感发展保持在良性轨道上。

这时候的宝宝还是害怕亲人离开，最怕的是妈妈离开。当宝宝对父母表现出依恋、亲近的时候，如果常遭父母忽视，甚至不耐烦，宝宝情感发育就会受到限制，长大成人后，可能会成为冷若冰霜的人，很难与人相处，不会施爱，也不会被爱。父母不

要在宝宝情感发育的道路上给他留下任何阴影。

✽ 肢体动作

宝宝的肢体动作越来越灵活了，加上创造力和思维的活跃，有时开始试图把拆散的玩具安装上，从过去的“破坏”转到现在的“建设”上来了。宝宝会自己一页一页地翻看图书，还会模仿妈妈折纸。宝宝动手能力提高，开始不满足于玩形状固定的玩具了，爱玩可以变换形状的玩具。宝宝已经能够熟练地开门、关门了，还能把门反锁上。为了安全起见，妈妈要在固定的地方放置一把能开门的钥匙，以便随时帮助宝宝把门打开。宝宝可能左右手并用，一会儿用右手握笔画，一会儿又把笔倒到左手画，父母不必纠正宝宝。只要宝宝正常玩，就为他鼓掌，称赞玩得好，宝宝的心智就会健康发育起来。父母有时间可以指导宝宝画一些有意义的图画，如月亮、太阳、苹果、香蕉等。

✽ 语言发育

2 岁宝宝在语言发展上再上一个新台阶，词汇量爆炸式增长，有的宝宝已经有能力与父母进行交互式对话了。与此同时，宝宝对语言表现出浓厚的兴趣，喜欢使用新词和妈妈对话。但有时宝宝说话会嘟嘟囔囔，说一些大人听不懂的话，常常自言自语，感觉就像童话世界的可爱小精灵。宝宝现在不但熟悉很多常见物品，甚至还知道它们的用途，如电视、碗、椅子等。如果宝宝出现口吃，并不意味着宝宝语言发育异常或智力迟滞。有时宝宝为了把话说好，会先想一想，口吃也就在所难免了。

✽ 社交能力

宝宝越来越喜欢和小伙伴玩耍，但不知道何为礼貌、善意，还缺乏合作精神，常常以自己为中心。和其他小朋友在一起玩的时候会很开心，但也会有冲突，这是很正常的，真正的友谊要在 1 ~ 2 年之后才会慢慢建立。父母没有必要煞费苦心地教育宝宝，如何与小朋友分享游戏，如何慷慨解囊，把他喜爱的玩具或食物送给小朋友。对于这些，宝宝会学会用自己的方式慢慢解决的。

2. 宝宝早教专家课堂

✻ 培养宝宝乐于交往

1 岁左右的宝宝开始对其他宝宝产生兴趣，希望和他们一起玩耍，这时成人要给予支持，并积极创造有利于宝宝间相互接触的良好条件。

成人可以为孩子提供“纯交际”的场合。父母可以让两三个同龄宝宝轻松愉快地在一起待上一会儿。小家伙们可能会相互凝视，注意别人的行为，这时成人可以介入，与被自己孩子注视的一方亲热一下，如摸摸他的头、亲切地叫他的名字、同他交谈或是给他玩玩具等。增强宝宝对小伙伴的兴趣，孩子可能会模仿大人的行为，与小伙伴亲切友好地接触。

宝宝之间的交往接触，初时可在两个宝宝间进行，以后可将范围扩大。交往时间最初可安排两三分钟，以后可逐渐延长至 10 ~ 15 分钟。成人可以给宝宝创造一个面对面在一起的机会，不给他们提供任何玩具，刺激孩子使用语言进行相互交流，父母可鼓励自己的孩子向对方作出主动交往的姿态。

当宝宝有了一定的活动能力时，可以在成人的帮助下和小伙伴进行追逐、捉迷藏、击掌等游戏，让孩子们深深感到共同游戏的快乐。

让孩子利用各种玩具作为媒介进行交往，如把各自的玩具拿来放在一起，让两个孩子分配玩具做游戏，成人在一旁观察，培养孩子友好交往的技能。

在交际活动中可能会发生欺负攻击别人或招惹

别人的情形，成人对此不必过分焦虑不安，或是急于干预。因为小家伙们可以在这种冲突争执中，意识到彼此的存在，了解别人的需求，并学习表达自己的要求和愿望。孩子们正是通过这些亲身体验，从而使思想逐步完善起来，这是孩子成长中的必经之路。

✲ 玩水是很好的益智游戏

孩子都喜欢玩水，而玩水也是孩子的天性，父母要允许他们玩水，并为孩子创造一些玩水的机会。玩水是一种创造性游戏，而且很方便，水是家家都有的，比任何一种玩具都便宜，而且对发展孩子的智力有帮助。父母应为孩子创造更多的玩水方式，下面提供一些简单的玩水方法：

✿ **玩法一，不同“水”的味道。**在各种杯子里盛放各种饮料、果汁、淡盐水，还有一杯纯净水，然后让孩子闻闻尝尝各种果汁、饮料和淡盐水的味道，最后告诉宝宝水是无味的。

✿ **玩法二，水中的沉浮。**在一个大的塑料盆中，放入水，然后投入塑料球、小皮球、小铁球、木头、石头、橡皮小鸭子、小船等，告诉孩子各种物质的沉和浮。

✿ **玩法三，水是无形的。**用各种大小、形状各异的勺、瓶、壶、桶等器具让孩子舀水、盛水，在玩水的过程中，孩子会自然了解到各种盛水器皿的大小。

✿ **玩法四，水是可以溶解的。**父母还可以把沙子、糖、盐分别投入盛水的杯中，让孩子了解什么是溶解，这些知识都是孩子通过玩水实践能获得的。

✿ **玩法五，玩水的玩具。**父母还可以给宝宝玩喷水枪或吹泡泡的玩具，这些都是孩子很喜欢的游戏，但要告诉孩子，不能用水枪对着人喷射。

给宝宝玩水要选择适当的场地，室外要注意安全，室内可选择卫生间或厨房，但要在地上铺上毛巾或毯子以防滑倒。孩子玩水不受季节的限制，夏天，可利用洗澡及游泳的机会，让宝宝光溜溜地在水里高高兴兴玩水。冬天，可以把手和脚分别浸泡在温水盆中，不断地加入热水，让他感受不同的水温。玩水时，如果弄湿了衣服要及时更换以防感冒。

3. 宝宝左脑的开发方案

玻璃杯倒水——逻辑思维能力

游戏目的：通过游戏来训练宝宝的分析能力。

游戏方法：先准备几个高低、粗细、形状不同的透明玻璃杯，一支水彩笔。妈妈先在其中一个玻璃杯中装满水，并在杯子外面用彩笔做好水位标记。然后将杯子中的水倒入另一个不同形状的杯子中，引导宝宝观察两个杯子里的水的标记是否一样高。如果宝宝发现水的高度不同，妈妈要问问宝宝为什么，引导宝宝思考。

将水在杯子中重复倒几次，每次都引导宝宝观察一下体积的变化，也可以用儿歌来增加宝宝的兴趣："杯子大，杯子小，小宝宝，看仔细。一杯水，倒进去，我们一起做标记。小的杯子水面高，大的杯子水面低。"

温馨小语：通过观察杯子中水的变化，可以让宝宝逐渐了解各个杯子的容量大小，明白其中的道理，从而帮助宝宝对事物的规律有个初步了解。

球进"家门"——数学学习能力

游戏目的：在游戏中让宝宝体验大、小的概念。

游戏方法：妈妈先找好大、中、小3个球和3个空纸巾盒。在3个空纸巾盒的底部分别挖3个大小不同的圆洞，直径以3个大小不同的球能分别通过为宜。然后，让宝宝将大、中、小3个球放进相对应的圆洞里。如果宝宝将小球放到大洞里，妈妈就要告诉宝宝，洞大球小，这个洞不是它的"家门"；如果宝宝选择对了，妈妈就要及时给予鼓励。玩过一遍后，妈妈可以再在另外3个纸巾盒底部分别挖3个不同形状的洞，如三角形、方形、圆形。然后让宝宝按妈妈的指令，将球放进大小合适的不同形状的洞里。

✿ **温馨小语：** 这个游戏可以帮助宝宝认识大、中、小的概念，还能增强他的逻辑思维能力。

✿ 宝宝来讲故事——培养语言能力

✿ **游戏目的：** 培养宝宝的说话能力。

✿ **游戏方法：** 妈妈可以把宝宝经常看的画报拿出来做道具，一边引导宝宝："妈妈想听故事，你给妈妈讲故事好吗？"让宝宝看画报讲故事，并学会称呼故事中的人物。比如："画中的老爷爷去买菜，在路上遇到了一个叔叔……""两个哥哥一起去上学""在课堂上老师问了一个问题"……如果宝宝看到一些新鲜的图还不会讲时，妈妈可以给宝宝解释一下，然后引导宝宝继续讲下去。在讲故事的时候，妈妈还要告诉宝宝翻书的方法。妈妈要求宝宝按顺序讲，这样宝宝就会慢慢学会自己看书。

✿ **温馨小语：** 这个游戏有利于提高宝宝的语言表达能力，有利于宝宝树立自信心。

✿ 一边唱歌，一边跳舞——听觉记忆能力

✿ **游戏目的：** 通过游戏来提高宝宝的感受、辨别、记忆和表达音乐的能力。

✿ **游戏方法：** 提前准备一盘优美的音乐 CD（最好是宝宝爱听的），妈妈站在地上，宝宝站在床上，妈妈右手搂着宝宝，左手抓住宝宝的右手。妈妈让宝宝的左手搭在自己的肩上，模仿跳交谊舞的姿势，随着音乐跳，并引导宝宝做一些摇头、旋转、踢腿的动作。不要要求宝宝动作准确，只要能跟上节拍就可以。最后，爸爸和妈妈伴着音乐跳交谊舞，让宝宝欣赏，增加宝宝的直观感受。

✿ **温馨小语：** 这个游戏兼容了音乐

和舞蹈，通过音乐智能的发展，让宝宝体会音乐节奏和旋律，可以促进宝宝对声音的敏感性、记忆力、注意力的发展。

认识大自然——自然感知能力

游戏目的：提高宝宝的嗅觉能力。

游戏方法：平时没事的时候，妈妈可以带宝宝到户外，有意识地让宝宝体验不同的空气。在花草树木繁茂的公园，让宝宝深呼吸，鼓励宝宝说说公园的空气是什么味道。在雨天过后，妈妈可以带宝宝出去呼吸一下清新的泥土气味。在冬天的第一场雪后，带宝宝出去呼吸一下空气，并问宝宝是什么味道。在车辆拥挤的大街上，让宝宝说说这里的空气是什么气味，并告诉宝宝："污浊的空气对人的身体有害，所以要保护森林和绿草。"

温馨小语：通过对新鲜空气和不好闻的空气的比较，使宝宝认识到污浊的空气对人是不好的，从而树立起保护环境的蒙眬意识。

4. 宝宝右脑的开发方案

包糖块，剥糖块——身体协调能力

游戏目的：通过游戏来培养宝宝拇指与其他手指的配合能力。

游戏方法：妈妈用几种颜色鲜艳的橡皮泥做成"糖块"，可以是方形

的，也可以是圆形的，然后用彩色皱纹纸剪成“长方形糖纸”。妈妈拿出事先包好的几块“糖块”，让宝宝观察并鼓励宝宝说：“这是糖块。”然后告诉宝宝：“看看里面包的是什么呢？”妈妈示范剥开“糖纸”，告诉宝宝这“糖块”是用橡皮泥做的，只可以玩，不可以吃。接着，妈妈让宝宝模仿自己，把包好的“糖块”都剥开，然后拿出准备好的“糖块”和“糖纸”，妈妈教宝宝一起包糖块。妈妈教宝宝用拇指、食指配合的方法包好“糖块”，然后再将糖纸拧好。

温馨小语：经常玩此游戏，可以锻炼宝宝剥、包、拧纸的动作，提高其手及腕部小肌肉的协调能力。

翻筋斗

游戏目的：通过游戏练习宝宝的平衡感，并使手脚力量更加强劲。

游戏方法：这个游戏可以在柔软的大床上进行，或者在空旷的地板上铺上被褥让宝宝学习。先教宝宝弯下腰身，引导宝宝从两腿间探看世界，随后可顺便抓住其大腿和腰部，协助完成被动式的翻滚。

温馨小语：玩此游戏时妈妈一定要在旁边保护着，预防磕碰摔伤。

多彩面团——创造性思维能力

游戏目的：通过游戏锻炼宝宝的想象力与创造力。

游戏方法：提前给宝宝准备好碗、擀面杖、塑料切刀、面粉、盐水，红、蓝、黄、绿色的食用色素等物品。首先，妈妈在面粉中加入水和盐，和成柔软的面团。然后，妈妈把面团分成4份，每份均加入几滴食用色素，将颜色均匀地揉到面团中，做成红色面团、黄色面团、蓝色面团、绿色面团。最后，妈妈把面团放到宝宝面前的桌子上，让他随意“处置”，也可让宝宝将面团各切下一块，然后揉成多彩面团。

温馨小语：这个游戏不仅能锻炼宝宝动手动脑能力，还能通过物体的颜色、形状刺激宝宝的观察力，并培养宝宝的创新意识。

找一找在哪里——视觉记忆能力

游戏目的：通过游戏进一步提高宝宝的记忆力和对应能力。

游戏方法：妈妈先准备好小狐狸、小老虎、小山羊图片各一张，碗、杯子、盘子各一个。将小狐狸、小老虎、小山羊图片放在地板上，要求宝宝记住这几张动物图片。然后，让宝宝闭上眼睛，妈妈拿走一张动物图片，再让宝宝睁开眼睛看看少了什么动物。妈妈将小狐狸、小老虎、小山羊的图片分别放在倒扣的杯子、碗和盘子下面，要求宝宝记住它们对应的位置。妈妈问："宝宝，小老虎在哪儿？快帮妈妈找一找。"让宝宝凭记忆找出小老虎藏在哪儿。在玩过一遍后，妈妈可以和宝宝互换角色，让宝宝藏玩具，妈妈猜。

温馨小语：游戏时通过不断变换图片，可以提高宝宝的视觉记忆能力。玩具或图片的数量，可以根据宝宝的能力增加或减少。妈妈要注意的是，宝宝记忆时间不宜过长，以免造成混乱。

一起做风车——形象思维能力

游戏目的：锻炼宝宝的对称认知能力。

游戏方法：妈妈给宝宝准备一张正方形硬卡纸、胶水、图钉、大头针和筷子。首先，妈妈和宝宝一起将正方形的卡纸分别对角折，然后用剪刀沿着对角线剪至 2/3 处。再将卡纸的 4 个角折至中心，并用胶水粘住，然后再用图钉和大头针将风车固定在筷子上。让宝宝拿着风车到处摆动，也可以到户外跑动，风车会随着风转动。

温馨小语：这个游戏能让宝宝对图形的对称产生印象。而且，风车的转动还能让宝宝感受到风的存在，丰富自身对自然现象的感受

❋ 宝宝穿裤子——空间感知能力

游戏目的：这个游戏可以锻炼宝宝空间想象力和自理能力。

游戏方法：妈妈早上给宝宝穿裤子时，可以先穿一条裤腿，并对宝宝说："火车进山洞啦。"把另一条腿也穿进那条裤腿中，说："哎呀呀，撞车啦。"然后抽出一条腿，穿进另一条裤腿里。在穿另一条裤腿时，妈妈可以说"哎呀呀，这条腿迟到啦，赶快进山洞吧！"妈妈也可让宝宝自己练习穿裤子。

温馨小语：通过游戏可以锻炼宝宝的空间感知能力，而且能提高宝宝的自理能力，让宝宝自己做一些力所能及的事。

5. 本月宝宝的智能测试

恭喜你，宝宝满两周岁了！快来做做下面的智力开发效果测评吧！本测评共有 12 个题目，请你将宝宝的相应得分写在题目前面的横线上。

____1. 背数到：
A.30（8 分）
B.20（7 分）
C.15（6 分）
D.10（5 分）
E.5（4 分）
点数到：
A.10（10 分）
B.7（7 分）
C.5（6 分）
D.3（5 分）
E.2（4 分）
两项相加，10 分为合格（注：背数 30 往上每加 10 递增 1 分，点数 10 往上每加 1 递增 1 分）

____2. 说出图书或图画中人物的职业和称呼：
A.4 人（12 分）
B.3 人（9 分）
C.2 人（6 分）
D.1 人（3 分）
9 分为合格（注：5 人以上每人递增 2 分）

____3. 用颜色形容常用的东西：
A.4 种（12 分）
B.3 种（10 分）
C.2 种（7 分）
D.1 种（4 分）
10 分为合格（注：5 种以上每种递增 3 分）

____4. 学画：

A. 模仿画圆形（封口曲线）（10 分）

B. 开口曲线（8 分）

C. 横线（6 分）

D. 竖线（4 分）

10 分为合格（注：画由圆形衍变的图画如太阳、苹果、梨等，每个 2 分）

____5. 按顺序套入套盒内：

A.8 个（8 分）

B.6 个（6 分）

C.4 个（4 分）

D.2 个（2 分）

8 分为合格（注：倒扣砌塔，每个另加 1 分）

____6. 在布巾下放形块，用手在布上摸猜如圆形、正方形、长方形、三角形及其他形块：

A.4 个（12 分）

B.3 个（9 分）

C.2 个（6 分）

D.1 个（3 分）

9 分为合格（注：5 个以上每个增加 3 分）

____7. 说清楚大人（如父、母、爷、奶、姨、叔等）姓名：

A.4 人（14 分）

B.3 人（12 分）

C.2 人（10 分）

D.1 人（5 分）

10 分为合格（注：4 个以上每加一个递增 3 分）

____8. 会唱一首歌：

A. 大致会唱，可以辨认是什么歌（10 分）

B. 不能辨认是什么歌（5 分）

C. 不会唱（0 分）

10 分为合格

____9. 喜欢躲藏让人寻找（门后、柜子后、桌下、床下等）

A.3 处不同地方（8 分）

B.2 处不同地方（6 分）

C. 总是一个地方（4 分）

6 分为合格

____10. 会用小勺：

A. 完全自己吃干净（8 分）

B. 吃去大半（6 分）

C. 吃去一半（4 分）

D. 要人喂（0 分）

8 分为合格（注：会用筷子另加 5 分）

____11. 上楼梯：

A. 自己扶栏双脚交替（10 分）

B. 双脚踏一台阶（8 分）

C. 大人牵上楼梯（5 分）

D. 抱上楼梯（0 分）

10 分为合格（注：自己扶栏双脚踏一台阶下楼梯另加 3 分）

____12. 学跳：

A. 自己双脚离地跳（12 分）

B. 大人牵双手从最后一级台阶跳下（10 分）

C. 不离地跳（6 分）

10 分为合格

评分说明：本测评所测的能力及对应的题号和合格分数已在下表中列出，请你将测得的分数填入相应的空格中。若总分在 70 分以下，说明宝宝的智能未达到理想水平，请多加训练；总分在 90 ~ 110 分，说明宝宝的智能已达到平均水平；总分在 110 分以上，说明宝宝的智能发展非常棒，请继续努力。

测试项目	题号	合格分数	宝宝得分
认知能力	1 2 3	29	
精细动作能力	4 5 6	27	
语言能力	7 8	20	
社交能力	9	6	
自理能力	10	8	
大动作能力	11 12	20	
总分		110	

Part 6

2～3岁宝宝的全脑开发方案

2～3岁的宝宝开始学会生活。这个阶段的宝宝的任务是学习各种社会技能，学会与别人一起玩耍，学会对别人的需要和情感产生敏感。这时宝宝的父母，主要的任务是为宝宝学习各种社会技能提供条件。具体表现为：为宝宝挑选合适的玩伴、调解宝宝之间的争吵，如果有必要的话，还包括为宝宝选择合适的幼儿园。总之，这时的父母，其主要任务是为宝宝的社会生活建立结构，使之有助于宝宝的成长。

第1节 24～27个月宝宝

1. 本月宝宝的成长发育特点

✲心理发育

现在的宝宝有了自我意识和权利意识，开始坚持自己的意见，并主动要求做事。但有时还是很任性，让妈妈头痛，给父母“难以管教”的印象。父母要学会理解宝宝，理解宝宝的举止行为，理解宝宝在成长过程中的“异常”，站在宝宝的角度上去解读宝宝的“所作所为”。此时的宝宝还会出现高级情感，如同情心、羞愧感、道德感等，成为幼儿社会性行为产生、发展的内部动力和催化剂。但幼儿的高级情感不是随着月龄的增加而自然拥有的，在很大程度上需要父母的引导

与培养。宝宝的情感越来越丰富了，开始有了我们看得见，感受得到的喜、怒、哀、乐了。

宝宝的本领越来越大，宝宝一点一滴的变化都代表着他的成长步伐，如果父母每天能抽出几分钟培养宝宝的各种才能，那将是一笔无可比拟的财富。

✲ 肢体动作

宝宝能自己用勺子吃饭了，也能在家爬上椅子探取物品，能搭高7块积木，但也不会倒下来。走起路来，连跑带走，蹦蹦跶跶的，还能双脚交替的上下楼梯，而不用扶栏杆或其他的东西。

✲ 语言发育

宝宝的语言能力发展有很大提高，能说出爸爸妈妈的名字，简短的句子，如“我要出去”“这是我的小车”……说到别人时，能正确地用“你”“他”等代词，而不再以“妈妈”“爸爸”等相称。很多宝宝都会说儿歌了，但还不能准确地念出来，有的宝宝还能背诵一两首古诗。

✲ 认知能力

宝宝的变化可以说是一日千里，也许有一天你下班回家后，会突然发现宝宝可以说出家里的电话号码，看着他（她）用稚嫩的童声认真地背诵，你一定会忙不迭地大加赞扬。现在的宝宝还知道钥匙或钱币的用途了。比如，拿着钥匙时会准备开门，看到钱币时会放进口袋里，还同时发出汽车行驶的声音。宝宝已经能辨认出1、2、3，分清楚内和外，前和后、长和短等概念的区别。

2. 宝宝早教专家课堂

塑造宝宝小小男子汉的气质

宝宝两周岁以后，男宝宝和女宝宝的性格差异会更加明显。此时父母可以着重培养宝宝的性格了，每个父母都希望自己家的宝宝将来是有个性、有修养的，那么从现在开始就把男宝宝培养成小男子汉。

❶ **培养宝宝的阳刚之气。**男宝宝应从小培养具备男性的阳刚魅力，这也是历来人们对男性角色的共同期望，这就决定了阳刚之气是一个小男子汉应当鲜明地区别于女性的基本特征。如果发现家里的男宝宝有些胆小怕生、甚至喜欢哭，此时父母大可不必惊恐，而应循循善诱，并且注意自身的言行举止。

❷ **让宝宝越来越勇敢、坚强。**男宝宝只有勇敢、坚强，才能称得上是一个真正的小小男子汉。到男宝宝两岁左右，父母就可适当地给予其单独的时间和空间，有意识地让他做一些力所能及的事，比如自己吃饭、穿衣、自己上厕所等。还应扩大男宝宝的生活圈子，鼓励他与小朋友一起玩，拥有一两个勇敢的小伙伴。

❸ **给宝宝建立责任心。**对人对事不负责任的人，不会获得真正的成功。只有懂得责任感的意义和内涵，并且付诸行动，才预示着男宝宝真正开始走向成熟。父母应该树立榜样，对宝宝进行熏陶培养。在家里，可以分配给宝宝一些力所能及的小任务，赋予宝宝一定的责任，久而久之，宝宝就会感受到一种归宿感和使命感。

❹ **教宝宝懂得“大海”的宽容。**海纳百川，有容乃大，心胸宽广，为人豁达，这是男子汉必备的人格魅力和内在素养。现在许多宝宝只习惯于从自己的利益出发考虑问题，而不能够站在别人的角度上思考问题。父母应该帮助宝宝消除这种“自我自私”的想法，积极地进行“心理换位”。

✲ 塑造宝宝小小淑女的气质

男孩就应该有男孩的特点，女孩有女孩的特质，父母需要朝着“培养小男子汉”“培养小淑女”的方向发展，但这些不需要太刻意为之。其实，女孩一样需要勇敢、坚强，也并不失小淑女的风范。这样将会使宝宝的成长之路将更为健康、全面。

第一，培养女宝宝养成干净、温柔、健康的习性。

女宝宝应该拥有健康向上的心态和温柔贤雅的气质。不管女宝宝的相貌如何，应该让她每次都干净整洁地出现在众人面前，这不仅容易让人心旷神怡，而且宝宝自己也会充满自信。培养女宝宝的优雅举止，应让她学会体贴、关爱他人，待人接物彬彬有礼、不卑不亢，不和长辈顶嘴，不打断别人说话等良好习惯。

第二，让宝宝热爱学习奋斗。

女孩也要清楚地知道自己奋斗的人生目标，从而能够坚守自己的信仰，排除外界干扰，坚强地适应外界竞争。在生活中，父母可以给宝宝多阅读一些经典的科普读物、童话故事、名人故事等图书，让女宝宝从小养成良好的阅读习惯；同时鼓励她结合阅读进行各类才艺活动，培养女宝宝对艺术的欣赏能力。

第三，培养宝宝的审美观。

随着审美敏感期的建立，女宝宝会开始对美感进行不断地探索与追求。有专家研究表明：当宝宝在3岁后，渐渐地会对自我和环境提出审美要求。从儿童心理学角度来看，当女宝宝表现出强烈的爱美倾向时，父母应该以客观的态度去细心观察她的内心需求以及个性特质，培养并引导宝宝建立起敏锐、独特的审美观。

第四，让女宝宝善解人意，做一个慈爱感恩的宝宝。

女孩的内心都深藏着母性，尤其是当她面对幼小或弱者时，女宝宝就会自然而然地流露出这份善意。而且，女宝宝天生对于别人的需要较为敏感，这也许是与生俱来的良好品行。女宝宝会在帮着妈妈做家务或者照料年幼的弟弟妹妹的过程中，学到将来成为女主人的一些技能。父母不仅应该给予她更多感悟的时间，同时还应当合理地引导她多考虑他人的感受，让女宝宝从小就拥有一颗慈爱感恩之心。

3. 宝宝左脑的开发方案

多米诺骨牌——逻辑思维能力

游戏目的： 通过游戏来培养宝宝的逻辑思维能力。

游戏方法： 妈妈找来一些积木，然后利用积木来玩多米诺骨牌游戏。刚开始时，妈妈要和宝宝一起把积木一一立起来，排成一排，就像多米诺骨牌一样。然后，让宝宝从一头把它们推倒，妈妈要引导宝宝观察积木倒下的过程。也可以让宝宝用嘴"呼呼"地把"骨牌"吹倒；或者让宝宝在较低的地方排，用气球把多米诺骨牌推倒，然后问宝宝："骨牌都是怎么倒的？""为什么会这样倒？"如果宝宝回答不出来，妈妈要给宝宝简单讲解一下，然后重复这个游戏。

温馨小语： 骨牌游戏对于两岁的宝宝来说很有趣，妈妈可以让宝宝在电视、电脑上看此类游戏。同时也可以引导宝宝系统地进行思考。

大杯子，小杯子——数学学习能力

游戏目的： 在游戏中让宝宝学会使用量具。

游戏方法： 妈妈准备几个大小不同的杯子，然后用最小的一个杯子作为量具，看哪个杯子装的米最多。用大碗装一些米放在宝宝面前，用一根筷子将每次用小杯子舀出来的米在杯口刮平，使每杯米都大致相同，然后将量出来的米倒入大的杯子里，看最大的杯子能装几小杯子米。再用同样的方法将米倒入次大的杯子中，看次大的杯子能装几小杯子米。以此类推，这样宝宝就知道大号杯子能装几杯米了。

✿ **温馨小语**：用杯子装米的游戏能让宝宝将数和量结合起来，从而丰富宝宝的数学知识。

✲ 小兔子，吃白菜——培养语言能力

✿ **游戏目的**：在游玩中帮助宝宝了解生活常识，提高语言表达能力。

✿ **游戏方法**：妈妈准备好小篮子、蘑菇、萝卜、白菜等玩具或图片。妈妈把蘑菇、萝卜、白菜等图片分散地放在距宝宝约两米远的地方。宝宝扮演小白兔，妈妈扮演兔妈妈，一蹦一蹦地对宝宝说："兔宝宝，跟妈妈一起去找吃的吧！"当宝宝蹦到白菜玩具前面的时候，妈妈问："宝宝，我们找到什么好吃的了？"宝宝回答："白菜。"妈妈让宝宝拣起白菜玩具，放到篮子里。再引导宝宝继续往其他玩具处蹦跳，再次问宝宝的时候，要注意引导让宝宝把句子说完整。

✿ **温馨小语**：游戏不仅能丰富宝宝的生活常识、语言知识，而且能锻炼宝宝的跳跃能力，强化宝宝的运动能力。

✲ 音乐阶梯——听觉记忆能力

✿ **游戏目的**：通过游戏来进一步培养宝宝对音乐的听觉能力。

✿ **游戏方法**：妈妈和宝宝选择比较舒服的姿势，最好是面对面坐着。首先，妈妈伸出手，告诉宝宝，右手食指是"Do"，中指是"Re"，无名指是"Mi"，小指是"Fa"，妈妈把这些音节写在宝宝手指上。接着，妈妈再告诉宝宝，左手小指是"So"，无名指是"La"，中指是"C"，食指是"Do"（高音），把音节写在手指上。都写好之后，妈妈先让宝宝练习从低音"Do"到高音"Do"。唱的时候宝宝要碰触妈妈的手指，每碰一根指头就跟着唱其代表的音阶，反复练习几遍。等宝宝熟悉之后，妈妈就可以和宝宝一起"创作音乐了"！

✿ **温馨小语**：这个时候的宝宝接触简单的音乐知识，不仅能让宝宝的听觉变得更灵敏，丰富宝宝的音乐知识，还能锻炼宝宝的发音，促进母子关系。

4. 宝宝右脑的开发方案

❊ 宝宝来做竹竿操——身体协调能力

✿ **游戏目的**：通过游戏来提高宝宝身体动作的协调能力。

✿ **游戏方法**：妈妈提前准备两根细竹竿。妈妈和宝宝一前一后，分别把两根竹竿放在身体两边，各自握着竹竿的一端，模拟开汽车。妈妈和宝宝边走边说："嘀嘀嘀，汽车开动了。"说"停车了"时，"汽车"就停下来。还可以做小鸟飞的动作，妈妈和宝宝双手握着竹竿，上下反复地摆动，并踮起双脚，在场地上来回走动。妈妈和宝宝还可以做划船的动作，并排站立好，把竹竿放在身体前面，双手拿着竹竿，让船桨原地前后摆动，还可以让宝宝任意想象一些动作来做。

✿ **温馨小语**：通过竹竿操综合练习，能使宝宝身体各部位都得到锻炼。而且，边做操边说话，还可以发展宝宝的语言能力。

❊ 你会添画吗——创造性思维能力

✿ **游戏目的**：此游戏可以培养宝宝的思维能力、想象能力，以及模仿能力。

✿ **游戏方法**：游戏开始之前，妈

妈可以先在纸上画出各种各样的图形，如：三角形、圆形、椭圆形、长方形、正方形等，然后引导宝宝在画好的图形上添画。

首先，妈妈要先给宝宝做示范：把圆形添画成太阳、橘子、樱桃、茄子、番茄、向日葵等；让宝宝把三角形添画成支架、彩旗、头巾等；把椭圆形添画成橄榄球、鸡蛋、镜子等，把长方形添画成柜子、桌子、毛巾等；把正方形添画成皮箱、凳子、手帕等。

✿ **温馨小语**：添画的游戏可以丰富宝宝的绘画内容，提高宝宝自己动手的创新能力和思考能力。

❇ 宝宝玩拼图——视觉记忆能力

✿ **游戏目的**：通过游戏来逐步提高宝宝的视觉记忆力。

✿ **游戏方法**：妈妈准备一些简单的拼图材料，也可以选一个宝宝熟悉的画面贴到硬纸板上，剪成几块作为拼图材料。妈妈先把拼图拼成一幅完整画面，让宝宝仔细观察，说出画面的内容，然后把画面打乱，再让宝宝自己动手拼好。这里需要注意的是，妈妈先让宝宝拼简单的画面，逐渐增加难度，如果宝宝拼图有困难，妈妈可以在旁边指导宝宝选择相邻的图片。

✿ **温馨小语**：让宝宝自己动手来拼图，可以锻炼宝宝的视觉能力和手指的灵活性，提升智力水平。

❇ 我是小画家——形象思维能力

✿ **游戏目的**：此游戏可以训练宝宝的画图能力。

✿ **游戏方法**：妈妈提前准备几个毛线团，一张纸，几支彩笔，一块垫

板。先让宝宝观察毛线团，问问宝宝："毛线团有几种颜色啊？"让宝宝先识别颜色。妈妈给宝宝做示范，在纸上画毛线团，边示范边讲解："画毛线团要从中间向外绕，这样才能绕成一个大大的毛线团。"让宝宝任意挑选一种颜色来画毛线团。如果宝宝开始画不好，妈妈可以先手把手教宝宝画一个，然后让宝宝自己试一试。

✿ **温馨小语**：两岁左右的宝宝都喜欢涂涂画画，让宝宝画画是培养宝宝思维能力的一个有效方法，宝宝可以在父母的引导下按自己的思路画出很多图形、图案，这对发展宝宝的形象思维能力很有帮助。

✼"左手"和"右手"——空间感知能力

✿ **游戏目的**：通过在游戏中不断练习，可以培养宝宝对左、右的认识能力。

✿ **游戏方法**：在宝宝学会用筷子时，妈妈问宝宝："你用哪只手拿筷子？"宝宝会举起右手，妈妈就说："是右手。"并让宝宝跟着自己重复一遍。

妈妈也可以用儿歌的方式帮助宝宝认识左右，比如："小手拍拍，小手拍拍，左手在哪里？举手摆一摆。小手拍拍，小手拍拍，右手在哪里？举手摆一摆。小手拍拍，小手拍拍，左眼在哪里？用手指出来。小手拍拍，小手拍拍，右眼在哪里？用手指出来。小手拍拍，小手拍拍，左脚在哪里？轻轻抬一抬。小手拍拍，小手拍拍，右脚在哪里？轻轻抬一抬。"

✿ **温馨小语**：在宝宝学会拿筷子后就能分清左右了，而且能逐渐知道自己身体两侧的器官是以左右来区分的，从而能分清以身体为中心的两边的方向。

❋追影子

✿ **游戏目的**：培养宝宝跑、跳能力，培养宝宝的空间感、了解大自然的能力和兴趣。

✿ **游戏方法**：选择阳光灿烂的日子，带宝宝来到宽敞的户外（庭院、儿童活动场地或公园）。首先，帮助宝宝找到他的影子，如让他换个方向，或者来回走走，好让他能看到自己对影子变化的作用。然后试着追他的影子或假装你的影子在追赶你。如果你告诉你的影子不要再追你了，等它还继续追你时，就装出生气的样子。

✿ **温馨小语**：玩这个追影子游戏，你先做追赶的那个人，必须努力去踩宝宝的影子。然后换宝宝去踩你的影子。

5. 本月宝宝的智能测试

恭喜你，宝宝满 27 个月了！快来做做下面的智力开发效果测评吧！本测评共有 15 个题目，请你将宝宝的相应得分写在题目前面的横线上。

____1. 说清楚气象的变化，如晴天、阴天、刮风、下雨、下雪等：

A.5 项（5 分）

B.4 项（4 分）

C.3 项（3 分）

D.2 项（2 分）

5 分为合格

____2. 将手臂按口令做上、下、前、后、展开、合拢：

A. 做对 6 项（4 分）

B. 做对 4 项（3 分）

C. 做对 2 项（2 分）

D. 做对 1 项（1 分）

4 分为合格

____3. 伸出右手、左手、左脚、右脚：

A. 对 4 项（10 分）

B. 对 3 项（8 分）

C. 对 2 项（5 分）

D. 对 1 项（1 分）

10 分为合格

____5. 积木搭高楼：

A.10 块（10 分）

B.8 块（8 分）

C.6 块（6 分）

D.4 块（4 分）

10 分为合格（注：模仿搭门楼另加 4 分，模仿搭炮楼另加 6 分）

____6. 拼上切分为两块的拼图：

A. 对 3 张（6 分）

B. 对 2 张（4 分）

C. 对 1 张（2 分）

6 分为合格

____8. 说 eye、nose、ear，边说边指：

A. 对 3 个（6 分）

B. 对 2 个（4 分）

C. 对 1 个（2 分）

6 分为合格

____10. 记住家庭门牌号（电话号）：

A. 全对（10 分）

B. 错 1 个数（8 分）

C. 错 2 个数（6 分）

10 分为合格

____4. 背数：（每递增 10 增加 1 分）

A.20（4 分）

B.15（3 分）

C.10（2 分）

D.5（1 分）

点数：（每递增 5 增加 1 分）

A.10（4 分）

B.7（3 分）

C.5（2 分）

D.3（1 分）

背位数：（每递增 1 位增加 1 分）

A.5 位（4 分）

B.4 位（3 分）

C.3 位（2 分）

D.2 位（1 分）

三项相加，10 分为合格

____7. 问："你几岁？"答：

A. 我两岁（9 分）

B. 宝宝（或名字）两岁（6 分）

C. 竖起两指（4 分）

9 分为合格

____9. 替大人拿东西时，如拖鞋、伞、书包、上衣、帽子等：

A. 对 5 种（10 分）

B. 对 4 种（8 分）

C. 对 3 种（6 分）

D. 对 2 种（4 分）

10 分为合格

____11. 用筷子：

A. 会扒饭入口（12 分）

B. 会拿不会用（10 分）

C. 用勺子吃干净（8 分）

D. 要人喂（0 分）

10 分为合格

____12. 洗手、开关水龙头、擦肥皂、洗净指缝、甲缝、擦手：

A. 对 5 项（5 分）
B. 对 4 项（4 分）
C. 对 3 项（3 分）
D. 对 2 项（2 分）
5 分为合格

____13. 跳跃：

A. 自由双足离地跳（5 分）
B. 扶人扶物跳（3 分）
C. 跳不离地（2 分）
5 分为合格（注：会跳格子另加 3 分）

____14. 接从地面滚来的球：

A. 马上接住（5 分）
B. 去追球（4 分）
C. 躲开（2 分）
D. 不接（0 分）
5 分为合格

____15. 骑摇马：

A. 自己扶住爬上去会自己摇（5 分）
B. 大人扶上自己会摇（4 分）
C. 大人扶上大人摇（3 分）
D. 不敢上（0 分）
5 分为合格

评分说明：本测评所测的能力及对应的题号和合格分数已在下表中列出，请你将测得的分数填入相应的空格中。若总分在 70 分以下，说明宝宝的智能未达到理想水平，请多加训练；总分在 90 ~ 110 分，说明宝宝的智能已达到平均水平；总分在 110 分以上，说明宝宝的智能发展非常棒，请继续努力。

测试项目	题号	合格分数	宝宝得分
认知能力	1 2 3 4	29	
精细动作能力	5 6	16	
语言能力	7 8	15	
社交能力	9 10	20	
自理能力	11 12	15	
大动作能力	13 14 15	15	
总分		110	

27～30个月宝宝

1. 本月宝宝的成长发育特点

✲心理发育

初通人事的宝宝脑子里蕴藏着无数个鬼点子，有时让父母应接不暇。两年多的辛苦操劳终于初见成效了，健康活泼的宝宝是父母最大的回报。

宝宝总是希望爸爸妈妈不离左右，把自己捧在手心里。同时又感觉自己长大了，有独立的强烈愿望，不想受爸爸妈妈的限制。独立性与依赖性并存，是这个时段宝宝身心发育的特点。就像有时宝宝想自己玩，不想父母插手，但又希望父母在身边看着，父母如果走开，宝宝就会不高兴。爸爸妈妈认为“宝宝自相矛盾”，其实宝宝没有自相矛盾，他既依赖父母，又争取独立，这种双重性，正是幼儿必不可少的成长阶段。

每个宝宝都有自己的发育进程，不可能总是按照普遍发展模式完成。这一段时间，宝宝的能力发育可能落后于一般水平，但另一段时间，很可能又超前于一般水平。父母不能随便给宝宝下结论，这些结论往往是消极的，如“这宝宝一点音乐天赋都没有”“我们家宝宝从来都不好好吃饭”……还有许多类似的结论，父母经常脱口而出，却无意间伤害了宝宝幼小的心灵。

✲ 肢体动作

现在宝宝两岁半了，家里已经不能满足宝宝的活动范围，时刻渴望外出，只要听到出门的指令，宝宝就会极其兴奋。许多宝宝或许早就能自己双脚跳，单脚跳了。宝宝足部运动能力越来越强，喜欢用脚做事。见到地上的东西，总是喜欢踢一踢。宝宝用剪刀剪纸的能力有所提高。在纸上画一条线，宝宝可能会沿着线把纸剪开，当然不会正。他还可以玩“很复杂”的组装玩具了，看到他组拼出来的图形，不由人不赞叹他那丰富的想象力和创造力。男宝宝可能着迷于汽车，为他买套汽车城回家，宝宝会很长时间地在家中操纵他的“城市”运转。对女宝宝来说，小碗、杯子、小布熊、小娃娃，玩起娃娃家也是趣味无穷的。

✲ 语言发育

这一阶段，宝宝开始用语言表达自己的心情，描述自己的感受。不高兴时，会对妈妈说“我生气了”；口渴时，会说“妈妈我渴了”。宝宝月平均新增词汇 200 个左右，大部分宝宝掌握了 400 ~ 500 个的口头用语，而且还能够说出包含 7 个字以上的句子。对于里面、上面、下面、外面、前面、后面等方位，宝宝越来越熟悉了。他可能会说：我要到外面去玩、我要去汽车里。父母在开发宝宝语言能力时，要遵从宝宝的生理年龄，也就是生理成熟期。如果家长忽视宝宝是否达到生理成熟期超前开发宝宝的语言能力，会造成宝宝“语言休克”，起不到促进的作用，反而会扼杀了宝宝语言能力的正常发展。

✲ 认知能力

宝宝的联想能力越来越强了，当他看到一个鹅卵石，会告诉妈妈这是鸡蛋；如果宝宝看到天上的白云，会告诉妈妈那是棉花糖。很多宝宝都能说出几种交通工具，还可以指出它们的用途，如飞机是在天上飞的。多少的概念在宝宝的小脑袋里已经非常明确，如果你在他面前摆放两堆5个以内的物品，宝宝已经能分清楚哪个多哪个少。宝宝现在还能用蜡笔写出0和1这两个数字，而且0能封口，1能竖直。宝宝数数与父母教不教有关系，如果父母从来没教过宝宝数数，也没给宝宝数的概念，宝宝可能至今还不会数数。父母也许会给宝宝讲不同的故事，其实宝宝更喜欢反复听一个故事，喜欢依偎在妈妈怀里听妈妈讲故事的感觉。

2. 宝宝早教专家课堂

✲重视幼儿的性别教育

教育子女的关键是携手领路的父母。在中国，孩子的性别教育容易被父母忽略，因为不少家长认为：男孩就是男孩，女孩就是女孩，没有什么教导可言。其实，孩子的性别化过程是个性社会化的重要方面，它会影响孩子的个性发展。父母要自觉重视孩子的性别教育，相信孩子的角色行为有很大的可塑性。

然而，现在大多数家庭只有一个孩子，或多或少有些遗憾。有了女儿还想要个儿子，有了儿子也想要个女儿。因此一些家长就给男孩梳个辫子穿个裙子，靠男孩女养或女孩男养来满足自己的一种心理需要。最初是为了好玩，时间长了就会对孩子造成不良的影响，让孩子对自己的性别形成模糊的概念。

专家指出，对孩子进行正确的性别教育是非常必要的，这非但关系到孩子日后正常的社会交往、恋爱、婚姻、家庭生活，还会影响其心理发展。性别教育最终的目的就是帮助孩子养成健全的人格。对孩子进行性别教育注意以下几点：

（1）父母要承认孩子的性别，让女孩认识到自己是女性，男孩认识到自己是男性。父母要在口头上明确告诉孩子："你，是男孩""你，是女孩！"

（2）孩子做了与自己的性别角色相符的事，家长应该给予奖励；除了偶尔的表演性行为，对孩子不当的性角色行为，家长要反应冷淡，让他感到自己的表现有误，或是给予适量的"批评"。这种奖励与批评会给孩子一种心理支持或压力，促使孩子根据自己的性别角色做出相应的行为，并逐渐形成正确的行为定式。

（3）在人生的不同阶段，孩子还会在身边寻找同性作为榜样来模仿，家长可以帮助孩子选择一个比较大点的哥哥或者姐姐去玩。女孩子找个姐姐，男孩子找个哥哥。

❊培养宝宝乐于助人的品质

美国一位教育家这样说："向宝宝灌输助人为乐的价值观永远都不会太晚。"爱不应该是单向的，而应该是双向的。不仅父母爱宝宝，还要培养宝宝从小爱别人，使宝宝心地善良，乐于助人，能把别人的不幸当作自己的不幸，从心灵深处关心别人。况且一个懂得帮助他人的

人，才能得到更多的人的帮助，长大后才会有更多的朋友。父母要从小教育宝宝要乐于助人。

首先，父母要先做个榜样。如果父母能做出好榜样，那宝宝乐于助人的可能性会增加好几倍。参加一个志愿服务项目的时候，最好把宝宝也带上，但有个前提，保证那里有适合宝宝的事情可做。

其次，多赞美宝宝乐于助人的行为。当宝宝完成乐于助人的工作之后，父母要对宝宝的出色表现给予肯定，还要赞美宝宝的优良品质，鼓励下次再接再厉。

第三，给宝宝布置任务。父母可以让宝宝帮助邻居做点有益的事情，比如帮忙送东西，教更小的弟弟妹妹们做游戏，或者给不幸的宝宝制作玩具，这些都可以培养大多数宝宝乐于助人的品质。

第四，提供宝宝关心别人的机

会。在宝宝的心灵世界当中，需要认同自己是家庭与社会当中有价值的成员，因此父母应尽量给宝宝提供良好的接触社会、关心和帮助他人的机会。如让宝宝把家里的塑料瓶收集起来，送给需要的拾荒老奶奶。

最后，让宝宝学会保持距离。父母应该告诉宝宝，在做事时应当与人适当地保持距离，留有余地，因为每个人都有自己的生活范围和自尊，彼此心灵都需要一点空间。

3. 宝宝左脑的开发方案

母鸡下蛋——逻辑思维能力

游戏目的：让宝宝认识鸡与蛋之间的逻辑因果关系。

游戏方法：妈妈先在纸上画好一只卧着的母鸡，旁边留出空白，引导宝宝画鸡蛋。妈妈可以说："小动物们都在草地上玩耍，鸡妈妈却一个人蹲在窝里。它在干什么呢？看，原来它在生蛋呢！宝宝，给鸡妈妈身子下面画几个鸡蛋，再涂上颜色吧！"

温馨小语：通过画鸡蛋，可以让幼儿明白母鸡生蛋的自然规律。妈妈可以给幼儿讲解一下公鸡和母鸡有什么不同。

跟着妈妈来晾衣——数学学习能力

游戏目的：通过游戏让宝宝感知数与量的关系。

游戏方法：妈妈要先准备好几个各种颜色的衣夹和大小不同的衣架，几件衣服，并给宝宝一个装有各种颜色衣夹的小盒子。妈妈每挂一件衣服，就请宝宝拿一个衣夹，夹在衣架上。妈妈一边晾衣服，一边对宝宝说："这是谁的衣服？"让宝宝来回答。如果妈妈晾的衣服是绿色的，就让宝宝也拿一个绿色的夹子夹在衣架上，夹子颜色与衣服颜色相对应。晾完衣服后，妈妈请宝宝帮着数一数一共晾了几件衣服，各种颜色的衣服各有几件。

✿ **温馨小语：** 在这个游戏中涉及三个问题，宝宝容易混淆，所以一旦宝宝弄错了，妈妈就要及时纠正，让宝宝准确地回答这三个不同的问题。

✲我会“面孔”表情——培养语言能力

✿ **游戏目的：** 此游戏可以培养宝宝对语言和字词的掌握能力。

✿ **游戏方法：** 妈妈在纸板上画不同的面孔，每张面孔都代表一种表情，如高兴、悲伤、生气等。妈妈讲一个表达情绪的故事给宝宝听，然后拿出相应的“面孔”给宝宝看。当妈妈举起这些“面孔”的时候，也同时模仿那些表情，如举起一张表达高兴情绪的“面孔”时，妈妈可以开心地说：“我真高兴！”然后让宝宝也做出这种表情，并学着重复妈妈所说的词。把所有的表情都模仿一遍，让宝宝也跟着学并跟着妈妈说。

✿ **温馨小语：** 两岁多的宝宝已经开始表现出一些比较复杂的情感，也能用诸如高兴、悲伤、生气等词来表达自己或他人的情感。游戏正是对这些较复杂情感的深化，同时还能提高宝宝的表达能力与会话能力。

✲宝宝来当传话员——听觉记忆能力

✿ **游戏目的：** 通过游戏来锻炼宝宝的听觉能力。

✿ **游戏方法：** 爸爸妈妈分别待在两个房间，宝宝和妈妈待在一个房间，妈妈在宝宝耳边轻声说：“宝宝帮忙去告诉爸爸，妈妈要……”宝宝来到爸爸的房间，把妈妈的话重复给爸爸听。然后爸爸按照宝宝所说的把妈妈需要的东西交给宝宝。宝宝拿回的东西如果是正确的，妈妈就要夸奖宝宝；如果宝宝拿回的东西是错误的，妈妈就要重复一遍，让宝宝再去告诉爸爸。

✿ **温馨小语：** 传话员的游戏有

助于宝宝听力的训练，而且需要将听到的指令传递给别人，又是一个强化记忆的过程，能提高宝宝的听觉记忆能力。

✼一起来滚雪人——自然感知能力

✿ **游戏目的：** 通过与大自然亲密相处，来培养宝宝乐观的情绪。

✿ **游戏方法：** 妈妈提前给宝宝准备一些玩沙工具，还有石头、胡萝卜和一些松树枝。在下雪的天气，带宝宝到户外，让宝宝用玩沙工具铲雪。妈妈滚一个大雪球作雪人的身体，再滚一个稍微小一点的雪球作雪人的脑袋。让宝宝找来石头，作雪人的眼睛，用胡萝卜作雪人的鼻子，再找一些松树枝作雪人的头发。

雪人堆好以后，妈妈可以给宝宝与雪人拍照留念，还可以在雪人旁边边跳舞边唱儿歌：“堆堆堆，堆个大雪人，圆圆脸儿胖墩墩。大雪人，真神气，站在院里笑眯眯。不怕冷，不怕冻，我们一起做游戏。”

✿ **温馨小语：** 让宝宝与大自然亲密相处，可以增强宝宝的想象力和动手能力，使宝宝的身体和心理潜能都得到良好开发。但这里需要注意的是，两岁半的宝宝的抵抗力还不强，做户外运动的时候一定要注意保暖。

4. 宝宝右脑的开发方案

✼捡瓶子，认汉字——身体协调能力

✿ **游戏目的：** 通过游戏来训练宝宝的手眼协调能力。

✿ **游戏方法：** 妈妈提前准备好几个放纯净水塑料空瓶，还有几支水彩笔、几张彩纸、一个皮球、一个空纸盒子。妈妈先在彩纸上写一些数字或汉字，分别放入塑料空瓶中。然后，妈妈把瓶子按一定距离并排放好，妈妈先做示范，把皮球滚过去撞瓶子。之后妈妈再引导宝宝在离瓶子 1 米的地方蹲下，滚动皮球，努力把瓶子撞倒。每当宝宝撞倒一个瓶子，妈妈就要让宝宝把撞倒的瓶子中的彩纸取出来打开，让宝宝认一认上面写的数字或汉字。如果宝宝认对了，妈妈要给予奖励；错了，妈妈要耐心地把答案告诉宝宝。

✿ **温馨小语**：这个游戏可以锻炼宝宝的手部力量和反应的敏捷性，为宝宝的运动智慧进一步发展打好基础，而且能让宝宝在玩中学习汉字和数字。

✲从大到小排排队——创造性思维能力

✿ **游戏目的**：此游戏可以培养宝宝的创新能力。

✿ **游戏方法**：给宝宝准备一些摆放漂亮的果盘照片，以及切好的橘子、香蕉等水果和大小不同的圆餐盘。刚开始时，让宝宝先看一看果盘照片，观察一下果盘中的排列。之后，让宝宝从小盘开始，选一些自己喜爱的水果，并尝试着把它们整齐地摆放在餐盘中。成功之后，妈妈再引导宝宝尝试用多种水果由大到小一圈圈地摆放整齐。做完果盘后，让宝宝数一数排放了几圈。

✿ **温馨小语**：这个游戏意在让宝宝自己动手，自由发挥，训练宝宝有规律地排列物品，提高宝宝的创造力和数学智慧。

✲帮妈妈擦车——人际交往能力

✿ **游戏目的**：此游戏可以培养宝宝乐于助人的优良品质。

✿ **游戏方法**：平时妈妈下班回来后，可以对宝宝说："宝宝，妈妈车子脏了，帮妈妈一起来擦一擦车吧。"然后告诉宝宝擦的每一个部位的名称。宝宝和妈妈一起擦车时，妈妈还可以同时给宝宝讲故事，或者带领宝宝一块儿唱歌，使宝宝在快乐中进行劳动。擦完后，妈妈要对宝宝说："谢谢！"并引导宝宝说："不客气。"

✿ **温馨小语**：帮妈妈擦车的游戏能提高宝宝的人际交往能力、动手能力，同时会让宝宝变得乐于助人。妈妈也可以让宝宝帮其他的忙，但要在宝宝的能力范围之内。

✲秘密山洞

✿ **游戏目的**：此游戏可以培养宝宝的想象力、社交能力。

✿ **游戏方法**：妈妈用床单或毯子盖住桌子的三边，做成一个山洞。

邀请宝宝的朋友或玩具进来一起玩了，当然也可以自己陪宝宝钻进秘密山洞，在山洞里讲故事、开野餐会一定会让宝宝更有兴趣。

✿ **温馨小语：** 注意选择的桌子一定要够稳固。

❈ 宝宝涂色——视觉记忆能力

✿ **游戏目的：** 通过游戏来锻炼宝宝对颜色的记忆力与想象力。

✿ **游戏方法：** 家长可以先让宝宝看看画册上的画，并告诉宝宝："宝宝要记住画册上图画的颜色哦。"然后给宝宝一幅和画册上的画一样的黑白画，让宝宝想一想，应该涂上什么颜色。如果宝宝做起来有困难，妈妈可以引导宝宝来做，比如问问宝宝："太阳是什么颜色呢？""海洋是什么颜色呢？""小草应该涂什么颜色？"如果宝宝自己能做，就让他自己涂颜色，妈妈不要干预。

✿ **温馨小语：** 这个游戏可以培养宝宝对颜色的兴趣，并提高宝宝动手动脑的能力。

❈ 看看像什么——形象思维能力

✿ **游戏目的：** 这个游戏可以锻炼宝宝的形象思维能力。

✿ **游戏方法：** 妈妈提前准备一些不同形状的积木，比如长方形、正方形、圆形、三角形等，然后再准备一些图片，比如苹果、电脑、绳子、屋子等。游戏时，妈妈用积木摆出圆圆的形状，问宝宝："宝宝看这像什么呀！"如果宝宝回答不出来，妈妈就可以给宝宝看苹果的图片。然后让宝宝自己动手将积木摆成圆形。

✿ **温馨小语：** 两岁半的宝宝，已经能初步认识一些简单的形状了，这时父母可以引导宝宝将相同形状的物品联系起来，增强宝宝的形象思维能力。但是不要把自己的思维强加给宝宝，如果宝宝认为圆形的积木更像太阳或者烙饼的话，父母就没有必要强调苹果了。

❀ 贴鼻子——空间感知能力

游戏目的：锻炼宝宝的方位知觉。

游戏方法：妈妈用曲别针把一张厚点儿的白卡纸固定在一本书上。然后在纸上画一张大脸，并让宝宝看清楚。妈妈用黄色的不干胶剪成一个鼻子，然后放在宝宝手指上，再用大手帕蒙上宝宝的眼睛，然后，让宝宝转几圈后，自己走到书桌前，摸到书，让宝宝自己凭感觉贴在书上合适的地方，即把鼻子贴在大脸上。贴完之后，妈妈再让宝宝睁开眼，看看鼻子贴得对不对，要对宝宝进行引导和鼓励。

温馨小语：平时没事的时候妈妈可以和宝宝多次进行此游戏。不干胶可以随时拿起来再贴，在拿走之前，最好用铅笔描一个记号，就可以知道哪次贴得更好。宝宝在游戏中的判断越来越准确，方位感也逐渐增强，对提高空间方位智能有帮助。

5. 本月宝宝的智能测试

恭喜你，宝宝满 30 个月了！快来做做下面的智力开发效果测评吧！本测评共有 15 个题目，请你将宝宝的相应得分写在题目前面的横线上。

____ 1. 认识圆、正方形、长方形、椭圆及半圆形：

A.5 种（12 分）

B.4 种（10 分）

C.3 种（7 分）

D.2 种（5 分）

10 分为合格

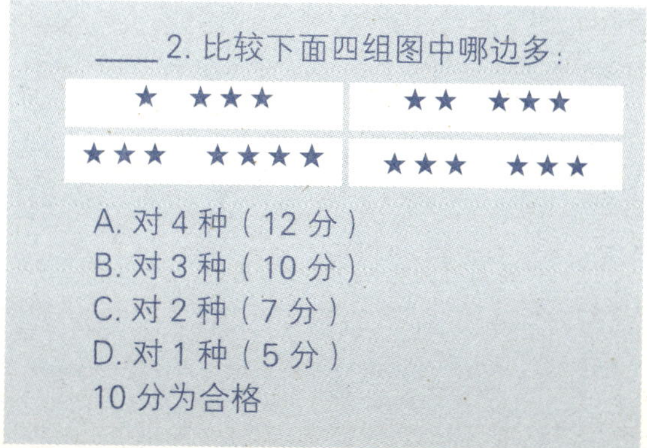

____3. 认颜色：
A.5 种（5 分）
B.4 种（4 分）
C.3 种（3 分）
D.2 种（2 分）
5 分为合格

____4. 为已打开搅乱的 6 个大小不同的瓶子、盒子盖盖：
A.6 个（6 分）
B.5 个（5 分）
C.4 个（4 分）
D.3 个（3 分）
6 分为合格

____5. 学画“十、二十、三十、口”：
A.3 种（6 分）
B.2 种（4 分）
C.1 种（2 分）
4 分为合格

____6. 用积木搭高楼：
A.15 块（16 分）
B.10 块（10 分）
C.8 块（8 分）
D.6 块（6 分）
10 分为合格

____7. 捏面团模仿做条、球、碗、盘、不倒翁、兔子：
A.5 种（10 分）
B.4 种（8 分）
C.3 种（6 分）
D.2 种（4 分）
10 分为合格

____8. 礼貌用语“谢谢”“请您”“您早”“您好”“再见”“晚安”“对不起”“没关系”“不必客气”“您走好”：
A.8 种（12 分）
B.6 种（10 分）
C.4 种（8 分）
D.2 种（6 分）
10 分为合格

____9. 分清我的、你的、他的、大家的、××× 的：
A.5 项（10 分）
B.4 项（8 分）
C.3 项（6 分）
D.2 项（4 分）
10 分为合格

____10. 捉迷藏：
A. 会变化着躲藏（5 分）
B. 变化着寻找（4 分）
C. 在大人藏过的地方藏身（3 分）
D. 不敢玩（0 分）
5 分为合格

____11. 猜谁在讲话（爸、妈、奶、爷、姨、叔、生人）：
A. 辨认 6 人（12 分）
B. 辨认 5 人（10 分）
C. 辨认 4 人（8 分）
D. 辨认 3 人（6 分）
10 分为合格

____12. 学洗脸（洗五官）、漱口（漱牙缝、漱咽、吐出）：
A. 全正确（5 分）
B. 漏洗五官（4 分）
C. 将水吞下（3 分）
D. 大人帮洗（0 分）
5 分为合格

____13. 钻入比自己矮的洞（爬入或弯腰）：

A. 不碰头（5 分）

B. 碰头后进入（4 分）

C. 进不去（0 分）

5 分为合格

____14. 接反跳的球：

A.3 次中 2 次（5 分）

B.3 次中 1 次（4 分）

C. 追球（3 分）

5 分为合格

____15. 骑三轮车：

A. 直走转弯（7 分）

B. 直走（5 分）

C. 大人扶把会骑（3 分）

D. 大人推着走（1 分）

5 分为合格（注：骑得快另加 2 分）

评分说明：本测评所测的能力及对应的题号和合格分数已在下表中列出，请你将测得的分数填入相应的空格中。若总分在 70 分以下，说明宝宝的智能未达到理想水平，请多加训练；总分在 90 ~ 110 分，说明宝宝的智能已达到平均水平；总分在 110 分以上，说明宝宝的智能发展非常棒，请继续努力。

测试项目	题号	合格分数	宝宝得分
认知能力	1　2　3	25	
精细动作能力	4　5　6　7	30	
语言能力	8　9	20	
社交能力	10　11	15	
自理能力	12	5	
大动作能力	13　14　15	15	
总分		110	

30～33个月宝宝

本月宝宝的成长发育特点

心理发育

30～33月的宝宝开始有了自我感受，但这种感受是不会“拐弯”的。父母搂抱他、亲吻他，他会认为那是对他的爱；如果父母训斥他，他就会认为不爱他了。因此父母就要顾及宝宝的心理感受，尽量克制自己的情绪。惊叫、大骂、怒喝，对于宝宝来说如同山崩海啸，父母是宝宝的全部，是安全的港湾，港湾里翻江倒海了，小宝宝怎能感到爱的温暖呢？

从现在开始，父母要有意识地教宝宝掌握家人姓名及电话，当发生异常情况时，宝宝可以向帮助者提供信息。从现在起父母可以给宝宝建立生活规则，父母要意见一致、做法一贯。要根据宝宝的心情和感受决定应该做什么、怎么做，让宝宝心情舒畅地接受。父母有义务帮助宝宝了解世界，遵守应该遵守的规则。养成良好的生活习惯，对宝宝身心健康大有益处。

肢体动作

如今宝宝可以做出很多令父母刮目相看的事情，不仅能跨过障碍物，还能双脚起跳，跳过障碍物。如果从台阶上跳，落地也很平稳，骑三轮车时已经能自如地转弯。有时间可以带宝宝去游乐场，鼓励宝宝参与跳、踢球、攀登、玩沙等各项运动，提高动作能力。宝宝开始学习用积木搭建镂空的造型，桥梁、房门等。通常的情况下，只要妈妈给宝宝做几次示范，宝宝就能自己完成搭建任务。

当妈妈洗衣做饭时，宝宝有时会热衷于“帮忙”，虽然他常常越帮越忙，但妈妈还是要适当地分配宝宝一些力所能及的工作，比如拿洗衣粉、洗西红柿、拿勺子等简单的劳动，这会让宝宝感到自己的重要性，还能调动宝宝对劳动的热情。在吃饭时鼓励宝宝积极地为大家发筷子。

✲ 语言发育

给父母的感觉是，今天还不会说什么的宝宝，明天突然会说很多话了，而且语出惊人，似乎比大人的语言能力还强，这一点其实并不奇怪。宝宝在学习语言的过程中，始终抱着满腔热情，不管什么书面语还是口语以及语法，脱口而出，有时会语惊四座。宝宝尝到了语言的甜头，语言可以表达自己的意愿，可以和父母更多地在一起，依偎在爸爸妈妈身边，有时自己也能插上几句话，真是太美妙了。有些宝宝现在可以流利地说出家人的姓名，包括不常见的亲戚朋友，还能说出他们的职业，明确地表达自己的意图。由于发育的个体差异，有的宝宝刚刚才会说话，父母不必急于把宝宝与别的小朋友作比较，要经常与他交流。

✲ 认知能力

现在的宝宝已经具备了分类的能力，可以根据大小、颜色、形状及材料进行归类。有的宝宝还能将各种用途不同的物品分类，比如吃、穿、用、玩等进行分类。宝宝一般喜欢简单的乐器，尤其是爱听乐器发出叮叮咚咚的悦耳声音。宝宝能够使用复数名词了，如我们、他们、小兔子们、小朋友们，并能够理解这是很多的意思。宝宝不但会数数，还能理解数的意义，知道两个香蕉意味着什么，如果一家三口人在一起，妈妈说我们 1 个人吃 1 个香蕉吧，宝宝会知道这需要 3 个香蕉。宝宝不但知道自己的性别，还能够辨别周围人的性别和年龄大小。看到和妈妈差不多的人，会叫阿姨；看到和爸爸差不多的人，会叫叔叔；看到比他大的男孩，会叫哥哥，等等。

2. 宝宝早教专家课堂

✲父母要善于和宝宝沟通

幼儿时期是宝宝性格形成的主要阶段，而培养宝宝良好性格的关键，就是父母要做好与宝宝的沟通。与宝宝的沟通，是需要时间、耐心与细心的，同时要注意讲究科学方法。

第一，用心地倾听。倾听他怎么说，而且须用心地倾听。只有倾听宝宝的心里话，才知道宝宝想什么，关注什么，需要什么，才能有针对性地给予宝宝关心和帮助，也会使以后的沟通变得更加容易。当宝宝向你诉说你不感兴趣的话题，父母也要耐着性子听，并表示关注他的谈话内容，可以说“噢”“是吗”“后来呢”等词语，鼓励宝宝继续说下去。

第二，敏锐地发现。父母在倾听的过程中，不但要认真倾听，而且要善于思考，注重在谈话中发现宝宝的闪光点。花时间学会真正理解他的一言一行，如发现宝宝能够独立地讲述简短的故事时，不要忘表扬——告诉他你为他而感到自豪，并说：“讲得真不错！”

第三，要童心未泯。家长如果没有一颗童心，是很难和宝宝交知心朋友，就更无法真正的沟通。有时，也可以跟他说说你心中的烦恼，这样他就会明白：遇到麻烦的并非只有他。周末也可以与他一起游戏，一起比赛，让宝宝把父母当作朋友看待。

第四，尽量表扬宝宝，少批评宝宝。批评是教育宝宝不可或缺的手段，但使用不当，也会影响家长与宝宝之间的沟通，扼杀宝宝的灵性。与其对宝宝常作否定，还不如找到一些表示肯定的话说说。父母更不可以揭宝宝的疮疤。如果家长老是提起从前，宝宝就会感到和家长越来越无话可说，也不敢说，甚至会相信父母喜欢用自己的“错误”打击自己。

第五，不要把宝宝的秘密随意泄露出去。和所有的友谊一样，两代人的沟通也要讲一个“信”字。家长的“诚信”对宝宝的健康成长也是很重要的。如果宝宝向你敞开心扉，说出自己的一些隐私时，而父母竟然把“重要”的事当做笑料在朋友中散布出去，很可能会伤害到宝宝的自尊心。

最后，有事情多和宝宝商量。例如，在给宝宝买衣服时，和宝宝商量，让宝宝意识到自己是家庭一员，他才会容易接受父母的决定，对父母更加孝顺，同时让亲子关系变得更和谐。父母还要经常跟他说爸爸妈妈真心地爱着他。

✿耐心回答宝宝提出的问题

1～3岁的宝宝很多事情都不懂，却什么都想知道，对任何事物都充满了好奇心。然而孩子的智力有限，理解力有限。面对孩子的各种问题，父母通常失去耐心和兴趣，认为这是一种烦人的唠叨，因此不是敷衍了事。专家认为，父母绝不可随便编个理由敷衍，更不可违背科学乱讲。

孩子的成长是一个复杂的过程，他们有好奇心，他们也有困惑，因此会提出许多问题，也许是不合逻辑的，做父母的决不可拒绝或者逃避孩子的问题，实际上，从某种意义上，孩子需要的是父母认真对待他们问题的态度。家长要充分利用给孩子回答问题的机会，对孩子进行引导和教育，以丰富孩子的知识，促进孩子的智力发育。

对于宝宝的提问，父母要耐心，可以从以下几点做起：

旺盛的求知欲是孩子聪明才智的先决条件，做父母的应耐心对待孩子的问题，重视孩子的发问，并加以鼓励。宝宝提问时，父母回答问题的态度相当重要，首先要先蹲下来和宝宝在同一水平线上，然后直视宝宝的眼睛，微笑着仔细告诉宝宝他想知道的一切。这种尊重将会帮助宝宝建立起独立自尊的人格，同时也能让宝宝知道得更多，知道得更快。

宝宝提出问题后，父母不能用大人才能理解的语言予以回答，必须利用宝宝熟知的事物，或者直接举出实例来给宝宝进行解释说明。如宝宝问蝴蝶是什么？家长可以打开电脑让宝宝看，甚至是带着宝宝直接到公园里寻找蝴蝶。父母温柔的回答，就像春风温暖着宝宝，让宝宝健康成长。

对于孩子有的问题，确实答不出来，也不妨坦白地向孩子承认：“妈妈不知道。”或“将来我问清楚了，再告诉你。”这样做并不丢人，一个人本来就不可能什么都懂的。

有的父母心情不好，会厌烦孩子

的问题，会说“讨厌！我现在很忙，没有时间跟你讲。”或者“你怎么这么啰唆，别再问了！”……专家讲，这种粗暴的态度不仅会关闭与孩子交流的窗户，也会扑灭和冷却孩子开始萌生的求知欲和日益增长的好奇心。有一天，会使孩子逐渐对一切不感兴趣。如果父母想和他们的子女建立良好的关系，就一定要随时准备与他们谈话，回答宝宝的问题。有时孩子的问题，不是要父母回答事情的来龙去脉，而是要重视他的感知。

3. 宝宝左脑的开发方案

不湿的手帕——逻辑思维能力

游戏目的：通过游戏可以培养宝宝对科学的兴趣与思考。

游戏方法：给宝宝准备好3块小手帕、两个塑料杯子和1个小盆子。妈妈可以对宝宝说：“妈妈今天给宝宝变一个魔术好不好？”待得到宝宝的肯定回答后，可以先简单地告诉宝宝魔术的内容：“妈妈把手帕放到水里后，小手帕却不湿。”然后，把两块小手帕分别紧紧塞入两个塑料杯子中，使小手帕不会掉下来。把一个杯子垂直倒扣着放入盆中，另一个杯子斜放入盆中。过一会儿，把两个杯子从盆中取出，让宝宝拿出杯子里的小手帕仔细观察，垂直放入水中的小手帕没有湿。

妈妈可以告诉宝宝小手帕不湿的原因，是因为空气占据空间，水不能流入杯子里，所以垂直放入水中的小手帕没湿。

温馨小语：通过游戏可以让宝宝了解空气的作用，从而发展推理能力，让宝宝从小养成爱动脑筋的好习惯。

宝宝发葡萄——数学学习能力

游戏目的：此游戏可以训练宝宝对数字排列顺序的能力，并让宝宝了解数与量之间的关系。

✿ **游戏方法**：妈妈给宝宝准备好1到10的数字卡片，以及几个小玩具和若干粒葡萄。妈妈向宝宝出示1到10的数字卡片，引导宝宝读出卡片上的数字，和宝宝一起按顺序把数字卡片排成一排。引导宝宝给数字卡片发葡萄，数字是几，就发几粒葡萄。要让宝宝介绍自己的操作，操作正确妈妈要及时表扬。

✿ **温馨小语**：这个游戏可以锻炼宝宝按数字发放相等数量的物品的能力，从而体会到数与量之间的关系。

✲ 妈妈讲错了——培养语言能力

✿ **游戏目的**：通过游戏来锻炼宝宝的语言表达能力，提高对语言及字词的掌握与运用能力。

✿ **游戏方法**：妈妈可以选一本经常给宝宝讲的图画书，然后像平常一样读故事给宝宝听，读几页后，开始改编故事。在妈妈把故事"改编"后，要停顿一会儿，看一看宝宝的反应，如果宝宝说："不对，妈妈讲错了！"就回到书中，继续讲正确的故事，如果宝宝没有反应，妈妈要给宝宝提示，直到宝宝想起来为止。妈妈可以再改编另一个宝宝熟悉的故事来讲，也可以用一首宝宝喜欢的歌曲，把歌词改掉唱给宝宝听，看一看宝宝的反应。

✿ **温馨小语**：这个游戏能提高宝宝听故事的理解能力和专注力，不但知道情节的变化，还能知道故事里的一些细节。

✲ 拍拍手——听觉记忆能力

✿ **游戏目的**：这个游戏可以锻炼宝宝的听觉能力。

✿ **游戏方法**：妈妈让宝宝先学拍手，妈妈连拍3下停1秒钟，再让宝宝也按照这样的方式拍手。然后，妈妈再连续拍4次，让宝宝也照样子连着拍。当宝宝学会后，放一段节奏明显的音乐，让宝宝跟着节奏拍手，看看宝宝是否拍对了。

如果宝宝拍得不对，妈妈也不要责怪宝宝，不要打消宝宝的积极性。如果拍对节奏了，可以再让宝宝试一段节奏不太明显的抒情乐曲，让宝宝再拍手分辨节奏。

温馨小语：此游戏通过让宝宝听不同的音阶，既能丰富宝宝的音乐才能，又能锻炼听力的敏锐性。

点向日葵种子——自然感知能力

游戏目的：可以培养宝宝对大自然中植物的兴趣。

游戏方法：游戏开始时，妈妈可以先给宝宝看一些有关向日葵的图片或照片。有条件的家庭也可以在自家院子里种几棵向日葵。妈妈也可以给宝宝讲讲有关向日葵的小故事，如：它为什么叫向日葵？向日葵的种子是什么样子的？然后，妈妈可以让宝宝照着图片给向日葵添上种子，有兴趣的宝宝也可以试着用棉签在上面点一点。

温馨小语：在规定的网格内点上向日葵的种子，不仅能锻炼宝宝控制手部肌肉的能力，还能使他的手指更加灵活。

4. 宝宝右脑的开发方案

抢彩球——身体协调能力

游戏目的：通过游戏来提高宝宝动作的协调性和灵活性。

游戏方法：提前准备好 1 个彩色气球、1 个纸盒（或小筐）、1 把椅子。游戏时，让宝宝和妈妈面对面站着或蹲着，用双手相互滚接、抛接彩球。妈妈和宝宝坐在垫子上，两手撑地，上身向后仰，用双脚争抢一个彩球，妈妈应尽量多地给宝宝夹球的机会，让宝宝夹到彩球。宝宝坐在垫子上，两手撑地，用双脚把彩球夹到椅子下面的“球门”里。

温馨小语：这个游戏能锻炼宝宝两臂支撑身体、双脚夹球，以及屈膝、伸腿、抬腿等动作，对宝宝脚部动作的要求较高，要求宝宝有较好的控制能力和灵活性。

✲模仿表情——创造性思维能力

✿ **游戏目的**：丰富宝宝的面部表情，发展创造性思维。

✿ **游戏方法**：提前准备好一些不同表情的图片，如瞪大眼睛、吐舌头、哈哈大笑、闭眼睛、撇嘴等。游戏时，妈妈和宝宝面对面，妈妈边说边做“鬼脸”，然后带宝宝做“鬼脸”，一个一个地做。等宝宝学会了之后，妈妈可以再拿出一张有表情的图片，这时妈妈就不要再做示范了，让宝宝按照图片做出相应的表情。最后，妈妈要告诉宝宝，这只是一个游戏，不能对着人做鬼脸，那样是不礼貌的。

✿ **温馨小语**：这个游戏能锻炼宝宝的想象力和模仿力。

✲坐公交车——人际交往能力

✿ **游戏目的**：通过游戏可以培养宝宝与人为善、彼此关怀的情感。

✿ **游戏方法**：一家人空闲的时候，可以在一起玩坐公交车的游戏。妈妈带着宝宝上公交车，爸爸扮作车上的乘客。这时车上没有座位了，爸爸看见妈妈抱着宝宝上车以后，就要从座位上站起来说：“你们坐这里吧。”妈妈要引导宝宝说：“谢谢您！”爸爸说：“不客气。”下一站爷爷上车了，宝宝自己单独坐了一个座位。这时妈妈要引导宝宝站起来让座位说：“老爷爷您坐这里吧。”爷爷说：“谢谢小朋友。”引导宝宝说：“不客气。”

✿ **温馨小语**：这个游戏能帮助宝宝学会感激之情，以培养宝宝与人为善、乐于助人、彼此关怀的情感，锻炼与人友好交往的能力。

✲不完整的图画——视觉记忆能力

✿ **游戏目的**：这个游戏可以培养宝宝的观察能力。

游戏方法：妈妈给宝宝准备好六幅图：缺胡子的山羊，缺指甲的手，缺腿的椅子，缺眉毛的女孩，缺窗户的房子，缺车轮的汽车。游戏时，妈妈给宝宝看图片，并逐个问宝宝："你看这幅图画里缺少什么？"要连续看完六幅画，让宝宝说出缺少什么。宝宝不知道的，妈妈要在教完之后，隔几张图再问宝宝一次，以加强印象。之后，可以引导宝宝把缺少的部分用画笔画上。

温馨小语：观察是一种有目的的感觉知觉活动，也是发展智力的重要途径，游戏通过让宝宝仔细观察，可以提升宝宝的细心程度。

画树叶轮廓——形象思维能力

游戏目的：丰富宝宝对色彩和图形的感觉。

游戏方法：提前给宝宝准备好一支水彩笔、一瓶胶水和几张白纸。天气较好时，带宝宝到大树下捡些树叶，让宝宝将树叶收集好后带回家。妈妈把树叶洗干净并晾干，让宝宝说一说树叶的颜色和形状，然后按住树叶，让宝宝用水彩笔把每片树叶的轮廓描出来。然后，给宝宝一瓶胶水，让宝宝发挥想象力将树叶拼成一幅图。妈妈还可以把宝宝的画挂在墙上，让宝宝有成就感。

温馨小语：这个游戏能让宝宝接触更多事物的色彩、形状，还能锻炼宝宝的握笔能力和手眼协调能力，发挥宝宝的想象力。

玩具在哪呢——空间感知能力

游戏目的：此游戏可帮助宝宝理解并运用简单的方位词。

游戏方法：开始游戏时，妈妈引导宝宝拿出动物玩具。"宝宝，我们来和玩具捉迷藏吧！"先让宝宝把玩具藏起来，由妈妈去找，找到后用语言表述动物玩具的方位，如"小兔在桌子下面"等。然后，再由妈妈把玩具藏起来，让宝宝找，找到以后要引导宝宝用语言表述，并感知具体的方位。

妈妈在藏玩具时，应有意识地先把玩具藏在宝宝较易发现的地方，如床的上面或下面，可以逐步增加难度，如把玩具藏在衣柜里面。如果宝宝对上面、下面、里面这些方位感知得比较好，可以再增加外面和后面等。当宝宝只是用手指点方位时，妈妈应引导宝宝用语言表述，如："小老虎躲在柜子的什么地方呢？"

✿ **温馨小语：** 反复玩此游戏，可以帮助宝宝认识更多的空间方位，如上下、里外、高矮等，同时还能发展宝宝的探索欲望，提升宝宝的空间方位感。

5. 本月宝宝的智能测试

恭喜你，宝宝满 33 个月了！快来做做下面的智力开发效果测评吧！本测评共有 15 个题目，请你将宝宝的相应得分写在题目前面的横线上。

____ 1. 问宝宝：谁的鼻子长？谁的耳朵长？谁爱吃草？谁爱吃鱼？谁会生蛋？谁能挤奶？谁会看家？谁会拉车？谁会过沙漠？谁会耕田？（每答对一问得 2 分）

10 分为合格

____ 2. 在图中找出缺少的部位和错误之处：（每答对一图得 5 分）此处根据要求做三张图：

汽车缺了什么？

做一个汽车缺少一个车轮子的图

兔子少了什么？

做一个没尾巴的兔子的图

这幅图对吗？

做一个大公鸡在水里游泳的图

10 分为合格

汽车缺了什么？

兔子少了什么？

这幅图对吗？

____3. 比较下面七组图中哪边多：（每答对一问得 2 分）

△　△△△
□□　□□
★★★　★★★
○○　○○○
■■■　■■■■
▲▲▲▲　▲▲▲▲▲

10 分为合格

____4. 解开大骨扣、小骨扣、按扣、布扣、粘扣、裤钩：（每会一种得 1 分）

5 分为合格

____5. 折纸：（正方形折成长方形，再折成小正方形；正方形折成三角形，再折成小三角形。每折一种得 5 分）

10 分为合格

____6. 拼图：（用数张贺年片分别切成 2 块、3 块、4 块、5 块、6 块、7 块、8 块，每拼对 1 套得 1 分）

5 分为合格

____7. 回答反义词：（大、上、长、高、肥、亮、白、甜、软、深、重、远、慢、厚、粗、精，每答对一个得 1 分）

10 分为合格

____8. 回答故事中的问题：（谁？在何处？准备干什么？遇见了谁？事情有何变化？结果如何？说明什么问题？要记住什么教训？每答对一问得 2 分）

10 分为合格

____9. 玩包剪锤游戏：

A. 知道输赢（5 分）

B. 及时出手（3 分）

C. 不及时出手（2 分）

5 分为合格

____10. 随着音乐敲鼓：

A. 合上节拍（5 分）

B. 略慢（4 分）

C. 乱敲（1 分）

5 分为合格（注：分清强、弱拍另加 3 分）

____11. 学刷牙：

A. 上下刷（6 分）

B. 会刷（5 分）

C. 吞水（0 分）

5 分为合格

____12. 穿鞋、袜、背心、裤衩：

A. 4 种都会（5 分）

B. 会 3 种（3 分）

C. 会 2 种（2 分）

D. 会 1 种（1 分）

5 分为合格（注：鞋能分左右、会提后跟各另加 2 分）

____13. 下楼梯：

A. 交替双足自己下楼梯（10 分）

B. 双足踏一台阶（8 分）

C. 由大人牵下楼（6 分）

D. 由大人抱下楼（0 分）

10 分为合格

____14. 抛球：

A. 举手过肩抛 2 米（5 分）

B. 举手过肩抛 1 米（4 分）

C. 抛向后（3 分）

D. 滚球（2 分）

5 分为合格（注：能抛中目标另加 2 分）

____15. 单足站稳不扶：

A.1 分钟（5 分）

B. 半分钟（4 分）

C.10 秒（3 分）

D.5 秒（2 分）

5 分为合格（注：能单足跳跃另加 3 分）

评分说明：本测评所测的能力及对应的题号和合格分数已在下表中列出，请你将测得的分数填入相应的空格中。若总分在 70 分以下，说明宝宝的智能未达到理想水平，请多加训练；总分在 90 ~ 110 分，说明宝宝的智能已达到平均水平；总分在 110 分以上，说明宝宝的智能发展非常棒，请继续努力。

测试项目	题号	合格分数	宝宝得分
认知能力	1 2 3	30	
精细动作能力	4 5 6	20	
语言能力	7 8	20	
社交能力	9 10	10	
自理能力	11 12	10	
大动作能力	13 14 15	20	
总分		110	

33～36个月宝宝

1. 本月宝宝的成长发育特点

✲心理发育

快3岁的宝宝喜欢独立做一些事情，有时特别想帮父母做点事，但往往“成事不足，败事有余”。但父母也要给宝宝提供一些机会好好表现。如可以让宝宝自己穿脱衣服、上厕所、吃饭、收拾玩具，等等。

宝宝的个性没有好坏之分，父母需要全面接受，无论宝宝个性怎样，带有怎样的遗传烙印，父母都应该把宝宝视为可塑之才，充分发挥优势的一面，回避劣势，因势利导，扬长避短。从根本上来说，培养宝宝，需要坚持的不是宝宝，而是父母。另一方面，父母和看护人性格怎样，人品怎样，怎样对待宝宝……这一切都深深地在宝宝人格发展的道路上留下印记，甚至影响宝宝一生的发展轨迹。性格开朗、豁达、宽容、富有爱心的父母或看护人，会让宝宝拥有稳重、自信的品格。相反，如果父母或看护人心胸狭窄、小肚鸡肠、怨天尤人，无论对宝宝如何精心照料，仍可能会使宝宝形成多愁善感、神经敏感的性格。因此看护宝宝的大人一定要注意自己的人格修养。

❊ 肢体动作

3岁宝宝的运动能力，应有尽有，摸、翻、滚、爬、坐、走、跑、跳、站、蹲、登高、跳下、越过障碍物，俨然成为了一个全能型的“运动员”了。捏橡皮泥、折小飞机、拼七巧板、玩电动车……一切都不在话下。

宝宝可以接住从1米处抛过来的球。父母可以教宝宝单足跳跃，左右都可以，不必勉强宝宝用左脚。现在的宝宝可以用剪刀剪碎纸，握笔时懂得用左手按住纸，并能画出圆形和四边形，还能自己吃饭，自己穿脱鞋袜、能穿上面开口的衣服，扣扣子等。

❊ 语言发育

3岁的宝宝基本上掌握了汉语口语的表达。随着宝宝独立性的发展，对世界认知能力的提高，独立表达自己意愿的需求开始出现并日益强烈，有时会沉浸在自言自语的语言快乐中，这是宝宝语言发展的一个重要阶段。3岁以后，宝宝的思考就渐渐不直接说出来了，宝宝会静静地思考，并作出某种决定和行动。

❊ 社交能力

宝宝渐渐变得更独立了，性格也开朗起来，懂得与别人建立牢固的友谊，为人变得更慷慨了。父母平时可以多教宝宝交往用语、交往技巧，了解一些行为规则。要让宝宝尽早懂得做人必须诚实，待人友善。当宝宝承认错误时，首先要奖励他的诚实，然后再处罚他。父母千万不要因为宝宝诚实认错而惩罚他。另外，父母也不能怕自己的宝宝吃亏，过分保护，否则会使宝宝胆小怕事，遇事畏缩躲避，只会哭不敢与人接触。在家也别太溺爱宝宝，否则在外面表现得很霸道，欺负别人，不合群，要独占玩具和用品，稍不如意就发脾气。到入幼儿园时这种个性就更加突出。

现在就要考虑宝宝上幼儿园的问题了，可以先联系小区周围的幼儿园，比较各个园所的教学情况，给宝宝选择一所适合的幼儿园。

2. 宝宝早教专家课堂

✲父母要关注孩子的心灵需求

宝宝的心灵是一片没有杂质的净土，那里没有谎言，那里没有欺骗，所有的一切都直来直去，他们的行为都是基于想满足自己某种单纯需要所致。除了物质需求外，宝宝的成长也有自己的心灵需求：

❶ **父母的关爱**。对于一个宝宝来说，生理上的需求是最基本、最原始的需求，它意味着饿了要吃饭，冷了要穿衣，病了要吃药，困了要上床睡觉。而他还需要有家庭、有父母亲人的关怀、爱护和理解。

❷ **自由的生活**。自由是一个空间，它是心灵成长的基础，就像身体里的水，缺乏水后细胞就会枯萎。宝宝的思想受到禁锢，其想象力和创造力就会受到抑制。宝宝自由的生活包括时间的自由，零花钱的自由，读书的自由，兴趣的自由。

❸ **被肯定，被尊重**。任何人都需要被肯定，幼儿也一样需要被父母老师的肯定，肯定是心灵成长的关键，就像身体的蛋白质，身体缺乏蛋白质后，器官就会衰竭。心灵的接纳和肯定是对宝宝教育的基础，是家长和老师对宝宝最大的爱。即使宝宝犯了错误，父母也要先肯定他是个好宝宝，然后再指出他不对的地方，纠正宝宝不正确的行为。每个宝宝都希望得到父母的尊重，宝宝从小受到尊重，才会产生自尊心，长大后也会尊重别人。因此，家庭中应该有民主气氛，父母要求宝宝帮助做事应该用请求或商量的语气，不可强迫命令。宝宝帮忙做事后，父母也要对宝宝说“谢谢”。

❹ **在家里有地位**。宝宝再小，也希望自己是有地位的，说话要有人听。无论父母上班多忙，下班忙家务，有的还要看电视或打麻将，只顾及宝宝的生活需求，而忽视宝宝的心理需求。这样是非常不利宝宝的心灵成长的。父母下班回家后，应该花一点时间听听宝宝的述说、提问，并为宝宝念儿歌，讲故事，

或和他游戏，让宝宝感受到父母非常在乎他。

❺ **宽容宝宝的任性。**宝宝任性是种心理需求的表现。幼儿随生理发育，开始逐渐接触更多的事物。宝宝很想接触更多新事物的心理需求，因此有时会很任性，当看见别的宝宝玩某个玩具，他也会吵闹地马上要去买。而宽容是心灵成长的氧气，因此家长要尊重宝宝这个独立的生命个体，不仅要宽容宝宝说错话、做错事，还要偶尔宽容一下宝宝的任性。

❇ 给宝宝带来一定的幸福感

孩子最需要的是什么？是美味的食物，还是好玩的玩具？其实孩子最需要的是幸福感。儿童的幸福感，是指儿童能获得发展，他的身心是舒展的，自信、自由、有独立感。真正的幸福有着深刻的内容，可以培养孩子的乐观精神，与世界融合的感受将是他一生受用的财富。父母无论多忙，也要为宝宝带来幸福感。

想让孩子拥有感受幸福的能力，父母要从婴幼儿时期开始培养。这就像一盆娇弱而美丽的花朵，需要精心地浇灌、施肥和剪枝，需要父母用无条件的接纳与包容用心培养、积累，让孩子一点点、一天天地感受。同时，父母想要有幸福感的孩子，先做有幸福感的父母。只有家长在孩子心里种下“幸福感”的种子，孩子才能收获幸福的能力。每天不要把工作中的许多不快和负面情绪带回家里，让孩子感受父母的不高兴。

只有家庭和谐美满，才能给孩子带来幸福感。孩子在安全、温馨的家庭中长大，心理和个性等方面的发展就会越来越好。

每次成功都会让孩子感到幸福。培养孩子的成功感还要让孩子学会正视失败。因为能够承受失败的挫折，是一个人成功必备的心理素质。父母夏天可以陪孩子去捉萤火虫，冬天跟孩子一起去堆雪人，都能给你的孩子带来生命的惊叹。

人和动物最重要的区别就是动物做的每件事都有用，人要做许多没用的事比如琴棋书画，比如爱与等待。一个爱生活的孩子，有着自己创造幸福的能力。接触音乐、舞蹈以及其他任何类型的艺术，都能丰富孩子的内心世界。弹钢琴、听音乐能给孩子一个情绪发泄的出口，这是孩子表达对自己、对世界的感受的一种有创造性的方法。

当孩子的要求得到满足，他就

会信任周围的人；反之则不信任自己和其他人。因此满足孩子的合理要求，可以培养他的信任感和自信心。事实上越来越多新奇有趣的玩具，越来越多花样翻新的游艺活动，越来越高水准的物质生活，孩子的每一个要求都能及时得到满足……幸福和快乐就会越来越淡，父母要延迟满足孩子的要求，这样孩子感受过期待后，才会尤其珍惜这得之不易的东西。

和孩子一起骑车踏青，或者一起在公园里玩，这样可以让孩子更健康、更茁壮，还能让他拥有更多的欢笑。经常运动能让孩子身心放松，而自然的环境可以缓解紧张情绪，吸入更多氧气，给他带来轻松的氛围，让他享受快乐、体验幸福感。

随着年龄的增长，孩子们幸福感的来源更注重精神的需求，不要简单地以物质方面的满足来获得孩子对自己的接纳与认同。让孩子幸福快乐是一切的根本，抹杀孩子快乐的父母是失败的父母。在教育孩子时，父母要闭上嘴，抬起腿，走自己的人生路，演示给孩子看，孩子的模仿能力最强。作为家长，只有身教才能教育孩子。

3. 宝宝的左脑开发方案

✲刚才都有什么——听觉记忆能力

游戏目的：通过游戏来训练宝宝的听觉记忆能力。

游戏方法：妈妈给宝宝找一个大纸箱，然后在纸箱旁边摆上几样玩具，比如小猫、小狗、小熊等。然后，摆上几样家居常见的物品，比如闹钟、书本、梳子等。刚开始，先让宝宝熟悉眼前的这几样物品，然后，让宝宝背过身去，告诉宝宝几个物品的名称，让宝宝记住。之后，让宝宝转过身来，把刚才听到的东西放进纸箱里。如果宝宝做对了，妈妈要给予鼓励，做错了就要再重复一遍。

温馨小语：这个游戏能在很

大程度上提高宝宝的记忆能力。但父母要注意，不要一次性说太多物品，以免宝宝弄混，等宝宝适应了以后再逐渐增加难度。

✿打大灰狼——逻辑思维能力

✿ **游戏目的：** 通过游戏来让宝宝感知从高度不同的小孔中喷出的水柱喷射的距离不同。

✿ **游戏方法：** 提前准备好牛奶盒、剪刀、胶带、清水、能漂浮的玩具大灰狼等。引导宝宝制作纸盒水枪：用剪刀在牛奶盒一侧扎几个小洞，并用胶带封住。然后妈妈把玩具大灰狼放到水中说："瞧！'坏蛋'逃到水里去了，我们快用水枪打吧！"然后让宝宝在纸盒里盛满清水，把胶带猛地撕掉，对准"坏蛋"用"水枪"打。引导宝宝观察和比较水柱的远近。

✿ **温馨小语：** 这个游戏能提高宝宝正确比较高低、远近的能力，以及知道为什么不同等逻辑思维能力。

✿谁的手长——数学学习能力

✿ **游戏目的：** 通过用纸条做尺子，让宝宝初步了解测量的概念和原则、测量的尺度和标准。

✿ **游戏方法：** 妈妈和宝宝一起把一张白纸裁成纸条。妈妈用一条裁好的纸条量一量宝宝手的长度，并用铅笔在上面做上记号。妈妈引导宝宝用另一条纸条为妈妈的手量长度，让宝宝自己在上面做上记号。最后让宝宝把两条纸条的记号做一下对比，看看是妈妈的手长，还是宝宝的手长。

✿ **温馨小语：** 这种用纸条来做非标准化的测量，要比尺子简单得多，当宝宝用纸条无法测量某一物体时，就会去想其他的办法，可以把纸条接起来或寻找别的测量办法。

✿自己打扮自己——自然感知能力

✿ **游戏目的：** 此游戏可以锻炼宝宝的生活自理能力。

✿ **游戏方法：** 妈妈给宝宝准备

好衣服、鞋子、袜子。让宝宝自己挑选喜欢的服装，配上鞋子，然后鼓励宝宝自己穿。如果宝宝不知道怎么穿，妈妈可以在旁边指导宝宝："宝宝先把小手伸入一只袖子，再伸另一只小手，好的，再套头。"宝宝穿裤子也是，妈妈也要在旁边指导。宝宝穿好后，妈妈别忘了赞赏宝宝一下，会让宝宝下次更有兴趣自己穿衣服。

✿ **温馨小语**：这个游戏能帮助宝宝养成良好的生活习惯，而且让宝宝自己挑选衣服还能丰富宝宝的想象力和表达能力，对宝宝的智力促进有很大帮助。

4. 宝宝的右脑开发方案

✲ 收拾小书包

✿ **游戏目的**：制造上幼儿园的气氛，做上幼儿园的准备工作，同时还可以锻炼宝宝的生活自理能力。

✿ **游戏方法**：给宝宝准备一个小书包，里面有宝宝的小故事书、蜡笔、小铅笔、卷笔刀等，为以后准备上幼儿园做准备。把书包挂在宝宝拿得到的地方，然后和宝宝做上幼儿园的游戏。妈妈给宝宝上课，然后由宝宝复述故事，数数字，画画，玩一会儿，妈妈说："小朋友们，现在下课了。"然后让宝宝收拾东西回家。看宝宝是不是可以有条不紊地把拿出来的物品全部放回书包里。然后背上书包，在家里走一圈，之后结束游戏。

✿ **温馨小语**：这个游戏能让宝宝提早感受到幼儿园的氛围，对以后上幼儿园产生期待感。

✻ 挖塑料片——身体协调能力

游戏目的：此游戏可以锻炼宝宝的手部肌肉协调运动。

游戏方法：妈妈提前准备好沙箱、小塑料铲子，还需要由几块塑料片组成的塑料拼装玩具。游戏时，妈妈把一组塑料拼装玩具拆开，然后把它们埋到沙箱里。给宝宝一把塑料小铲子，告诉他在沙子里面可以挖到好玩的东西。当宝宝找到一块后，妈妈就让宝宝把它摆放在地上，继续寻找其他的塑料片。当所有的塑料片都被挖出后，妈妈可和宝宝一起把它们拼成一个整体。

温馨小语：经常玩此游戏能够提高宝宝肢体的控制能力，让宝宝的手眼能协调合作，完成工作。

✻ 变颜色——创造性思维能力

游戏目的：通过游戏来帮助宝宝进一步认识不同的颜色，让宝宝知道几种颜色配在一起会产生新的颜色。

游戏方法：妈妈准备好番茄、橘子、菠菜，以及三个小碗和几张白纸，还有一把玩具剪刀。妈妈帮助宝宝把橘子、番茄和菠菜的汁液挤出来，并分别放入三个小碗内。然后，妈妈和宝宝把三张白纸分别浸在三种汁液里，过一会儿拿起来晾干，纸的颜色就变了。

妈妈也可以把不同颜色混合起来变成新颜色，浸入白纸晾干后，再让宝宝重新辨认。最后，妈妈可让宝宝发挥想象力，自己来混合一些颜色，并在妈妈的帮助下来认识它们。

温馨小语：这个时期的宝宝对各种手工操作很感兴趣，这个游戏可以帮助宝宝认识更多的颜色，并知道几种颜色配合在一起能产生新的颜色，让宝宝体会到颜色神奇的变化，进一步积累知识。但是不要让宝宝接触剪刀，以免受伤。

❊宝宝买东西——人际交往能力

✿ **游戏目的**：训练宝宝独立完成任务，建立宝宝的自信心。

✿ **游戏方法**：第一天，妈妈带着宝宝到家门口的小店里买一包方便面，问清价钱，交钱后拿走方便面。第二天，妈妈带宝宝到小店里买一袋方便面，交钱后，让宝宝拿走方便面。第三天，妈妈带宝宝到小店里，由宝宝付钱，并拿走方便面。第四天，妈妈则站在店外，让宝宝问明价钱，并付钱拿走方便面。

✿ **温馨小语**：宝宝到了三岁时，对四周的东西几乎都已经了解了，日常的会话交往也变得非常容易。通过实际操作，可以进一步提高宝宝的人际交往能力。

❊红、黄、蓝——视觉记忆能力

✿ **游戏目的**：此游戏训练宝宝认识红、黄、蓝三原色。

✿ **游戏方法**：妈妈给宝宝准备红、黄、蓝三色水粉颜料，以及透明饮料瓶五六个，洗干净备用。可以先让宝宝用瓶子玩水，观察和比较瓶子的大小、水的多少，感知水的流动。然后妈妈在瓶盖内放上颜料，瓶内装半瓶清水，旋紧瓶盖，对宝宝说："我们来变魔术，摇一摇饮料瓶，会变出什么颜色的饮料？"颜色变了之后，可以让宝宝联想相应颜色的果汁，如橙色的饮料是橘子汁。然后再换一瓶，引导宝宝再试试，尝试变出其他颜色的"饮料"。引导宝宝用语言表述色彩的变化，如黄色加蓝色变出了绿色，引导宝宝按语言指令送"饮料"："把红色饮料送给××吧！"

✿ **温馨小语**：通过游戏让宝宝感知色彩的奇妙变化，提高宝宝的视觉记忆力。

❊宝宝找照片——形象思维能力

✿ **游戏目的**：通过游戏来提高宝宝形象思维能力与记忆力。

✿ **游戏方法**：妈妈准备一面镜子、笔、纸，以及宝宝的单人照片和几张其他家庭成员的照片。妈妈和宝宝一起照镜子，帮助宝宝熟悉镜子里自己的模样。然后再让宝宝从几张照片中找出自己的照片，并让宝宝指出照片上自己的五官、手、脚和头发等部位。妈妈让宝宝按照照片给自己"画像"，只要宝宝能画出象征圆形的脸和其他部位，如鼻子、耳朵、口或头发时，妈妈就应充分肯定和鼓励。在宝宝画的同时，妈妈还可以让宝宝讲出相应部位的名称。

温馨小语：通过让宝宝给自己画像，进一步熟悉自己身体各部位的名称，并能从不同照片中找出自己的照片。

认方位，好简单——空间感知能力

游戏目的：通过游戏来让宝宝学习更多的方位词。

游戏方法：妈妈提前给宝宝准备一棵大树的图片和各种小动物的卡片，剪成轮廓图。妈妈随意地在树上、树下、树前、树后摆上各种动物，然后问宝宝："树上是什么动物？""谁在树下呢？""树前面的是谁？"请宝宝完整地说出小鸟在树上，小狗在树下，小鸡在树前，小猪在树后等。当宝宝能熟练地说出后，妈妈再增加各个方位小动物的数量和种类，再请宝宝完整地说出谁和谁在树上，或几只小鸟在树上等。

温馨小语：通过问话的形式，能让宝宝更熟悉前后、上下等方位，而且能训练宝宝说出完整的句子，对提高宝宝的语言能力也有帮助。

5. 本月宝宝的智能测试

恭喜你，宝宝满3周岁了！快来做做下面的智力开发效果测评吧！本测评共有14个题目，请你将宝宝的相应得分写在题目前面的横线上。

____1. 认数字（每个记1分）背数（每10个记1分）；点数取物（每个记1分）：

三项相加，10分为合格

____2. 按吃、穿、用、玩将物品分类（苹果、毛衣、剪刀、铅笔、鸡蛋、勺子、娃娃、伞、碗、西红柿、积木、钥匙、钟、面包、鞋）：

10分为合格（注：每个记1分）

____3. 画圆形、正方形、三角形：

A.3 种都会（6 分）

B. 会 2 种（4 分）

C. 会 1 种（2 分）

6 分为合格

____4. 拿剪刀：

A. 能剪成条状（7 分）

B. 剪开小口（5 分）

C. 会拿剪刀，但剪不开（3 分）

5 分为合格

____5. 用钝刀切面团：

A. 切成 2 份（5 分）

B. 有切口但未切断（4 分）

5 分为合格

____6. 看图讲 1 ~ 2 句话：

A. 讲 5 个字以上，有形容词（10 分）

B. 讲 5 个字以上，无形容词（8 分）

C. 讲物名（4 分）

10 分为合格（注：讲出图的特点另加 4 分）

____7. 讲一件花毛衣，有物名、用途、颜色、特点：

A.4 项齐全（12 分）

B. 不齐全提问后补齐（10 分）

C. 讲出 3 项（8 分）

D. 讲出 2 项（6 分）

10 分为合格

____8. 摆饭桌、擦桌子、放凳子、碗筷或勺子：

A. 这四项全做对（12 分）

B. 做齐 4 项，数目不齐（10 分）

C. 做齐 3 项（8 分）

D. 做齐 2 项（6 分）

10 分为合格

____9. 能找出常用的东西（剪刀、小刀、肥皂、手纸、铅笔、手绢、故事书、皮球、帽子、袜子、妈妈的书包、爷爷的眼镜、爸爸的书、奶奶的外衣）：

10 分为合格（注：每种记 1 分）

____10. 自己洗脚、脱鞋袜、打肥皂、洗脚缝、擦干、穿上干净袜子和鞋或拖鞋：

10 分为合格（注：每项记 2 分）

____11. 上厕所会用手纸，会整理裤子和衣服：

A. 完全自己做好（8 分）

B. 自己做后要他人帮助整理（6 分）

C. 能独立完成其中一项(3 分）

6 分为合格

____12. 穿上衣，分清前后、反正、会系扣：

A. 会 3 项（8 分）

B. 会 2 项（6 分）

C. 会 1 项（3 分）

6 分为合格

____13. 走平衡木：

A. 不必扶人和物，由起点到终点（6 分）

B. 扶人或扶物（3 分）

6 分为合格（注：从终点回头走回起点另加 3 分）

____14. 单足连续跳跃，不扶物：

A.5 下（8 分）

B.4 下（6 分）

C.3 下（4 分）

D.2 下（2 分）

6 分为合格

评分说明：本测评所测的能力及对应的题号和合格分数已在下表中列出，请你将测得的分数填入相应的空格中。若总分在 70 分以下，说明宝宝的智能未达到理想水平，请多加训练；总分在 90 ~ 110 分，说明宝宝的智能已达到平均水平；总分在 110 分以上，说明宝宝的智能发展非常棒，请继续努力。

测试项目	题号	合格分数	宝宝得分
认知能力	1　2	20	
精细动作能力	3　4　5	16	
语言能力	6　7	20	
社交能力	8　9	20	
自理能力	10　11　12	22	
大动作能力	13　14	12	
总分		110	

图书在版编目（CIP）数据

全脑开发与智能培养百科全书 / 东方知语早教育儿中心编著. -- 北京：中国人口出版社, 2015.1

ISBN 978-7-5101-3184-4

Ⅰ. ①全… Ⅱ. ①东… Ⅲ. ①儿童－智力开发－基本知识 Ⅳ. ①G610

中国版本图书馆CIP数据核字（2015）第012246号

全脑开发与智能培养百科全书

东方知语早教育儿中心　编著

出版发行：中国人口出版社
印　　刷：北京潮河印刷有限公司
开　　本：710 毫米 ×1000 毫米　1 / 16
印　　张：27
字　　数：280 千字
版　　次：2015 年 1 月第 1 版
印　　次：2015 年 1 月第 1 次印刷
书　　号：ISBN 978-7-5101-3184-4
定　　价：35.00 元

社　　长：张晓林
网　　址：www.rkcbs.net
电子信箱：rkcbs@126.com
总编室电话：(010)83519392
发行部电话：(010)83514662
传　　真：(010)83515922
地　　址：北京市西城区广安门南街 80 号中加大厦
邮　　编：100054